Liebe Leser:innen,

wir freuen uns, dass wir Sie mit diesem Buch inspirieren und Teil Ihrer kreativen Reise sein dürfen. Noch mehr Inspiration, originelle Ideen und besondere Themen finden Sie auf unserer Verlagsseite www.stiebner.com.

LASSEN SIE UNS ZUSAMMEN KREATIV WERDEN!

Wir sind immer offen für Ihre Anregungen, Wünsche und Kritik – schreiben Sie uns gerne unter verlag@stiebner.com.

Da geteilte Freude bekanntlich doppelte Freude ist: Zeigen Sie uns Ihre kreativen Ideen und fertigen Projekte auf Social Media! Markieren Sie uns mit @stiebnerverlag oder nutzen Sie die folgenden Hashtags:

#StiebnerVerlag #StiebnerKreativ #KuschelSockenAusWollresten

Erstmals erschienen 2023 unter dem Titel »Jämälankasukat 2« bei Otava Publishing Company Ltd

Die deutsche Ausgabe erscheint in Lizenzbeziehung zu Otava Publishing Company Ltd

Text: Pirjo Iivonen

Übersetzung aus dem Finnischen: Andrea Hauss-Honkanen

Cover: Danai Afrati

Projektleitung und Lektorat: Stefanie Klapetek

Satz: Dirk Brauns, Berlin

Druck: Graspo printing house, Tschechien

ISBN 978-3-8307-2154-3

Bibliografische Information der Deutschen Nationalbibliothek:

Die Deutsche Nationalbibliothek verzeichnet diese Publikation in der Deutschen Nationalbibliografie; detaillierte bibliografische Daten sind im Internet über http://dnb.dnb.de abrufbar.

www.stiebner.com

Pirjo Iivonen

Kuschelsocken aus Wollresten

Garn aufbrauchen und einzigartige Socken stricken

stiebner

INHALT

32
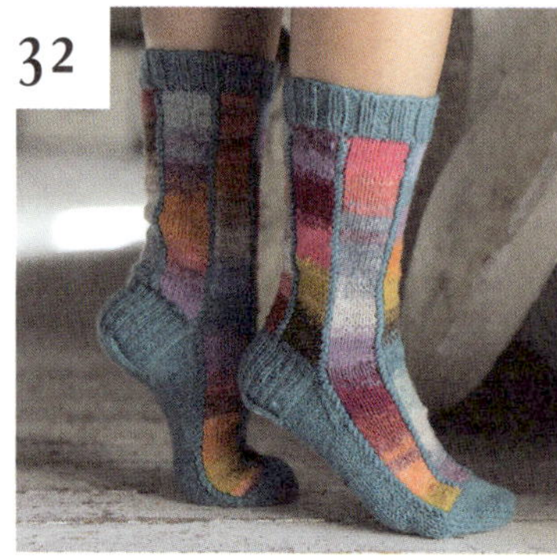
Morgengrauen

38
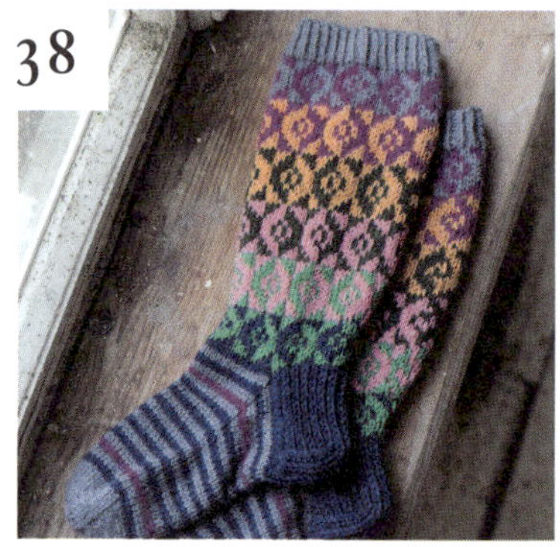
Graffiti

44
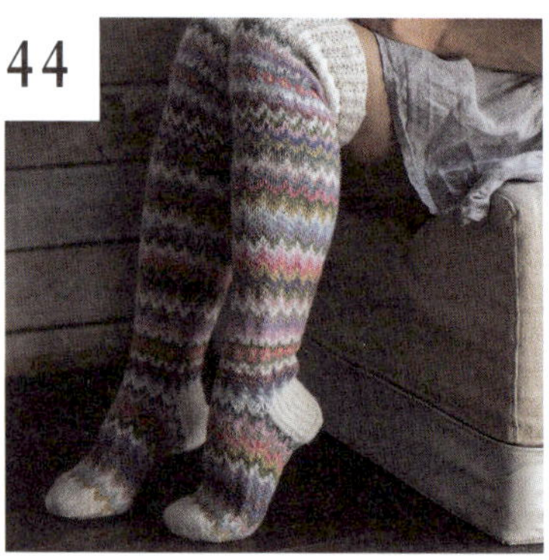
Zuckerwatte

50
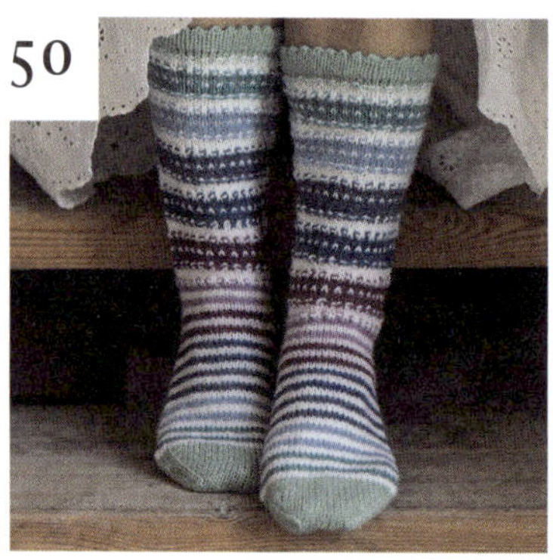
Horizont

54
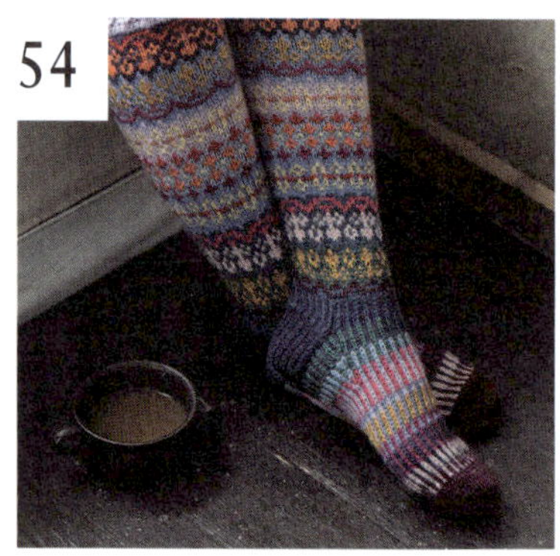
Abend am See Mallasvesi

60
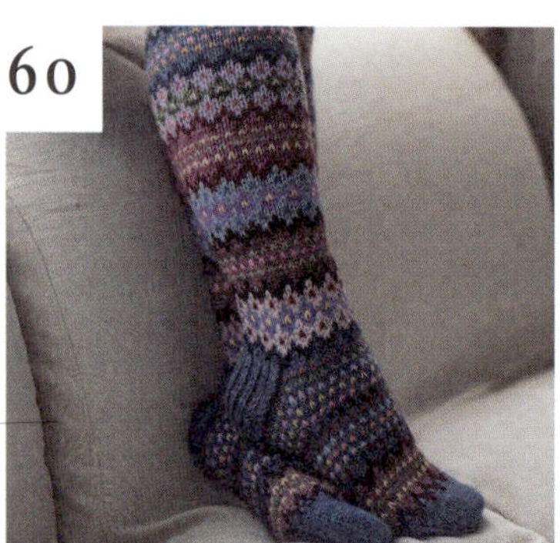
Kaleidoskop

66
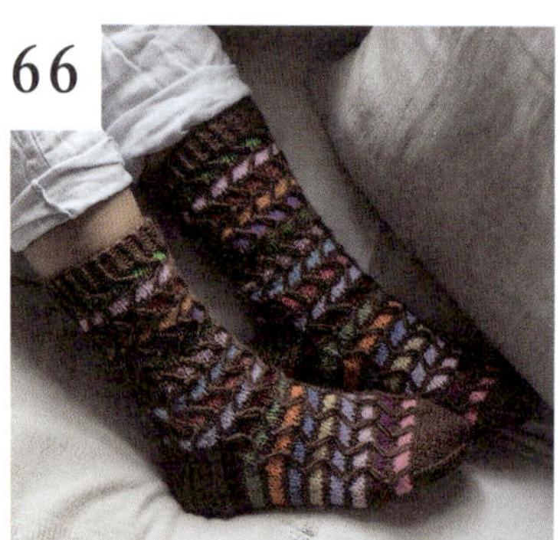
Süßigkeitentag

76
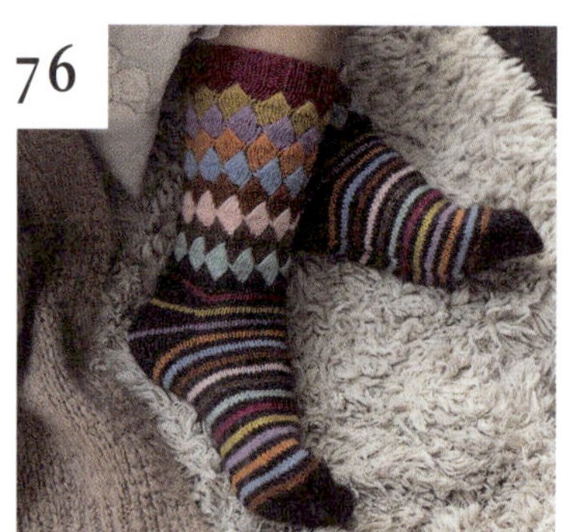
Karneval

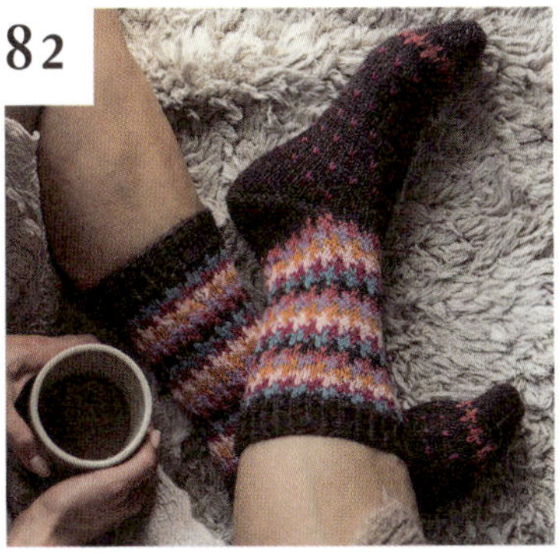

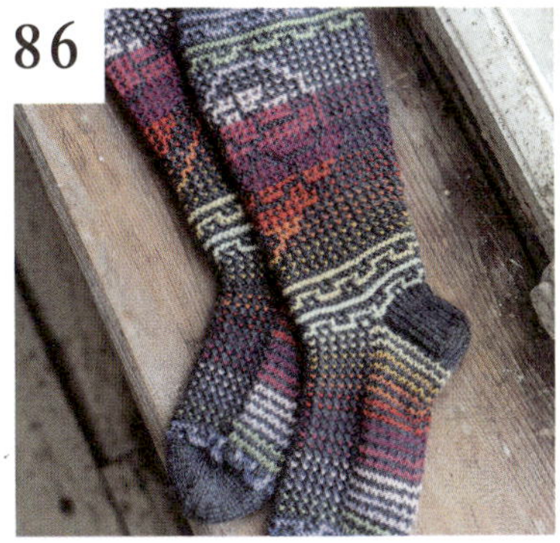

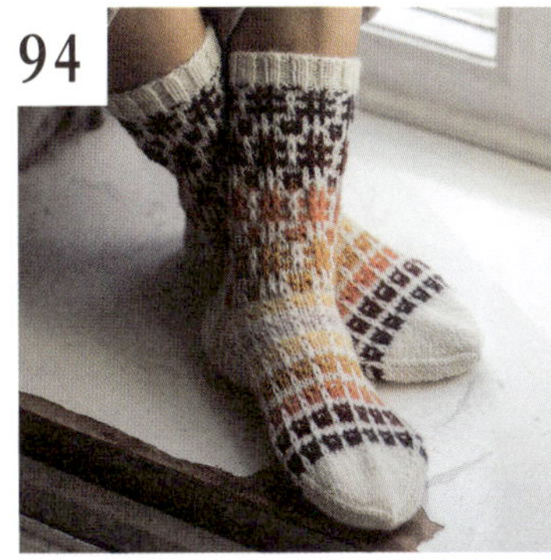

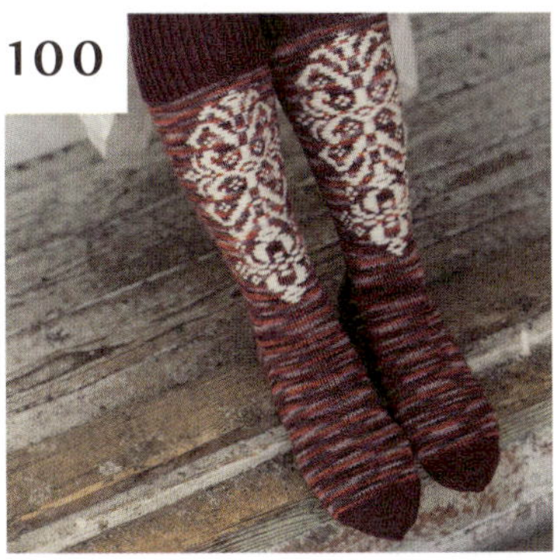

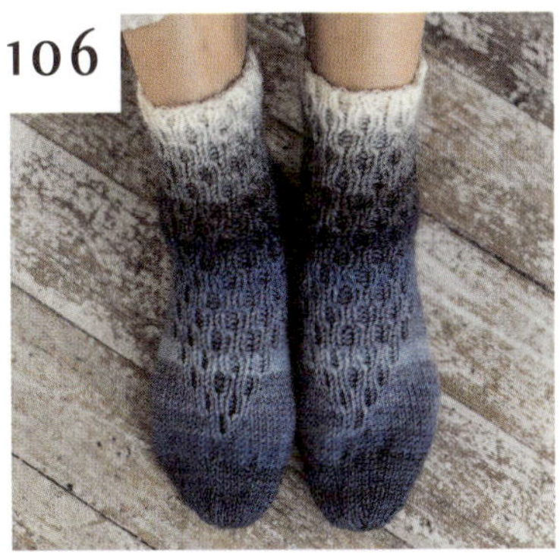

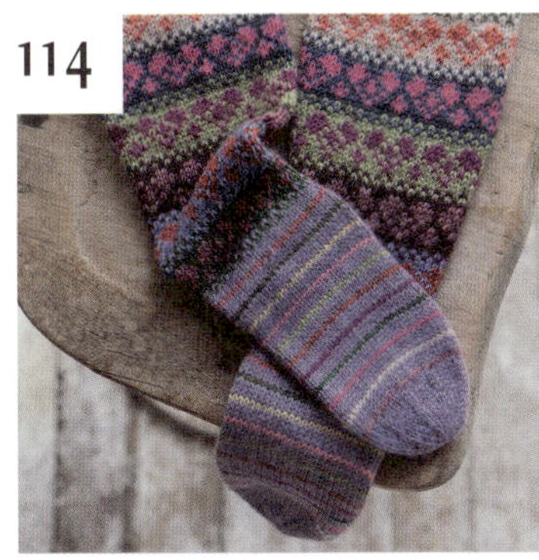

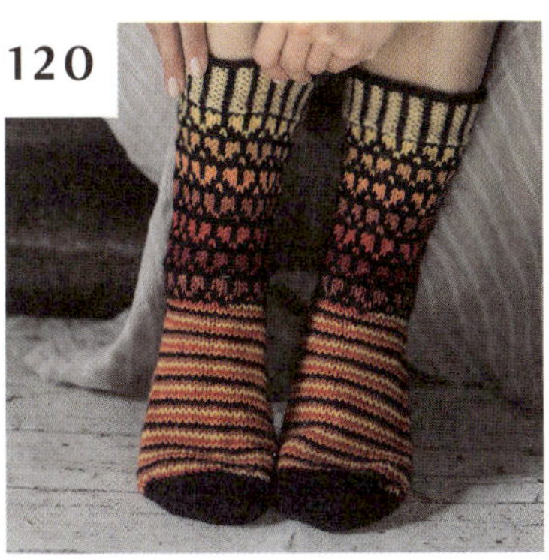

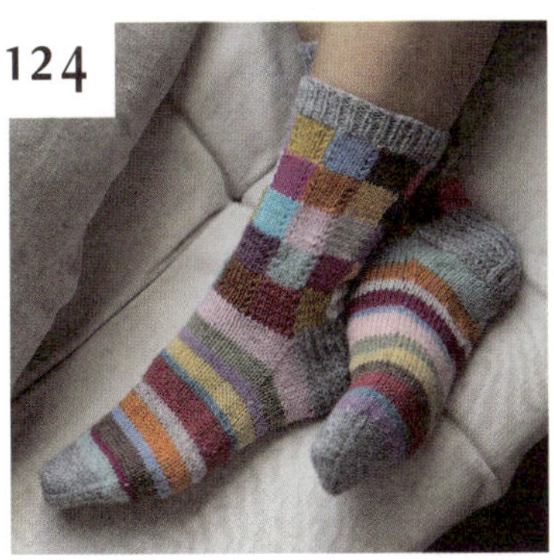

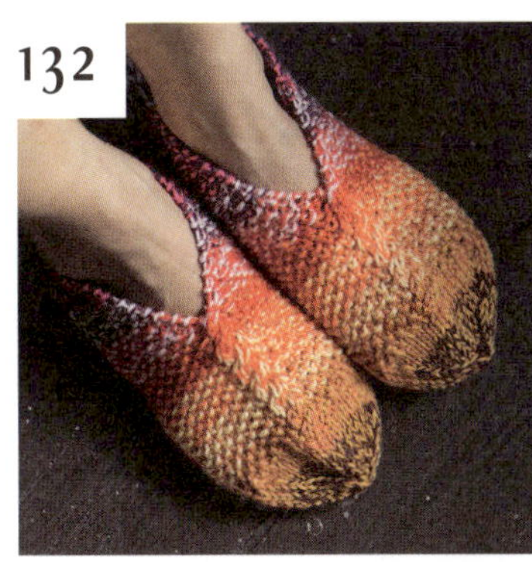

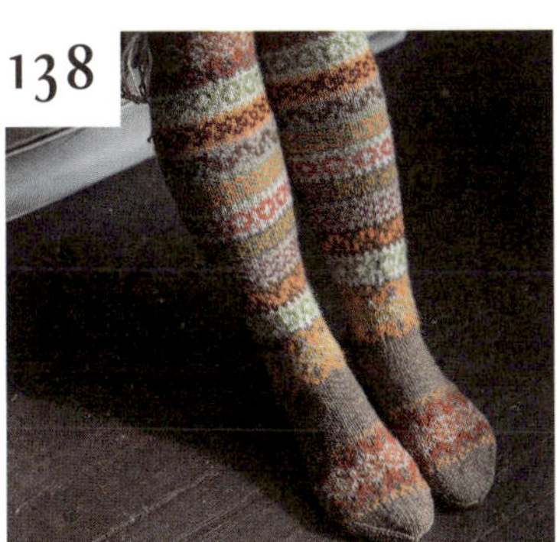

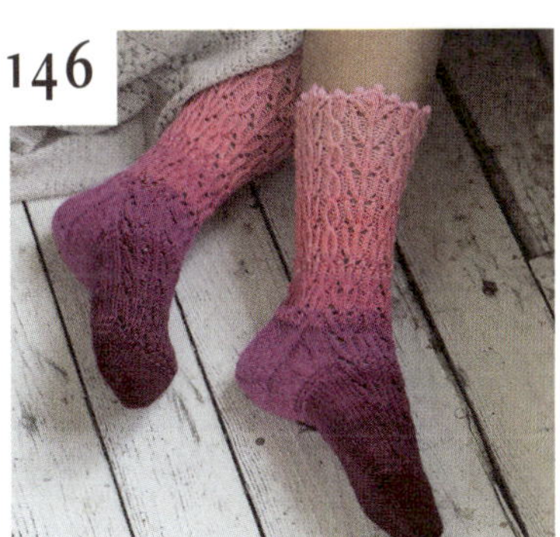

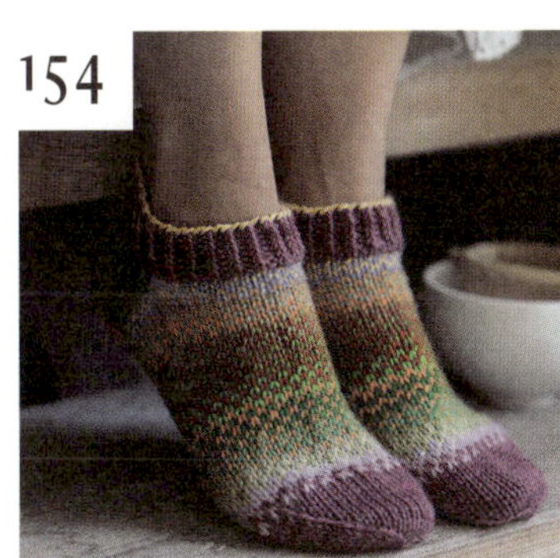

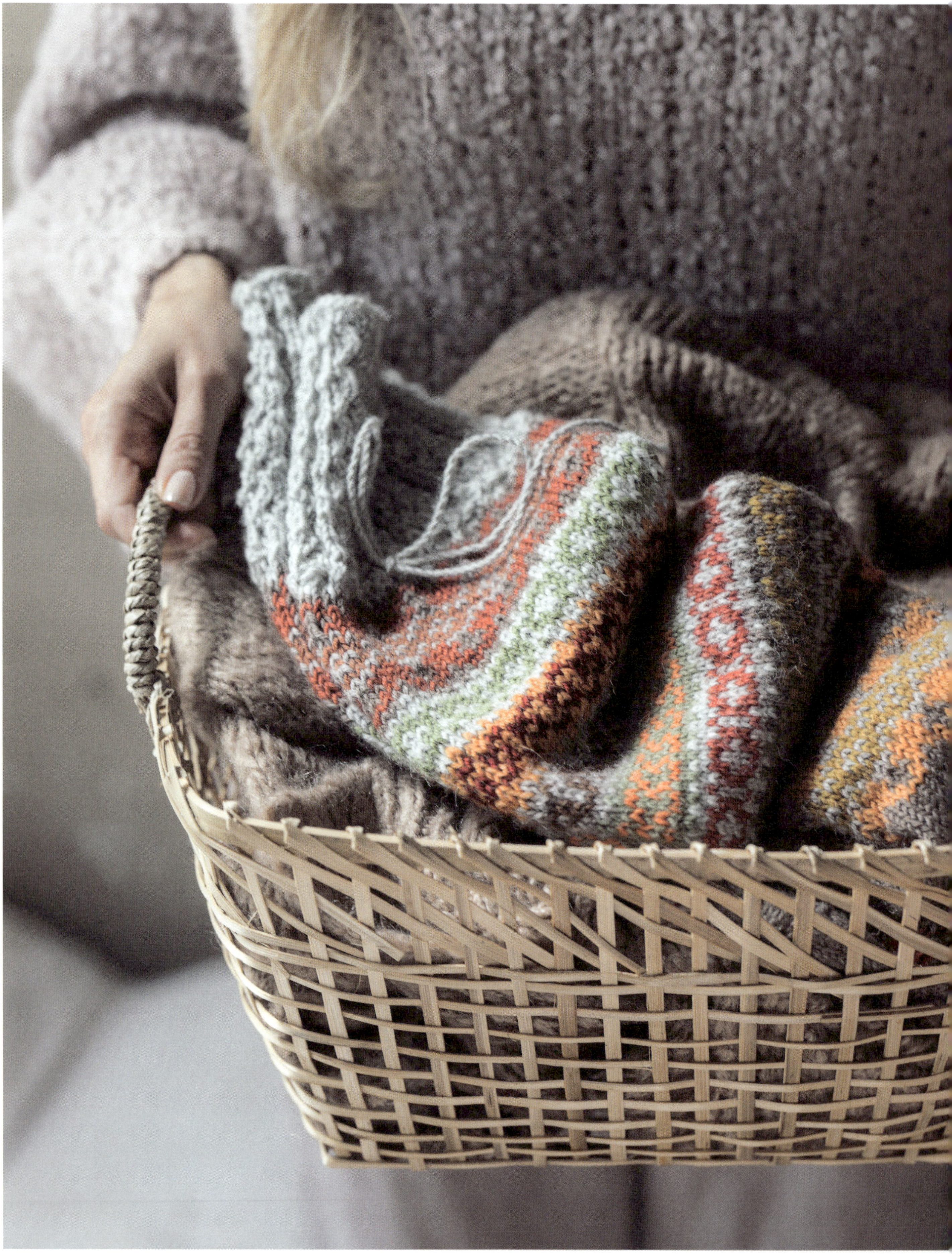

VORWORT

Als 2019 mein erstes Buch über Socken aus Wollresten in Finnland erschien, habe ich schon damals festgestellt: »Jeder, der viel strickt, scheint eine unbegrenzte Anzahl angefangener Knäuel zu haben: Wollreste. Ich bin davon überzeugt, dass sich diese Wollreste heimlich im Dunkeln vermehren, denn die Menge scheint jedes Jahr zuzunehmen.« Obwohl ich in diesen Jahren viel gestrickt und auch Garnreste und Garne gespendet habe, von denen ich nie gedacht hätte, dass ich sie einmal brauchen würde, hatte ich immer noch überraschend viele Wollreste.

In diesem Buch finden Sie 20 verschiedene Modelle. Dafür können Sie einen Teil Ihrer Garnreste verwenden, bei Bedarf etwas hinzukaufen oder Ihre Freundinnen um Nachschub bitten. Einige Modelle haben eine Hauptfarbe, von der mehr benötigt wird, während die Musterfarben Reste sind. Bei den Socken in diesem Buch habe ich verschiedene Farbkombinationen ausprobiert, die auf den ersten Blick nicht miteinander harmonieren. Das Endergebnis jedoch kann sich sehen lassen. Trauen Sie sich, auch Garne und Farben zu verwenden, die scheinbar zu nichts passen!

Da ich schon jahrealte Wollreste verwendet habe, erinnere ich mich nicht mehr an deren Hersteller, geschweige denn an deren Farbcodes. Deshalb sind die Garne in den Anleitungen nach der Farbe benannt. Wenn Sie möchten, können Sie die gleichen Farben aus Ihren eigenen Beständen wählen oder jedes Modell auch ganz einfach ändern und an Ihre eigenen Vorlieben und Ihren Garnvorrat anpassen. Alle Anleitungen sind sowohl für dickes als auch für mitteldickes Garn geeignet. Die meisten Muster sind durch vier teilbar, was es einfacher macht, die Maschenanzahl an Schaft und Fuß zu erhöhen oder zu verringern.

Die Modelle sind recht einfach nachzuarbeiten, sodass man nicht nur Spaß daran hat, eigene Farbkombinationen zu entwerfen, sondern auch selbst zu stricken. Die Modellsocken im Buch sind in Größe 38 gearbeitet und an Frauenfüßen fotografiert, aber alle Modelle lassen sich durch Anpassen der Fußlänge problemlos in der Größe ändern. Viele der Socken sind sogenannte Unisex-Modelle, daher finden Sie auch für Männer geeignete Anleitungen.

Wenn Sie die Socken, die Sie nach einer Anleitung im Buch gestrickt haben, z. B. in den sozialen Medien veröffentlichen, denken Sie bitte daran, sowohl das Sockenmuster als auch den Namen der Designerin zu erwähnen, damit ich Ihre schönen Werke bewundern kann!

Ich wünsche Ihnen schöne Strickmomente!

Pirjo Iivonen

Hämeenlinna, 3.9.2023

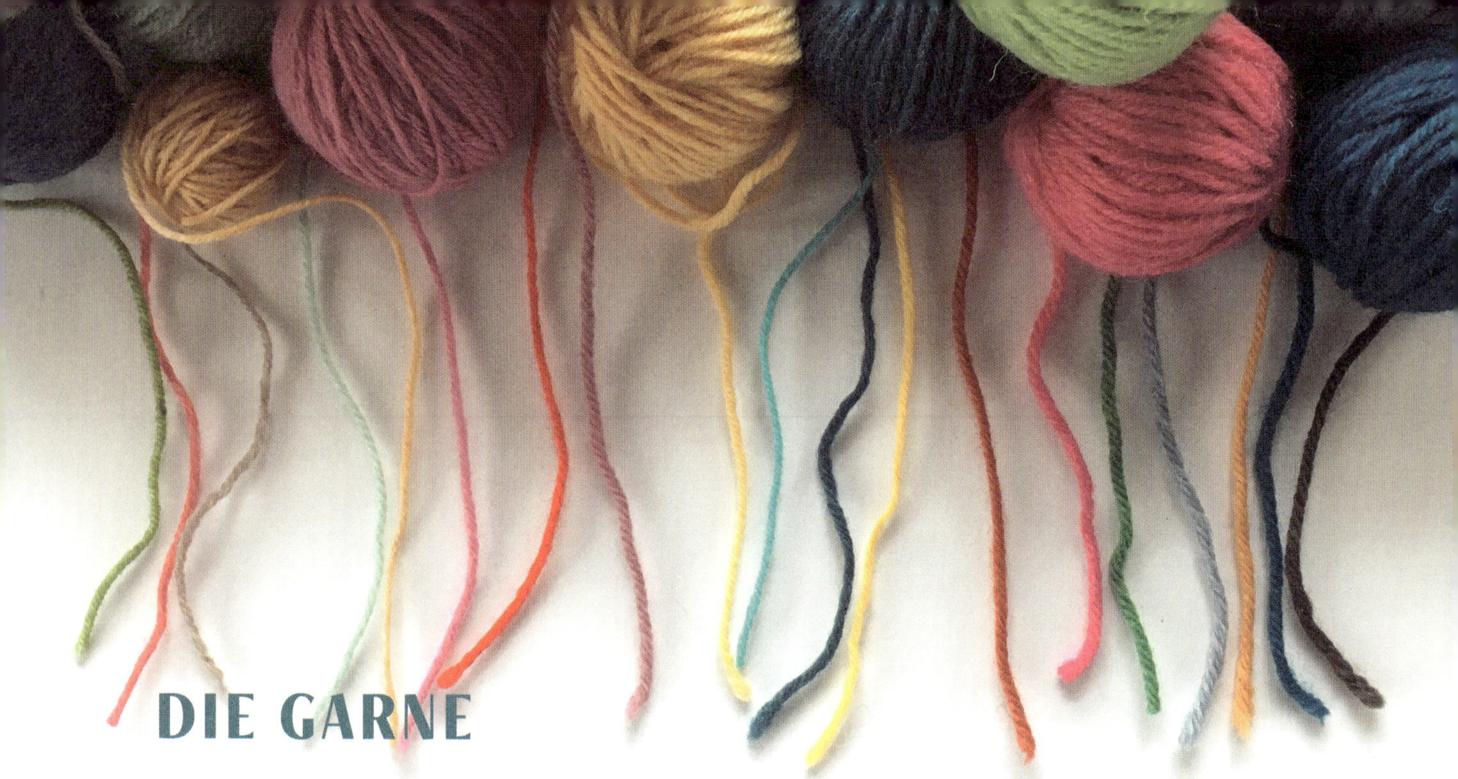

DIE GARNE

Sockengarne werden meistens in drei verschiedene Stärken eingeteilt: dick, mittel und dünn.

- **Dicke Sockengarne** *(Worsted oder Aran)* sind Garne mit einer Lauflänge von ca. 180–200 m/100 g. Die empfohlene Nadelstärke für Socken ist Nr. 3–3,5.
- **Mitteldicke Sockengarne** *(Sport oder DK)* sind Garne mit einer Lauflänge von ca. 240–300 m/100 g. Die empfohlene Nadelstärke für Socken ist Nr. 2,5–3.
- **Dünne Sockengarne** *(Fingering)* sind Garne mit einer Lauflänge von ca. 390–425 m/100 g. Die empfohlene Nadelstärke für Socken ist Nr. 2–2,5.

Die auf der Banderole angegebene Nadelempfehlung bezieht sich in der Regel auf alle Strickstücke, vom Pullover bis zur Mütze, und ist generell zu groß für Socken. Socken sollten Sie immer mit kleineren Nadeln als empfohlen stricken, da sie deutlich höherer Beanspruchung ausgesetzt sind als etwa eine Mütze. Ein dichtes Maschenbild ist haltbarer als ein dünnes. Wenn die Socken jedoch mit einem Einstrickmuster gearbeitet werden, sollten Sie Nadeln nehmen, die eine halbe oder eine ganze Nummer größer sind, als Sie sonst für Socken verwenden würden. Größere Nadeln sind auch bei Modellen mit Hebemaschen sinnvoll, bei denen sich das Gestrick leicht zusammenzieht.

Beim Stricken mit Restgarnen sollten die Wascheigenschaften der verschiedenen Garne, die für ein Paar Socken verwendet wurden, in etwa die gleichen sein. Dann lassen sich die Socken gut tragen, waschen und behalten die Form. Wenn Sie sich über die Zusammensetzung oder die Wascheigenschaften der Garne nicht sicher sind, waschen Sie die fertigen Socken von Hand. Bei Socken aus Wollresten können z.B. für den Schaft auch unverstärkte Garne verwendet werden, da dieser nicht so stark beansprucht wird wie der Fuß. Strapazierfähige Sockengarne enthalten eine Verstärkung, die auf der Banderole meist als Polyamid oder Nylon gekennzeichnet ist. Die Verstärkung besteht also aus Kunstfaser. Doch nicht alle Kunstfasern sind hier gleich. Acrylgarne eignen sich z.B. gut für den Schaft, sind jedoch für die Füße nicht strapazierfähig genug.

Was ist, wenn die Banderolen weg sind? Woher weiß man dann, aus welchem Material die Garne in Ihrem Wollkorb bestehen? Dies ist ein Problem, mit dem jeder, der mit Wollresten strickt, häufig konfrontiert ist. Ich habe gehört, man kann durch eine Brennprobe prüfen, ob es sich bei dem Garn um eine Naturfaser oder eine Kunstfaser handelt, aber der Test sagt nicht genau, welche Fasern das Garn enthält. Deshalb werde ich mich nicht weiter mit dem Verbrennungstest befassen. Ich habe die Widerstandsfähigkeit der Garne vor allem durch Ziehen getestet: Ich nehme ein Stück Garn und ziehe richtig fest daran. Die verstärkten Garne reißen nicht, egal wie stark man daran zieht, und graben sich beim Ziehen oft tief in die Finger hinein. Nicht verstärkte Garne hingegen reißen schon bei relativ wenig Zug. Allerdings bleibt die Zusammensetzung des Garns ohne Banderole dem Rätselraten überlassen, sodass es am sichersten ist, für die Füße Garne mit bekannter Zusammensetzung zu verwenden.

Beim Stricken von Socken empfiehlt es sich, Garne gleicher Stärke zu verwenden. Es ist manchmal schwierig, ohne Banderole zu erkennen, wie stark das Garn ist. Die Zwirnung, Fülle oder die Anzahl der Fäden wirken sich auf das Aussehen aus, und ein locker gezwirnter Faden kann leicht dicker erscheinen, als er ist. Wenn Sie die Garnstärke nicht kennen, können Sie sie in etwa berechnen: Schneiden Sie ein 10 m langes Stück Garn ab und wiegen Sie es mit einer Digitalwaage. 10 m dünnes Garn (100 g/420 m) wiegt etwa 2,5 g, 10 m mitteldickes Garn (100 g/260 m) etwa 4 g und 10 m dickes Garn (100g/200 m) etwa 5 g.

Die Anleitungen in diesem Buch sind für mitteldickes und dickes Garn geeignet. Viele Modelle können leicht modifiziert werden, sodass sie auch für ein dünnes Sockengarn passen. Wenn Sie dünne Sockengarne doppelt verstricken, entsprechen sie einem dicken Sockengarn.

In der folgenden Tabelle finden Sie Garnalternativen.

Dicke Sockengarne (100 g/180–200 m)

- Novita 7 Veljestä
- Kaupunkilanka Kivijalka, Pyynikki und Koski
- Adlibris Socki
- Gjestal Janne
- Kotikulta Harmonia und Hetki
- Lankava Lysti
- Teetee Salla
- Menita Lasse

Mitteldicke Sockengarne (100 g/240–300 m)

- Novita Nalle
- Kaupunkilanka Rotvalli
- Gründl Hot Socks Uni 6-fach
- Louhittaren luola Väinämöinen DK
- Opal 6
- Regia 6
- TeeTee Pallas
- Gjestal Maija
- Lankava Mainio

Dünne Sockengarne (100 g/390–425 m)

- Drops Fabel
- Novita Venla
- Gründl Hot Socks Uni 4-fach
- Gründl Hot Socks Pearl
- Louhittaren luola Väinämöinen
- Kaupunkilanka Keskustori
- Filcolana Arwetta Classic
- Austermann Step
- Opal 4
- Regia 4

EIN WENIG FARBENLEHRE

Beim Stricken mit angefangenen Knäueln und anderen Garnresten besteht oft das Problem darin, die Garne, die man verwenden möchte, und insbesondere deren Farben zu kombinieren. Wenn die verfügbaren Farben begrenzt sind und Sie kein weiteres Garn kaufen möchten, sollten Sie für Ihr Modell Farben auswählen, die Ihnen gefallen.

Manchmal sehen Garne in verschiedenen Farben schön aus, wenn man sie nebeneinanderlegt, aber wenn man sie in einem Projekt kombiniert, scheinen sie nebeneinander unterzugehen. Um unangenehme Überraschungen zu vermeiden, sollte man sich ein wenig über die Grundlagen der Farbenlehre informieren. Obwohl die Farbenlehre nicht sklavisch befolgt werden muss, bietet sie hervorragende Tools zur Farbauswahl.

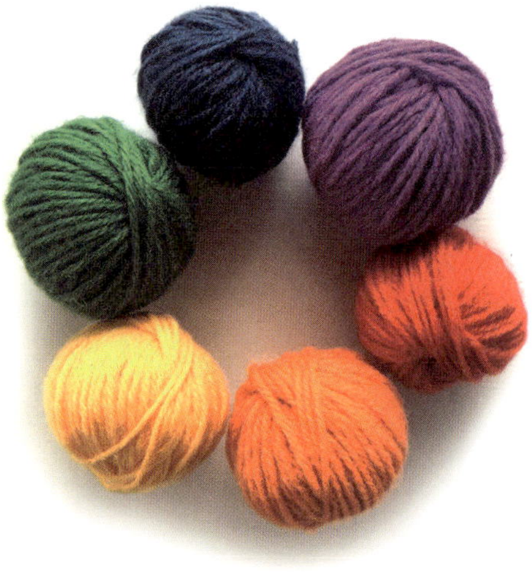

Primärfarben

Die Farben bestehen aus drei Primärfarben: Blau, Rot und Gelb. Alle anderen Farben wie Orange, Grün und Lila bestehen aus Kombinationen von Primärfarben. Mithilfe des Farbkreises können Sie das Verhältnis verschiedener Farben zueinander betrachten.

Komplementärfarben

Mithilfe des Farbkreises ist es leicht, die Komplementärfarben zu finden, also die Farben, die sich im Farbkreis gegenüberliegen. Die Komplementärfarben heben sich gut voneinander ab und mit ihrer Hilfe lässt sich ein starker Kontrast im Gestrick erzeugen.

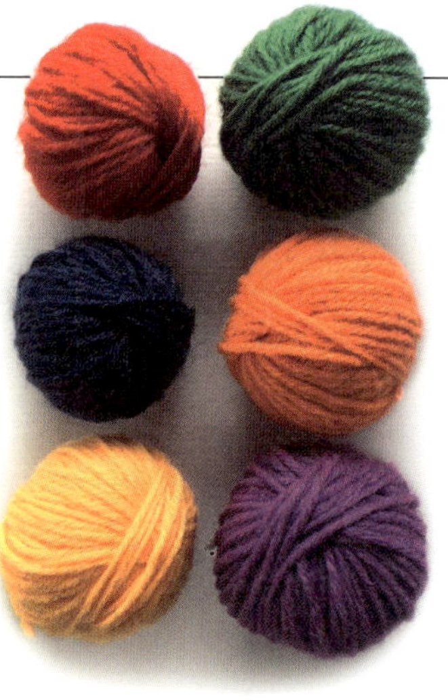

Analoge Farben

Farben, die im Farbkreis nebeneinanderliegen, werden analoge Farben genannt. Wenn Sie harmonisch verlaufende Farbflächen stricken möchten, sollten Sie die Garne nach analogen Farben gruppieren.

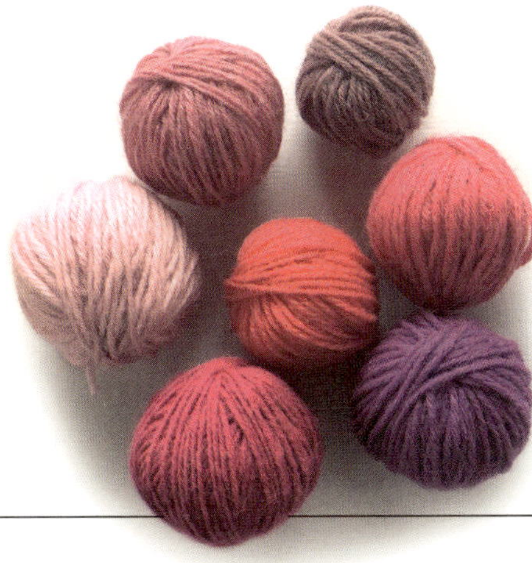

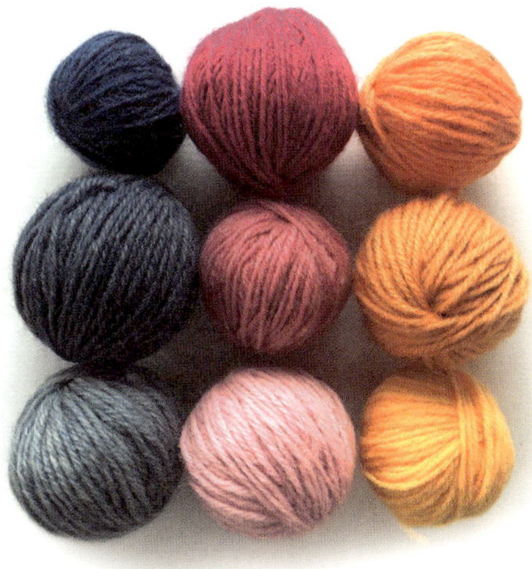

Tonwert bzw. Dunkelheitsgrad einer Farbe

Der Tonwert (Valeur) bezieht sich darauf, wie hell oder dunkel eine Farbe ist. Wenn alle ausgewählten Garne in der Dunkelheit gleich aussehen, weist die Arbeit möglicherweise einen zu geringen Kontrast auf, auch wenn die Farben selbst zueinander passen. Der einfachste Weg, herauszufinden, welchen Dunkelheitsgrad die Garne haben, besteht darin, sie mit einem Handy zu fotografieren und das Bild in Schwarz-Weiß umzuwandeln. Wenn sich die Garne ausreichend in Schwarz-Weiß unterscheiden, kommen sie auch im Gestrick gut zur Geltung.

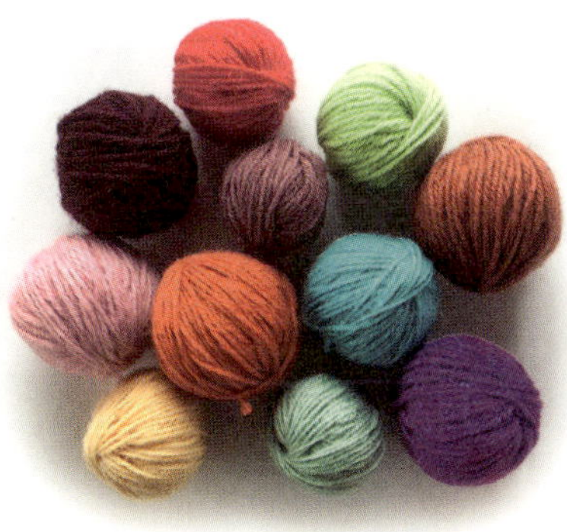

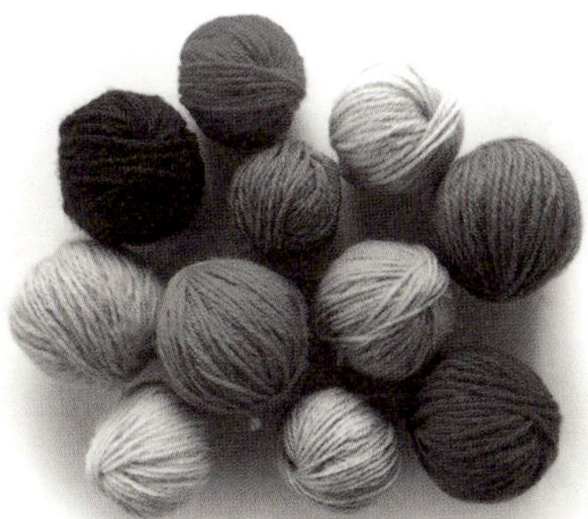

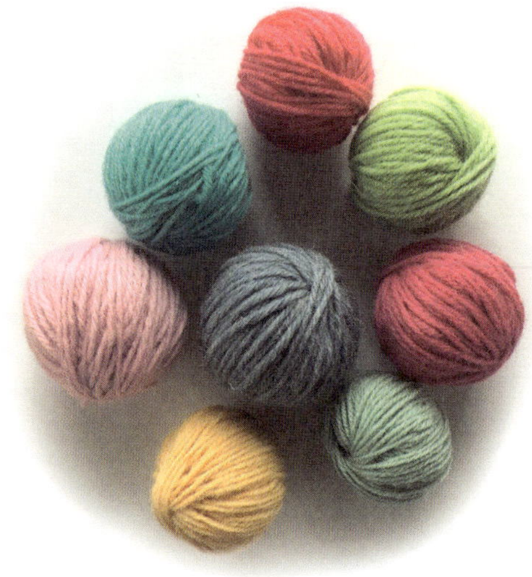

Sättigung

Farbreinheit und Farbgehalt werden anhand der Sättigung ermittelt. Wenn beim Färben des Garns viele Pigmente verwendet wurden, hat das Garn eine sehr kräftige Farbe. Als allgemeine Faustregel könnte man sagen, dass man für sein Strickprojekt sowohl gesättigte als auch getönte oder gebrochene Farben wählen sollte. Bei gebrochenen Farben werden die Primärfarbe und ihre Komplementärfarbe miteinander vermischt, was ein gebrochenes, weiches Endergebnis ergibt. Als getönt bezeichnet man eine Farbe, wenn zum Beispiel Weiß zur Primärfarbe hinzugefügt wurde.

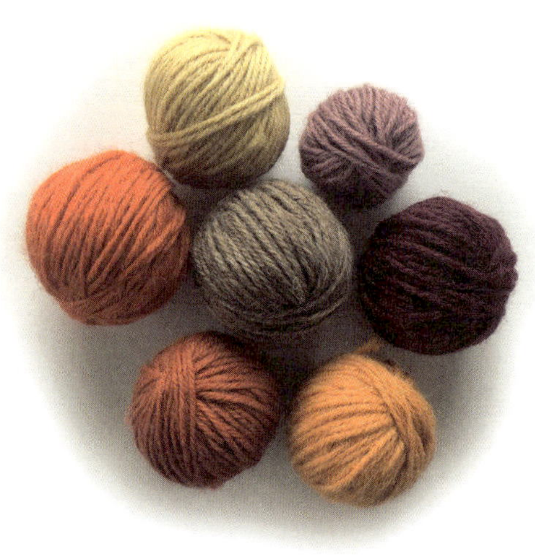

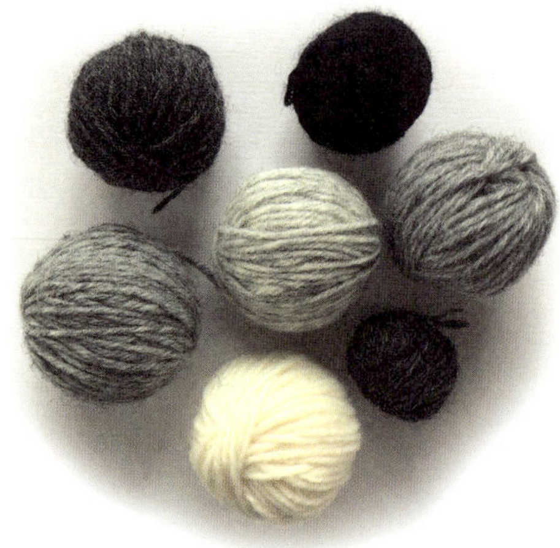

Neutrale Farben

Weiß, Grau und Schwarz sind neutral. Sie harmonieren sehr gut mit anderen Farben und bringen deren Farbtöne gut zur Geltung. Auch bei neutralen Farben sollten Sie auf den Tonwert (Valeur) achten.

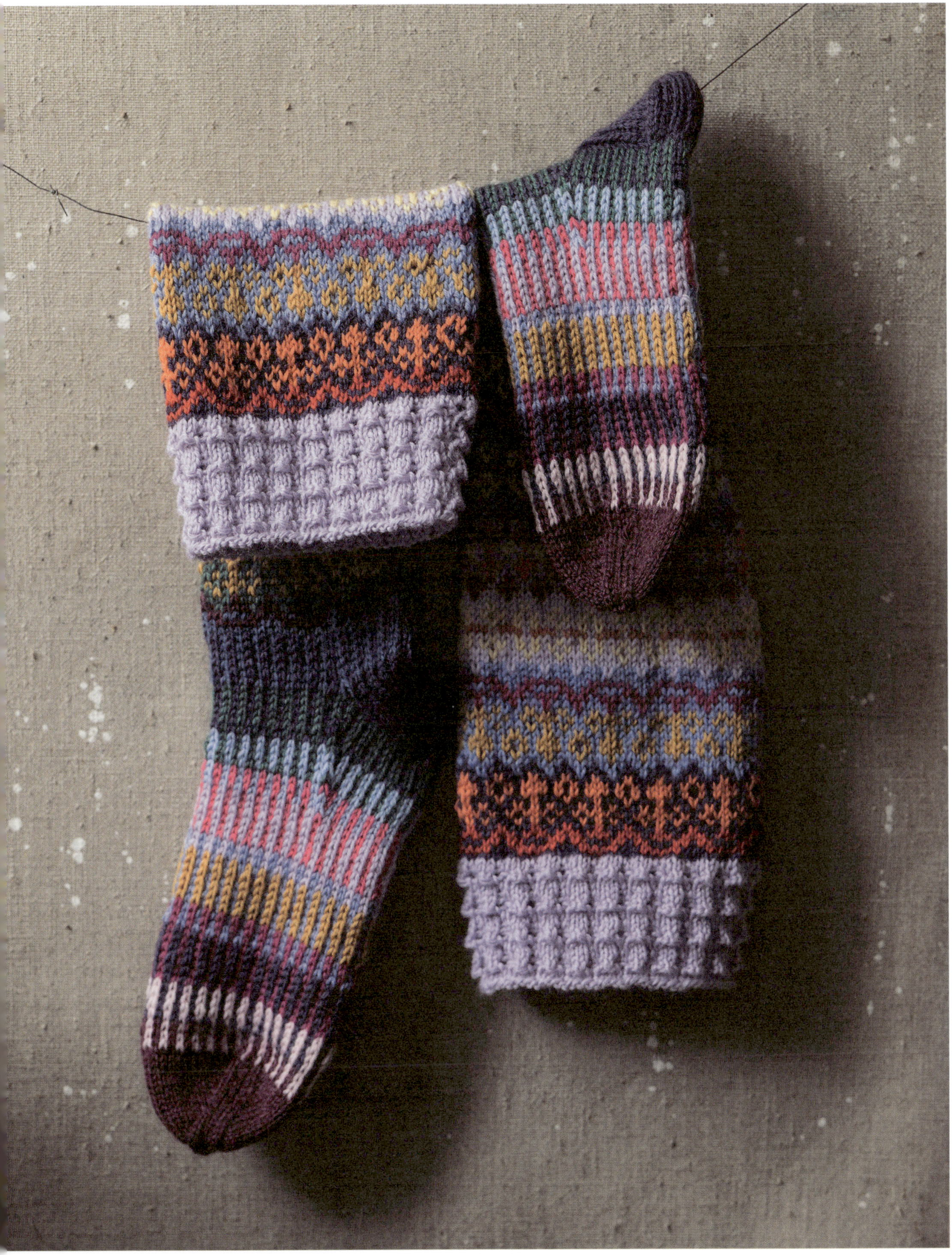

MASCHEN-ANSCHLAG

Wenn die Socke am Schaft begonnen wird, ist eine elastische Anschlagskante sehr wichtig. Es gibt viele Möglichkeiten, Maschen anzuschlagen, von denen ich hier einige vorstelle. Der klassische und der zweifarbige Maschenanschlag eignet sich für Socken, deren Ränder keine extreme Flexibilität erfordern, während der deutsche Maschenanschlag für Socken geeignet ist, deren Anschlagskante sehr elastisch sein muss. Alle Modelle in diesem Buch beginnen von oben mit dem Schaft.

Klassischer Kreuzanschlag

Die bekannteste Art des Maschenanschlags ist der sogenannte Kreuzanschlag. Diese Methode ist einfach und elastisch, es ist jedoch wichtig, die Maschen nicht zu fest anzuschlagen, da sonst das Sockenbündchen während des Tragens unbequem einschnüren kann. Ich schlage die Maschen oft auf diese Weise an und verwende dabei entweder zwei Nadeln zusammen oder eine dickere Nadel.

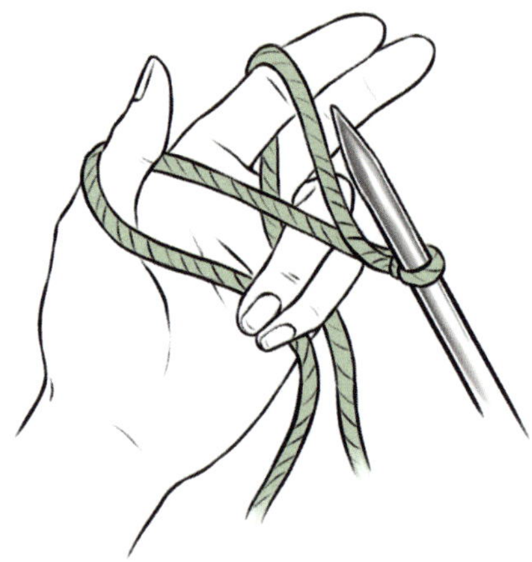

1. Etwa einen Meter vom Fadenanfang entfernt einen Anfangsknoten machen. Diese sog. Grundschlinge auf die rechte Nadel (oder auf zwei zusammengehaltene Nadeln) legen. Die Fäden in die linke Hand nehmen, sodass das Fadenende von der Handinnenseite über den Daumen und der Arbeitsfaden um den Zeigefinger läuft.

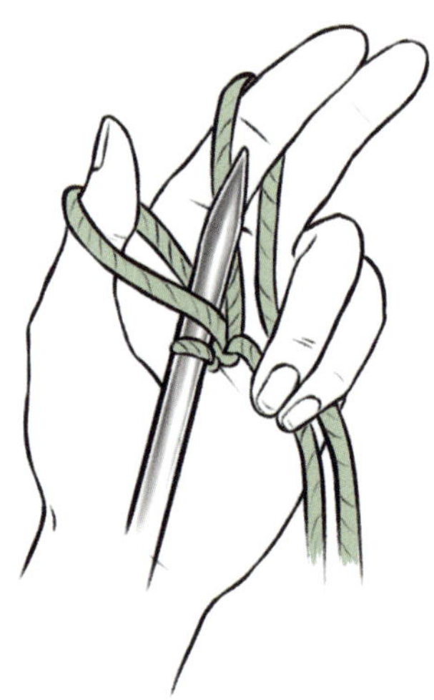

2. Die rechte Nadel von unten in die durch den Daumenfaden gebildete Schlinge einstechen und den Zeigefingerfaden auf die Nadel heben.

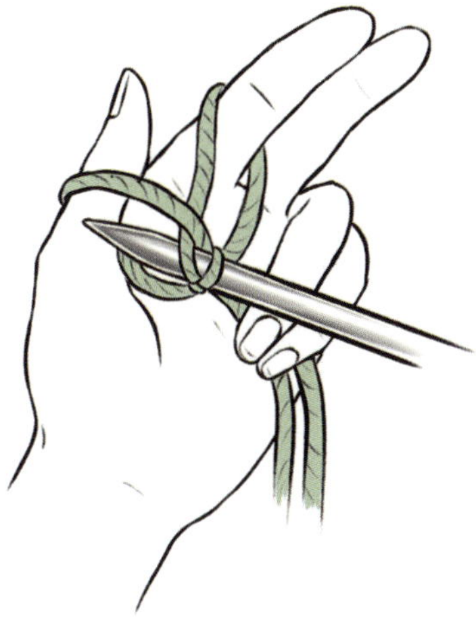

3. Den Faden durch die Daumenschlinge ziehen und den Faden vom Daumen gleiten lassen. Dabei die Schlaufe festziehen, damit die Masche nicht zu locker wird. Allerdings auch nicht zu fest anziehen.

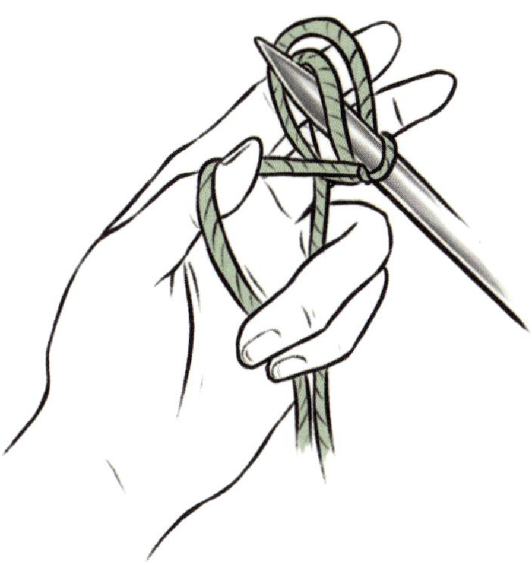

4. Nun wieder eine Daumenschlinge bilden. Die Schritte 2–4 wiederholen, bis die erforderliche Anzahl Maschen angeschlagen ist.

Klassischer Kreuzanschlag mit zwei Farben

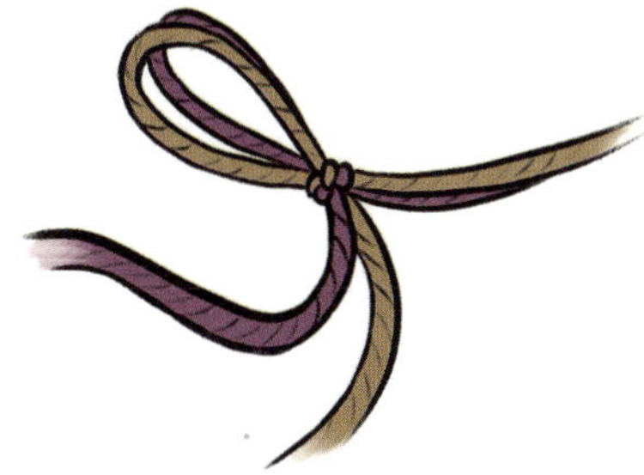

1. Etwa 10 cm vom Fadenanfang entfernt einen Anfangsknoten machen. Hinweis: Der zweifarbige Anfangsknoten wird nicht als Masche gezählt, sondern später wieder aufgelöst, die Fadenenden werden vernäht. Der Knoten muss sich also leicht wieder öffnen lassen, wenn an den Fadenenden gezogen wird.

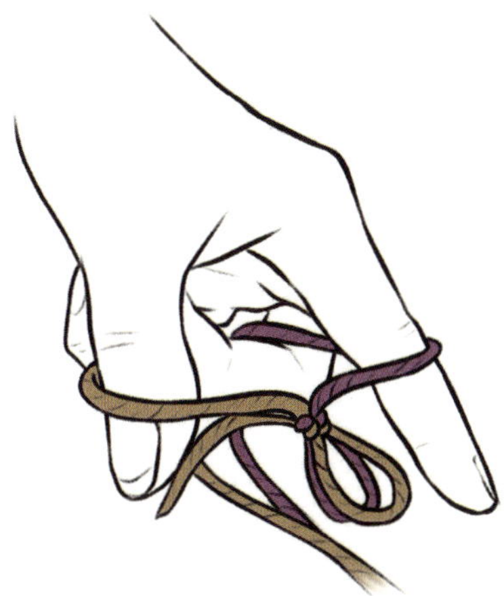

2. Die Fäden zunächst so in die linke Hand nehmen, dass der Kontrastfaden am unteren Rand von der Handinnenseite um den Daumen und der Arbeitsfaden von der Handinnenseite um den Zeigefinger verläuft.

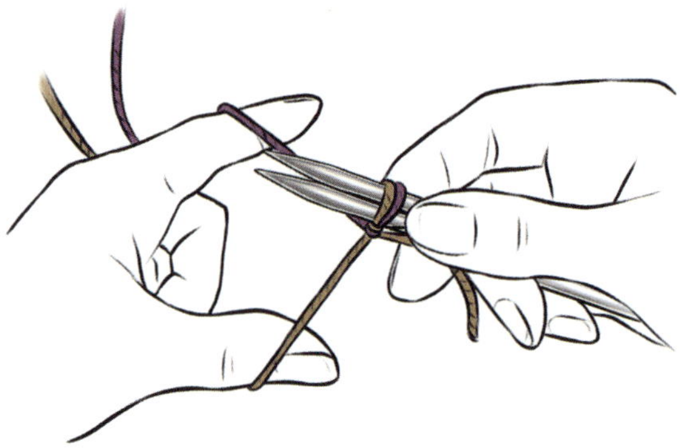

3. Diese sog. Anfangsschlinge auf die rechte Nadel (oder auf zwei zusammengehaltene Nadeln) legen. Die Maschen gemäß Schritt 2–4 für den klassischen Kreuzanschlag anschlagen.

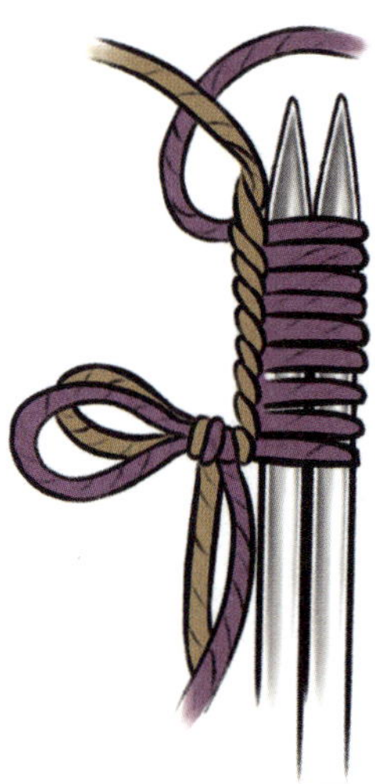

4. So sehen die mit zwei Farben durch Kreuzanschlag angeschlagenen Maschen auf der Nadel aus. Der Sockenschaft bekommt so einen schönen, farbigen Rand.

Deutscher Maschenanschlag

Eine sehr dehnbare, etwas kompliziertere Art, Maschen anzuschlagen, als beim klassischen Kreuzanschlag ist der sog. *deutsche Anschlag*. Diese Methode wird auch *altnorwegischer Maschenanschlag* genannt. Obwohl diese Methode zunächst umständlich erscheinen mag, gelingt sie nach etwas Übung besser. Ich verwende sie fast immer für Kniestrümpfe oder Overknees, da bei längeren Modellen die Flexibilität der Anschlagskante sehr wichtig ist.

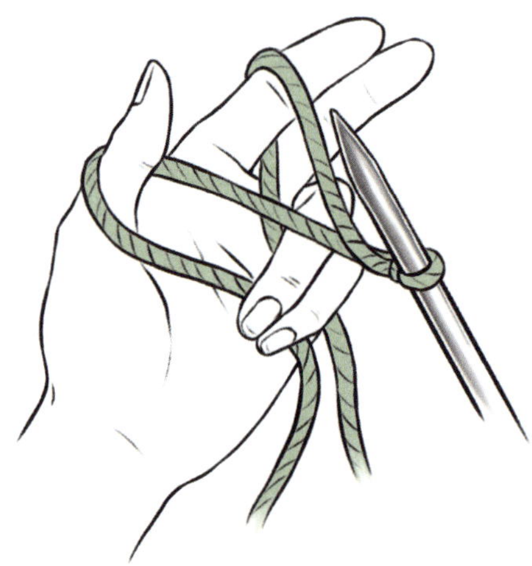

1. Den Faden doppelt nehmen und ein langes Fadenende hängen lassen. Einen Anfangsknoten bilden und auf die rechte Nadel (oder auf zwei zusammengehaltene Nadeln) legen.

Dies ist die erste Masche der Anschlagskante. Zeigefinger und Daumen der linken Hand wie in Bild 1 halten, sodass der Arbeitsfaden auf dem Zeigefinger und das Fadenende auf dem Daumen liegt. Die Fäden bilden den Buchstaben V.

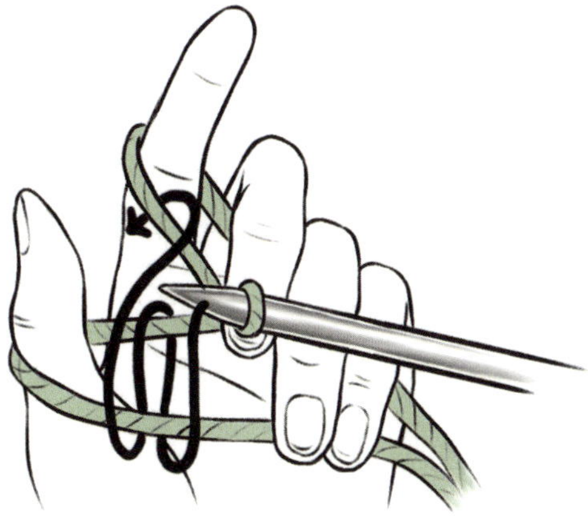

2. Die Nadel von vorn unter beide Daumenfäden und hinter den Fäden nach oben führen, die Nadel durch die Daumenschlaufe nach unten führen, anheben und den vorderen Faden auf dem Zeigefinger von unten auf die Nadel heben.

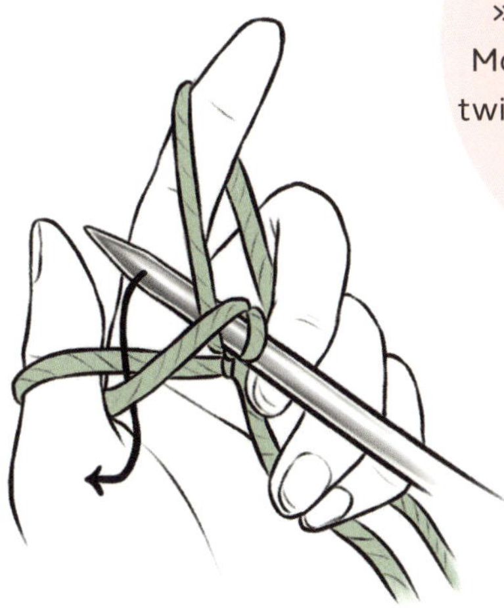

3. Den auf die Nadel gehobenen Faden durch die Daumenschlaufe führen, wie durch den Pfeil angezeigt.

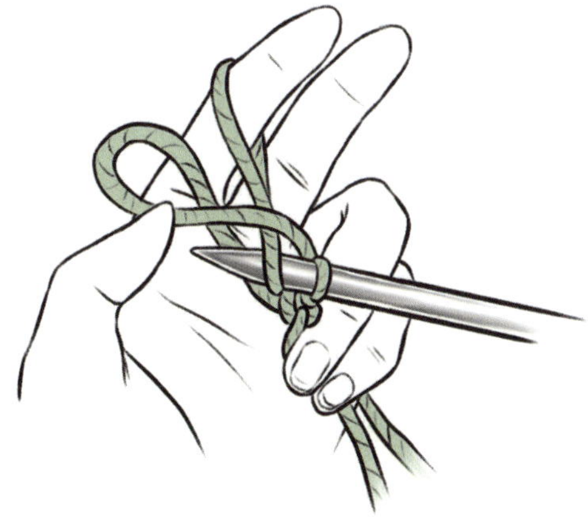

4. Die Schlaufe frei über den Daumen fallen lassen, dabei die Masche etwas festziehen, damit die Fäden nicht zu locker bleiben. Allerdings nicht zu fest anziehen.

Auf YouTube finden Sie Video-Tutorials mit den Suchbegriffen »Verschränkter deutscher Maschenanschlag« (German twisted cast on) oder »Altnorwegischer Anschlag« (Old Norwegian cast on).

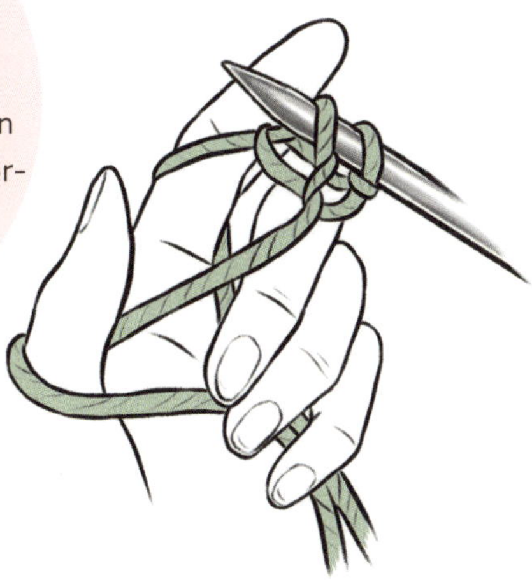

5. Den Faden wieder so auf den Daumen legen, dass sich die Fäden in der Ausgangsposition befinden und wieder ein V bilden. Die Schritte 2–5 wiederholen, bis die erforderliche Anzahl Maschen angeschlagen ist.

Anschlagsrand

Wenn die erforderliche Anzahl Maschen angeschlagen wurde, die Arbeit zur Runde schließen, dabei darauf achten, dass sich die Maschen nicht verdrehen.

Oft gibt es am Anschlagsrand der Socke eine kleine Kerbe am Rundenwechsel. Dies kann leicht vermieden werden, indem man am Ende der 4. Nadel eine zusätzliche Masche anschlägt und diese mit der ersten Masche der 1. Nadel am Ende der ersten Runde zusammenstrickt. So wird der Rundenwechsel fest und gleichmäßig.

Es gibt noch eine zweite Möglichkeit für einen schönen Rundenwechsel: Die benötigte Anzahl Maschen anschlagen. Wenn die Arbeit zur Runde geschlossen wird, die erste Masche mit zwei Fäden (dem Anschlagsfaden und dem Arbeitsfaden) stricken. In der nächsten Runde wird diese doppelfädige Masche als eine Masche abgestrickt. Durch leichtes Ziehen am Anschlagsfaden wird der Rundenwechsel schön fest.

VERBINDEN DER FÄDEN

Bei Socken aus Wollresten entstehen leicht viele Fadenenden, die vernäht werden müssen. Wenn Sie das Vernähen nicht mögen, können Sie die Fäden beim Stricken verbinden oder einweben. Hier sind ein paar Tipps für Techniken, die ich persönlich verwende, wenn das Modell viele Farben (= Fäden) hat oder wenn ich einen Farbverlaufseffekt erzielen möchte.

Magischer Knoten

Obwohl ich persönlich beim Sockenstricken keine Knoten im Garn hinterlassen möchte, eignet sich der magische Knoten besonders für den Sockenschaft. Ein magischer Knoten ist eine Methode zum Verbinden von Fäden, damit sich die Verbindung nicht so leicht löst. Es gibt viele Videos auf YouTube über den Wunderknoten – in allen, die ich gesehen habe, wird jedoch empfohlen, die Fadenenden abzuschneiden, nachdem der Knoten gemacht wurde. Ich persönlich lasse die Fadenenden des Wunderknotens etwas länger, damit ich sie (doppelt mit gleichfarbigem Faden) mit ein paar Maschen stricken kann. So stelle ich sicher, dass sich der Knoten auch bei starker Beanspruchung nicht löst.

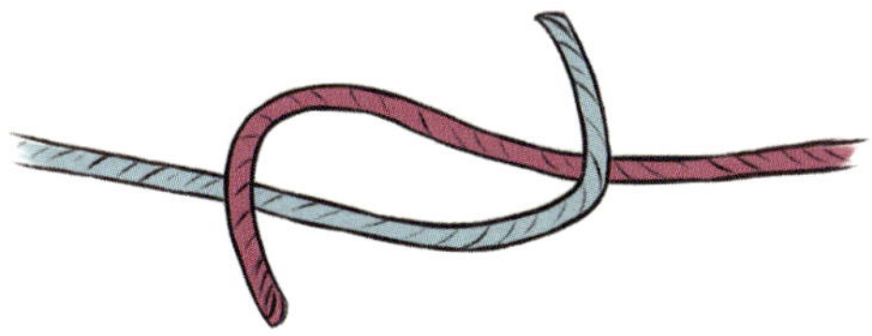

1. Die Fäden, die verbunden werden sollen, wie abgebildet hinlegen: rechts ist der Endfaden (rot) und links der Fortsetzungsfaden (grau).

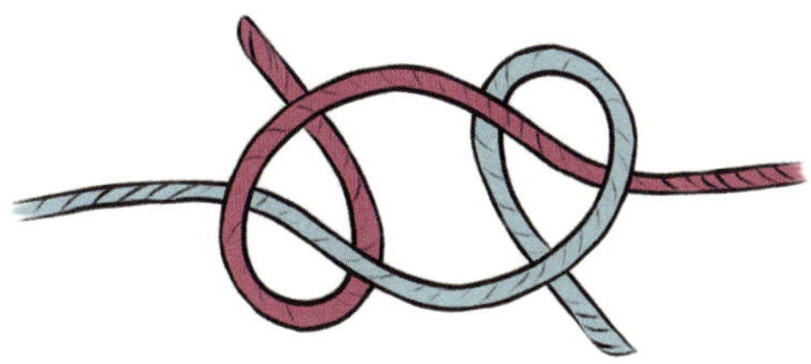

2. Das Ende des Endfadens um den Fortsetzungsfaden und unter sich selbst führen, sodass eine Schlaufe entsteht. Das Ende des Fortsetzungsfadens um den Endfaden herum und unter sich selbst führen.

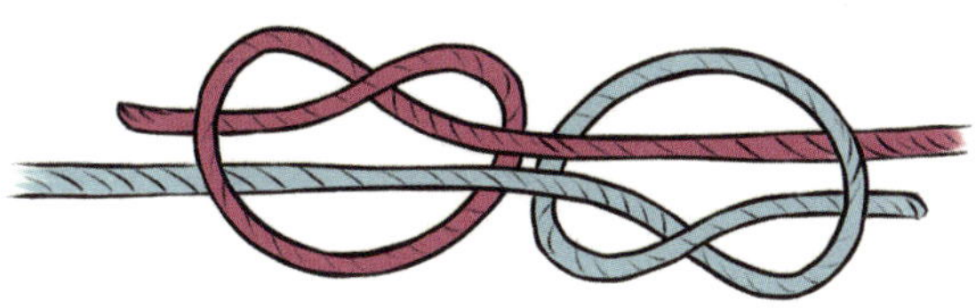

3. Das Ende des Fadens durch die Schlaufe führen, die er selbst gebildet hat, sodass sich ein Knoten um den anderen Faden bildet. Mit dem anderen Faden genauso verfahren.

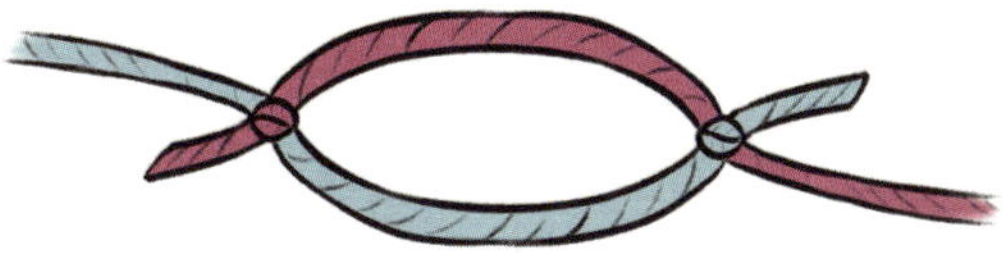

4. Beide Knoten festziehen.

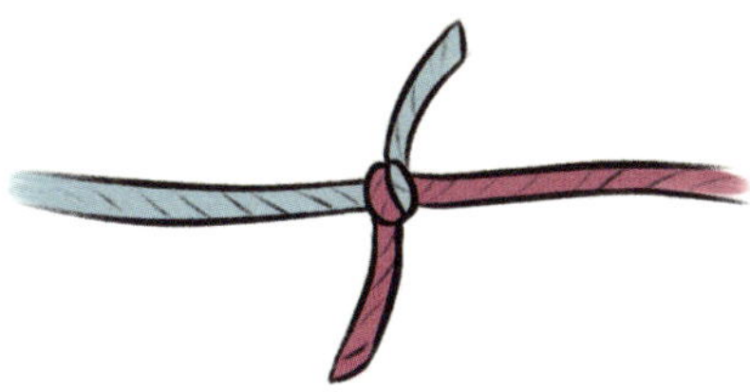

5. An den Fäden ziehen, sodass die Knoten eng nebeneinanderliegen. Etwas festziehen.

Russischer Fadenansatz

Eine Methode zur Verbindung von Fäden ist der russische Fadenansatz (Russian Join). Diese Technik benötigt etwas mehr Zeit, allerdings ist die Verbindungsstelle nahezu unsichtbar. Für diese Methode benötigt man eine spitze Stopfnadel mit großem Öhr.

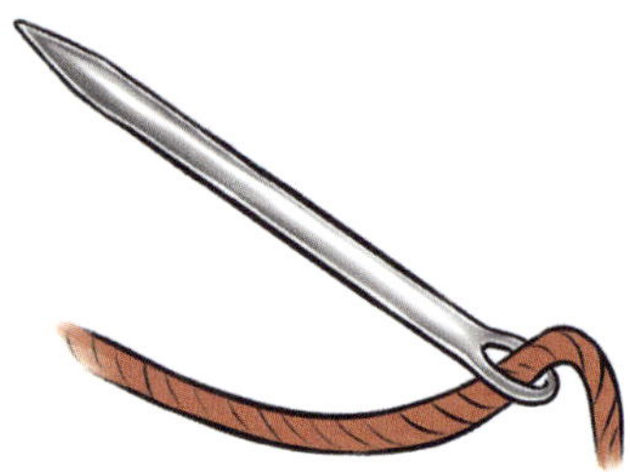

1. Den Endfaden in die Stopfnadel fädeln.

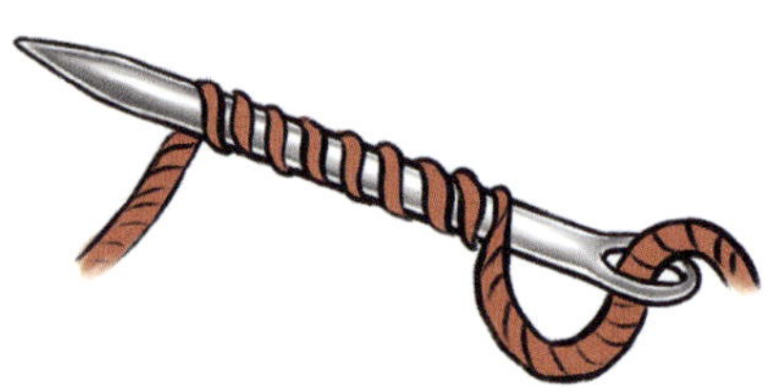

2. Mit der Nadelspitze ca. 5 cm weit in den Faden einstechen.

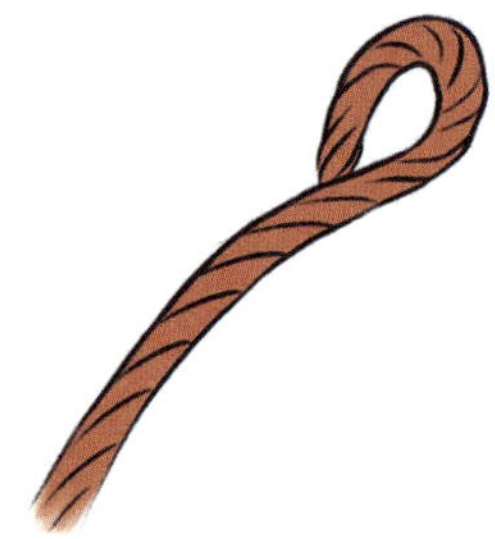

3. Das Fadenende in den Faden hineinziehen, sodass eine kleine Fadenschlaufe entsteht. Die Stopfnadel entfernen.

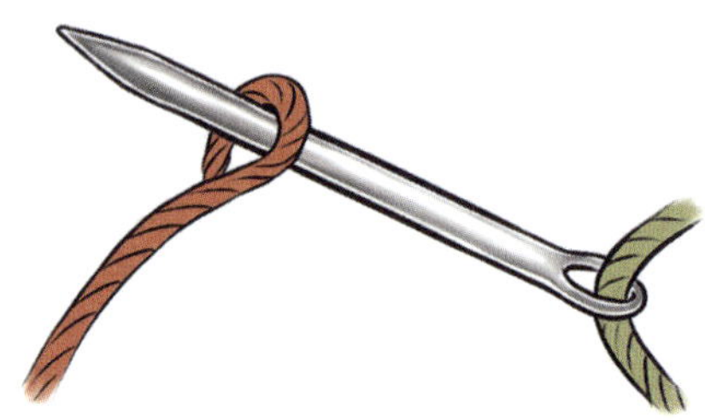

4. Den Fortsetzungsfaden in die Stopfnadel fädeln und die Nadel durch die Schlaufe des Endfadens stechen.

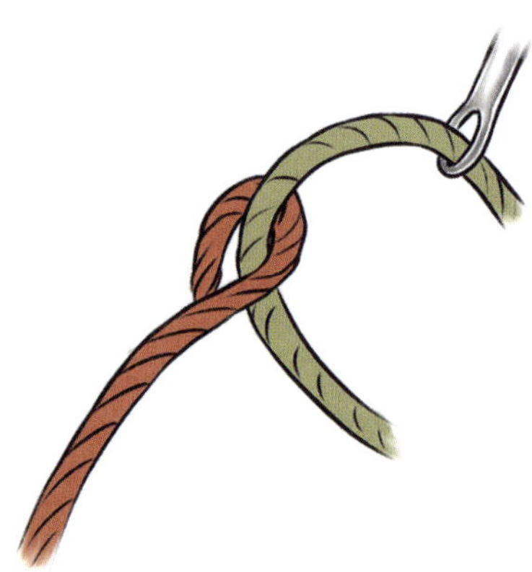

5. Den Fortsetzungsfaden durch die Schlaufe ziehen.

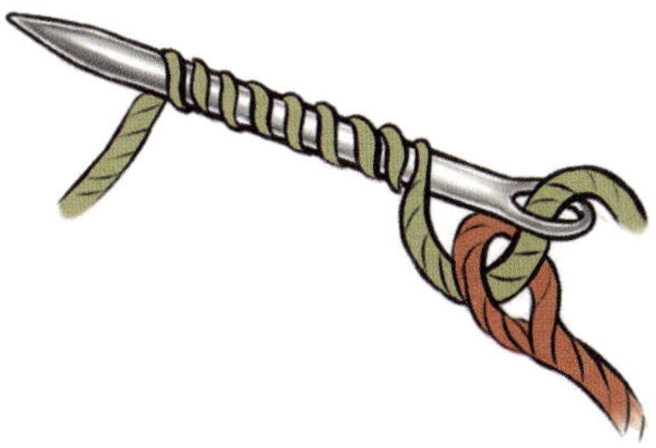

6. Mit der Nadelspitze ca. 5 cm weit in den Fortsetzungsfaden einstechen. Die Nadel und das Fadenende wie zuvor durch den Faden ziehen.

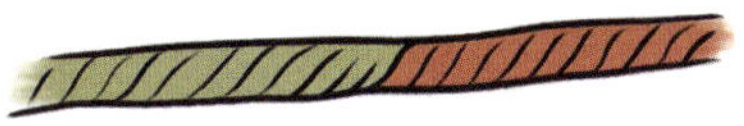

7. Die Nadel entfernen und an den Fadenenden ziehen, sodass eine feste Verbindung entsteht.

Gespleißte Fäden verbinden

Wenn mit dem gleichen oder einem ähnlichen Farbton weitergestrickt oder ein Farbverlauf erzielt werden soll, ist das Verbinden von ausgedünnten Fäden eine geeignete Technik. Beim Verbinden zweier Fäden in verschiedenen Farben (ohne Verlaufseffekt) genügen ca. 10 cm zum Spleißen. Wird ein Farbverlaufseffekt gewünscht, sollte die Ausdünnung über eine deutlich längere Strecke erfolgen. Für eine volle Runde für eine Socke benötigt man ca. einen Meter Garn. Beim Verbinden mit gespleißten Fäden verschmelzen selbst zwei sehr unterschiedliche Farbtöne zu einem. Bei dieser Technik bitte darauf achten, dass alle Fadenenden auf der linken Seite der Arbeit liegen.

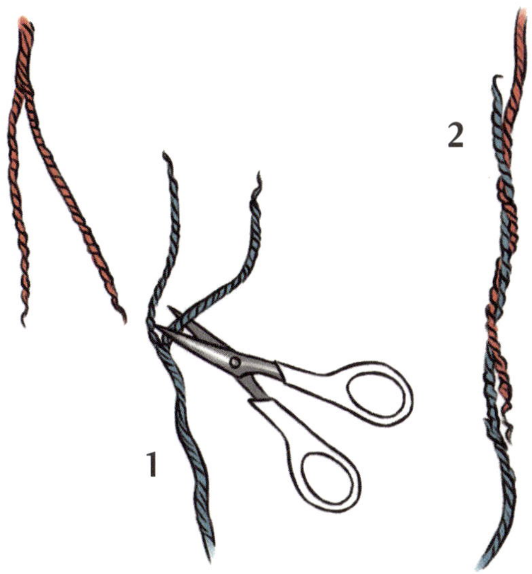

1. Die miteinander zu verbindenden Fäden über die benötigte Länge in zwei gleich dicke Teile aufdrehen (bei einem 4-fädigen Garn in 2+2 und bei einem 6-fädigen Garn in 3+3 Einzelfäden). Von beiden Garnen die Hälfte der Einzelfäden abschneiden.

2. Die beiden ausgedünnten Fadenenden in Verlängerung übereinanderlegen und leicht miteinander verdrehen. Weiterstricken.

Doppelfädiges Stricken

Da das Verbinden mit einer Nadel meiner Meinung nach zu langsam ist, habe ich eine ähnliche, etwas einfachere Art des Verbindens gewählt: Wenn ich etwa fünf Maschen von dem nächsten Fadenwechsel entfernt bin, schneide ich den auslaufenden Faden auf eine Länge von etwa 10 cm ab und lege ihn doppelt. Dann stricke ich ein paar Maschen doppelfädig, sodass das Garn eine Schlaufe bildet, und fädle den neuen Faden etwa 5–10 cm durch die Garnschlaufe. Dann stricke ich einfach weiter. Am Fadenwechsel werden sowohl der auslaufende als auch der neue Faden über eine Strecke von etwa 5 Maschen doppelfädig gestrickt.

Einweben von Fadenenden während des Strickens

Meiner Erfahrung nach ist das Einweben während des Strickens eine der beliebtesten Arten, Fadenenden zu sichern. Bei dieser Technik werden die Fadenenden im Verlauf des Strickvorgangs mit dem Arbeitsfaden verdreht. Auch wenn es auf verschiedene Art und Weise gemacht werden kann, erkläre ich hier, wie ich vorgehe.

Wenn Sie sich dem Farbwechsel nähern, d. h. eine Nadel (hier: 12 M) noch ungestrickt ist, die neue Farbe hinzunehmen und den Faden um den Arbeitsfaden hinter der Masche legen, die als Nächstes gestrickt wird. Das heißt, die Masche abstricken, den neuen Faden und den Arbeitsfaden hinter der Arbeit miteinander verdrehen, die nächste Masche stricken und die Fäden in der gleichen Richtung wie zuvor erneut miteinander verdrehen. So sechs Maschen lang (= die Hälfte der vor dem Farbwechsel zu strickenden Maschen) in die gleiche Richtung arbeiten, danach mit den nächsten sechs Maschen (= den restlichen Maschen der gleichen Farbe) fortfahren, jedoch in die entgegengesetzte Richtung verdrehen.

Wenn Sie an der Stelle für den Farbwechsel angekommen sind, den auslaufenden Faden bis auf ca. 10 cm abschneiden. Mit der neuen Farbe weiterstricken und nach jeder Masche das Fadenende wie oben beschrieben mit dem neuen Garn verdrehen, sechsmal in die eine und sechsmal in die andere Richtung. Zum Schluss die Fadenenden etwas festziehen und die überstehenden Enden abschneiden. Die verdrehten Fadenenden verbinden sich fest mit dem Gestrick. Darauf achten, mit der gleichen Strickfestigkeit wie sonst zu arbeiten, da sich die Maschen beim Verdrehen der Fäden fast unbemerkt lockern können.

Fertigstellen der Sockenspitze

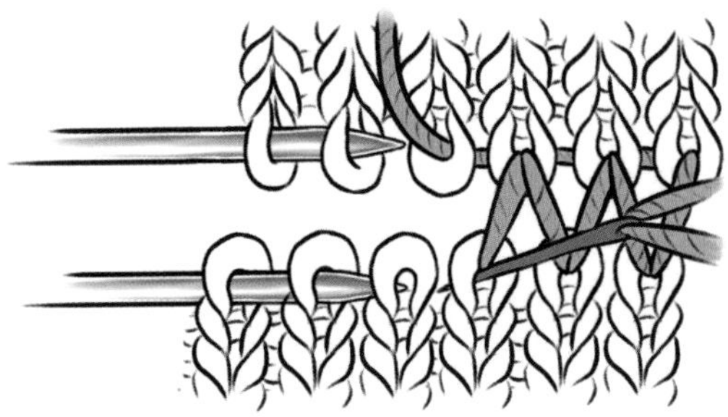

Die Sockenspitze kann auf viele verschiedene Arten gestrickt werden: als runde Spitze, als breite Bandspitze oder als andere Variante. In diesem Buch werden eine Sternchenspitze und hauptsächlich eine breite Bandspitze gestrickt, entweder so, dass die Abnahmen bis zu den letzten Maschen der Socke fortgesetzt werden, oder so, dass die Spitze im Maschenstich geschlossen wird. Das Fertigstellen der Spitze im Maschenstich kann mit einer dritten Stricknadel, wie in der Anleitung empfohlen, oder mit einer Stick- oder Wollnadel erfolgen.

KURZER ÜBERBLICK ÜBER DIE IM BUCH VERWENDETEN TECHNIKEN

Streifen

Bei den Modellen in diesem Buch wird oft mitten im Strickstück das Garn gewechselt. Beim Streifenstricken, obwohl es an sich recht einfach und mühelos ist, entsteht dadurch ein Problem: Am Rundenübergang scheinen die Streifen zu springen und die Stelle sieht nicht so sauber aus wie die Streifen im restlichen Strickstück. Dies liegt daran, dass spiralförmig gestrickt wird.

Für einen sauberen Streifenwechsel eignet sich die folgende Methode gut bei Streifen, die aus zwei Runden bestehen: *Die erste Runde normal über alle Maschen stricken. In der zweiten Runde die erste Masche abheben, ohne sie zu stricken, der Faden liegt hinter der Arbeit, die Runde normal beenden und die erste Masche der Runde (= die Masche, die am Rundenanfang abgehoben wurde) noch abstricken, die erste Masche wieder zurück an den Rundenanfang legen.* Ab * wiederholen und alle zwei Runden die Farbe wechseln.

Der Rundenübergang lässt sich auch leicht kaschieren, wenn man beim Farbwechsel die erste Masche der Runde rechts verschränkt abstrickt.

Einstrickmuster

Einstrickmuster sind schon seit Jahren sehr beliebt in Finnland und eignen sich bestens für Wollreste. Bei dieser Technik ist die Regulierung der Strickfestigkeit ein entscheidender Faktor. Oft sind Einstrickmuster deutlich weniger elastisch als einfarbig glatt rechts gestrickte Flächen oder Bündchen. Das ist unter anderem darauf zurückzuführen, dass bei Einstrickmustern die doppelte bis dreifache Menge Garn pro Runde verarbeitet wird, während sonst normalerweise nur einfädig gearbeitet wird. Auch wenn das Strickstück mit Nadeln der gleichen Stärke wie ein einfarbiges gestrickt wird und die Spannfäden auf der Rückseite der Arbeit zu fest angezogen werden, kann das Gestrick zu sehr spannen. Aus diesem Grund empfehle ich, für die Abschnitte mit Einstrickmustern Nadeln zu verwenden, die eine halbe bis eine Nummer größer sind als für die anderen Sockenteile.

Wie das Einstrickmuster aussieht, hängt stark von der Reihenfolge ab, in der die Fäden gestrickt werden. In vielen Strickgruppen im Internet kursiert das Wort Garndominanz. Das bedeutet, dass eine der beiden Farben dominiert, also stärker aus der Strickfläche hervortritt. Wenn Sie lernen, die Fäden immer an der gleichen Position (näher am bzw. weiter weg vom Gestrick) zu halten, vermeiden Sie gleichzeitig lästiges Verheddern der Fäden. Bei der Garndominanz verdrehen sich die Spannfäden auf der Rückseite der Arbeit nicht, sondern verlaufen gleichmäßig parallel zueinander, einer oben und einer unten.

Bei der Garndominanz ist zu beachten, dass das Garn, das unter dem anderen Garn gestrickt wird, die dominierende Farbe ist, also besser hervorsticht als die andere. Das Garn, das über dem anderen Garn gestrickt wird, ist die sogenannte Hintergrundfarbe. Man kann auch mit der Garndominanz spielen, wie im Fußteil des Modells *Abend am See Mallasvesi*: Dabei wird die Garndominanz zwischen den Farben in der Runde gewechselt, sodass die mit zwei Farben gestrickte Oberfläche lebendiger wirkt.

Bei Einstrickmustern muss auch die Spannung der Spannfäden berücksichtigt werden. Durch dickere Nadeln wird das Gestrick zwar etwas elastischer, allerdings können die auf der Rückseite verlaufenden Fäden durch ihre Spannung diesen Vorteil zunichtemachen. Die Spannung der Spannfäden sollte stets kontrolliert und gegebenenfalls korrigiert werden. Wenn ich eine Nadel abgestrickt habe, ziehe ich das

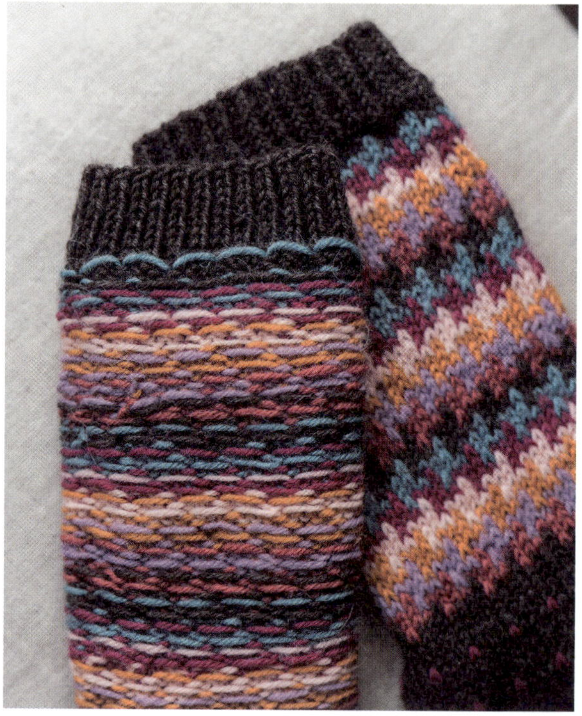

Gestrick gerade (die soeben gestrickte Nadel ziehe ich mit der rechten Hand gerade, bevor ich mit der nächsten weitermache), damit die Spannfäden immer die richtige Spannung haben. Je mehr man strickt, desto routinierter wird man und nach einer Weile wird das Gestrick automatisch passend.

Mosaikmuster mit Hebemaschen

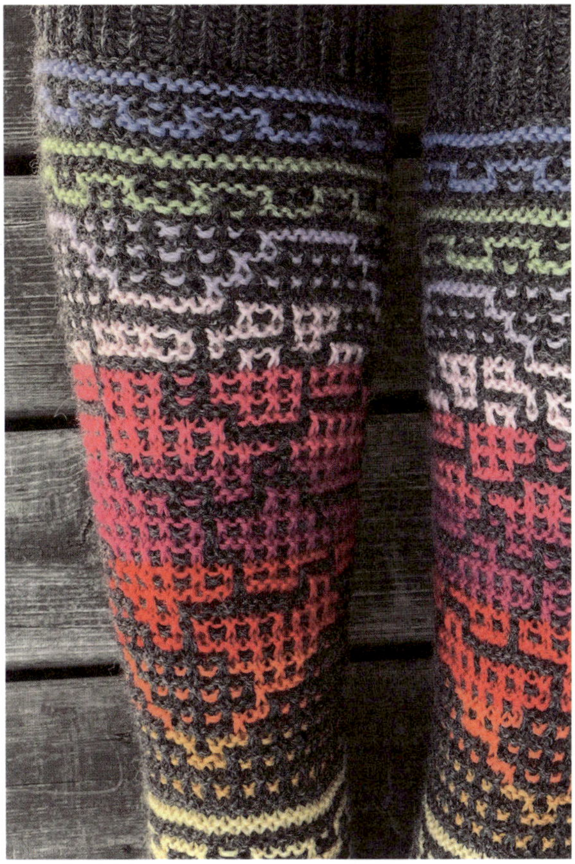

Bei der Mosaiktechnik wird stets nur mit einer Farbe pro Runde gestrickt. Die Muster im Strickstück entstehen aus den langgezogenen Maschen, die durch die ungestrickten Hebemaschen gebildet werden. Diese Strickmethode ist geeignet für Sie, wenn Sie aus irgendeinem Grund keine traditionellen Einstrickmuster mögen, das Gestrick aber dennoch eine ähnliche Musterung haben soll. In den Zählmustern der Mosaiktechnik wird entweder jede zu strickende Runde in einer eigenen Reihe oder zwei zu strickende Runden in einer Reihe dargestellt, je nachdem, ob die ungestrickten Maschen jeweils über eine oder zwei Runden gehoben werden. Am rechten Rand der Zählmuster befindet sich vor der Rundennummer ein farbiges Kästchen, das angibt, in welcher Farbe die jeweilige Runde gestrickt werden soll. Dieses Kästchen wird also nicht gestrickt, sondern ist nur eine Hilfe, die Farbe des aktuellen Arbeitsfadens zu visualisieren. Die Hebemaschen sind in den Zählmustern durch ein V-Symbol dargestellt.

Durch die Mosaiktechnik lassen sich sehr vielseitige Musterungen kreieren. Wird abwechselnd eine Runde rechts und eine Runde links gestrickt, entstehen interessante Muster und eine lebendige Oberfläche, wie bei den Socken *Liebeslied.* Werden mehrere Maschen nacheinander gehoben, bitte darauf achten, den Faden nicht zu stark anzuziehen. Die Spannfäden auf der Oberfläche der Socke sind Teil des Musters und sollten locker genug sein, damit die Socke nicht zu eng wird.

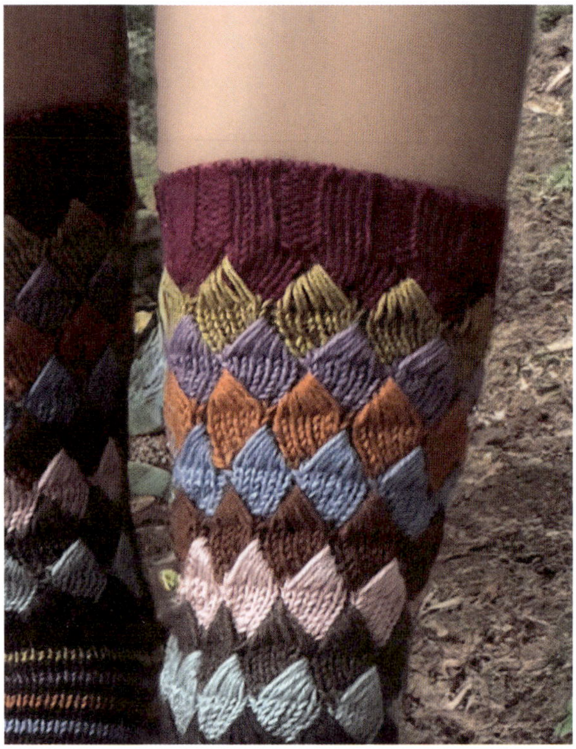

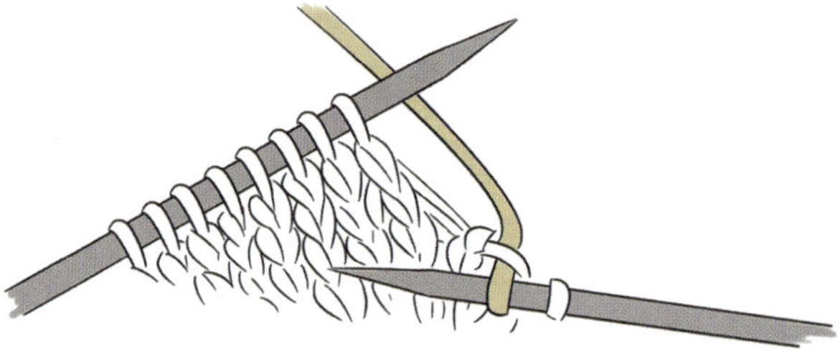

1. Mit der rechten Nadel durch die Masche stechen, wo die tiefer gestochene Masche gestrickt werden soll.

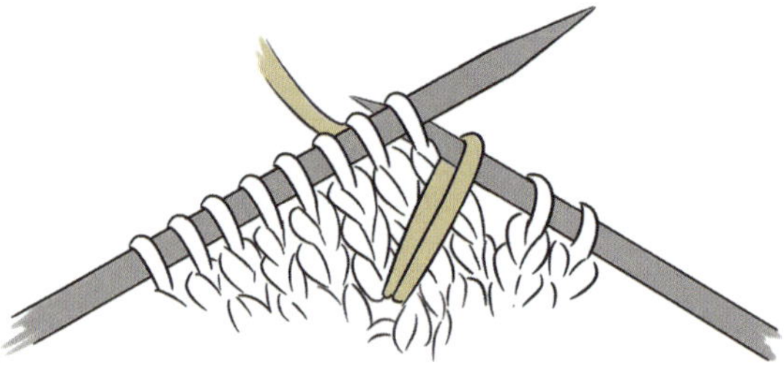

2. Den Arbeitsfaden durchholen und die entstandene Masche langziehen.

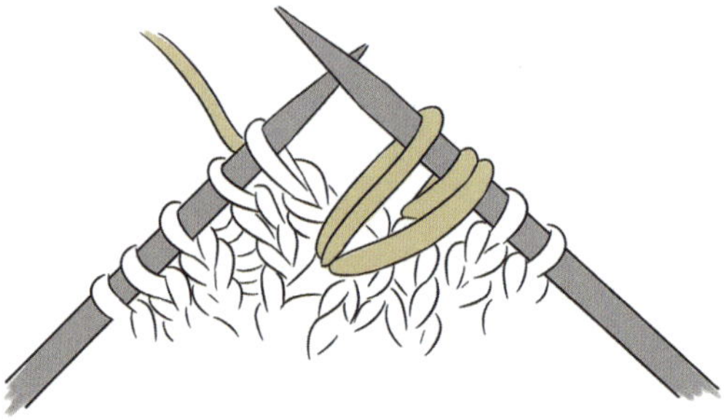

3. Darauf achten, dass die tiefer gestochenen Maschen lang genug sind, d. h. dass sie auf gleicher Höhe liegen wie die Maschen der zu strickenden Reihe.

Tiefer gestochene Maschen

Tiefer gestochene Maschen sind Maschen, die mehrere Reihen hochgezogen werden können. Es können entweder einzelne oder mehrere in derselben Masche gestrickt werden. Mit tiefer gestochenen Maschen lassen sich interessante Flächenmuster zaubern, wie zum Beispiel beim Modell *Karneval*. Der Unterschied zwischen einer tiefer gestochenen Masche und einer Hebemasche besteht darin, dass mit Hebemaschen das Muster aus den Maschen der Vorreihen entsteht, während eine tiefer gestochene Masche gestrickt, d. h. der Arbeitsfaden durch die Masche einer Vorreihe eingehakt wird. Es ist wichtig, die tiefer gestochene Masche lang genug zu ziehen, damit das Gestrick nicht zusammengezogen wird.

Roosimine

Roosimine ist eine alte, estnische Technik zum Verzieren einer Strickoberfläche. Das Muster entsteht mit dem Musterfaden, der, oft doppelt gelegt, an den in der Anleitung angegebenen Stellen zwischen die Maschen auf die Vorder- und Rückseite der Arbeit geführt wird. Diese Technik macht Spaß, ist interessant und verleiht dem Strickstück eine einzigartige Textur. Wie im Modell *Flickenteppich* zu sehen ist, bekommt eine traditionell gestreifte Socke durch Roosimine einen ganz neuen Look. Bei der Roosimine-Technik bitte darauf achten, dass sich der doppelte Musterfaden auf der Vorderseite der Arbeit nicht verdreht.

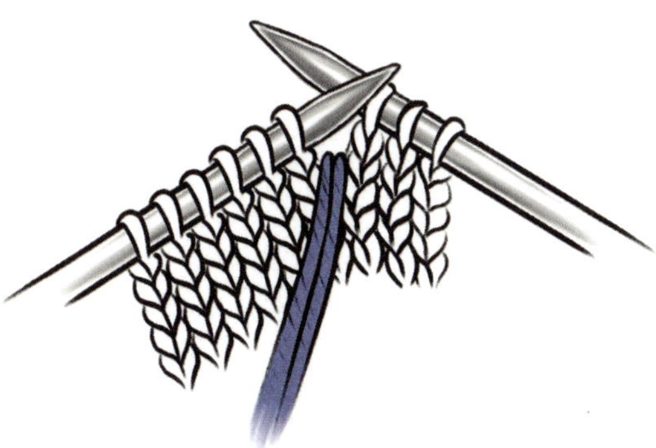

1. Den Faden zwischen die Maschen auf die Vorderseite der Arbeit legen, wenn die Musterfarbe im Zählmuster beginnt. Die Maschen normal mit der Grundfarbe abstricken.

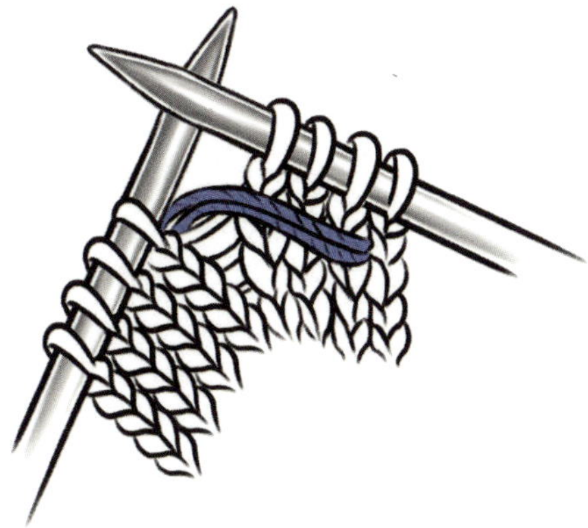

2. Wenn der Musterabschnitt endet, den Faden auf die Rückseite der Arbeit legen.

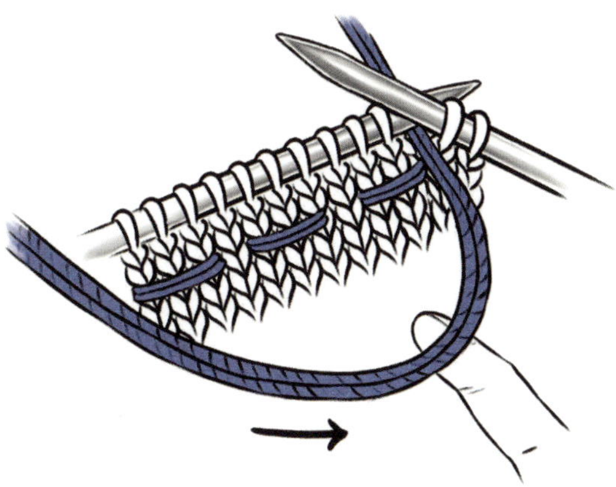

3. In der nächsten Reihe, wenn die Musterfarbe im ersten Farbbereich des Zählmusters gebraucht wird, sich aber noch am linken Rand der Arbeit befindet, den Musterfaden in einer lockeren Schlaufe vor die Arbeit legen und zwischen den Nadeln nach hinten führen.

Gute Stricktutorials für verschiedene Techniken finden Sie z. B. auf den Seiten von Novitaknits (englisch), Drops Design (englische Untertitel) und natürlich auf Youtube.

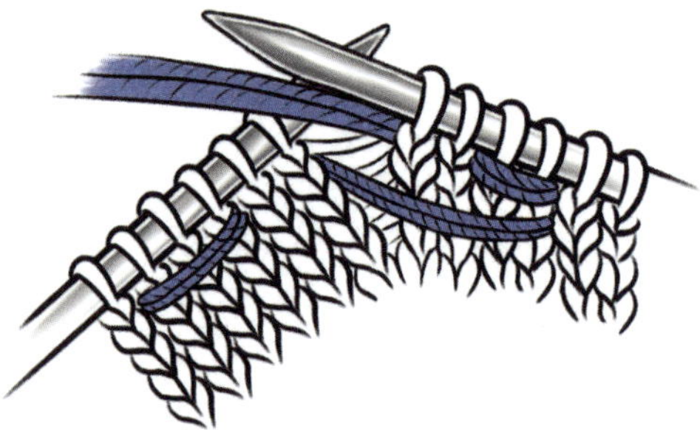

4. Weiterstricken, dabei den Musterfaden von der Schlaufe kommend gemäß Abbildung auf die Vorder- bzw. Rückseite der Arbeit legen wie zuvor.

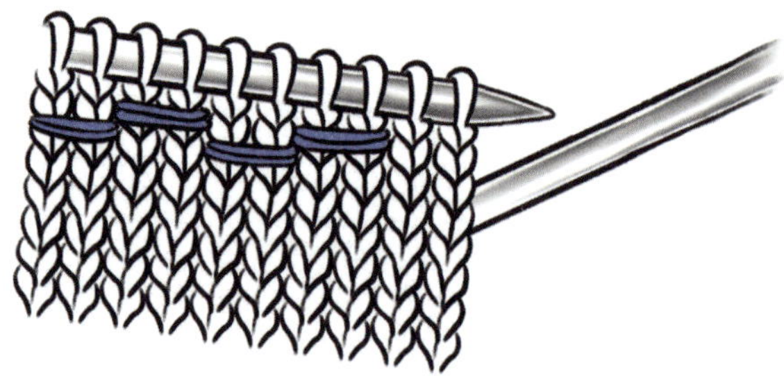

5. Wenn die Musterreihe gemäß Zählmuster gestrickt ist, vorsichtig am Musterfaden ziehen, sodass die noch verbleibende Schlaufe verschwindet. Die Musterfäden sollten locker genug bleiben, damit sich die Arbeit nicht zusammenzieht.

GRÖSSENTABELLE

Die Länge der Sohle der fertigen Socke lässt sich mit folgender Formel berechnen:

Schuhgröße × 0,63.

35	22 cm
36	22,5 cm
37	23,5 cm
38	24,5 cm
39	25 cm
40	25,5 cm
41	26,5 cm
42	27 cm

ABKÜRZUNGEN UND FACHBEGRIFFE

HinR = Hinreihe, rechte Seite der Arbeit

li = linke Masche, links

li verschr = links verschränkt (= durch das hintere Maschenglied) stricken

M = Masche(n)

Nd = Nadeln

R = Reihe(n)

re = rechte Masche, rechts

re verschr = rechts verschränkt (= durch das hintere Maschenglied) stricken

Rd = Runde(n)

RückR = Rückreihe, linke Seite der Arbeit

ssk (engl. slip slip knit, nach links geneigte Abnahme) = Zwei Maschen nacheinander wie zum Rechtsstricken abheben, wieder zurück auf die linke Nadel heben (die Ausrichtung der Maschen ändert sich) und rechts zusammenstricken. Diese Abnahme kann durch den Überzug ersetzt werden.

U = Umschlag, der Faden wird von hinten auf die Nadel geholt

Überzug = 1 Masche rechts abheben, 1 Masche rechts stricken, die abgehobene Masche über die gestrickte Masche ziehen.

zus = zusammen, die in der Anleitung angegebene Anzahl an Maschen zusammenstricken

– = die Anleitung zwischen den Sternchen wie angegeben wiederholen

2 M li zus = 2 Maschen links zusammenstricken

2 M re zus = 2 Maschen rechts zusammenstricken

3 M re zus = Abnahme um zwei Maschen. Bitte die Strickschrift beachten, wie die Abnahme durchgeführt wird.

Ändern der Größe = Alle Modelle im Buch werden für eine Wade/einen Fuß von durchschnittlichem Umfang gestrickt. Durch Ändern der Fußlänge können Sie Socken passend für die Größen 36–41 stricken. Mit dickeren Nadeln erhalten Sie größere Socken und mit dünneren Nadeln kleinere. Eine weitere Möglichkeit zum Ändern der Größe ist das Stricken mit einer anderen Garnstärke.

In Reihen stricken = mit zwei Nadeln in Hin- und Rückreihen stricken.

Leserichtung der Zählmuster/Strickschriften = Die Zählmuster/Strickschriften werden von unten rechts nach links und Zeile um Zeile nach oben gelesen. Eine Zeile im Zählmuster/in der Strickschrift bezeichnet üblicherweise eine Reihe, die gestrickt werden soll, außer bei Mosaikmustern, wo eine Zeile im Zählmuster/in der Strickschrift mehrere Reihen im Gestrick bedeuten können.

Maschenprobe = Anzahl der Maschen und Reihen in einem bestimmten Bereich (10 cm x 10 cm). Die Maschenprobe ist bei jedem Modell angegeben. Wenn Sie Ihre Strickfestigkeit nicht kennen, stricken Sie ein Probestück und zählen Sie die Maschen und Reihen. Ist Ihre Maschenprobe kleiner als in der Anleitung angegeben, wechseln Sie zu dickeren Nadeln. Ist sie größer, wechseln Sie zu dünneren Nadeln.

Nadelverteilung = Alle Modelle werden mit fünf Nadeln eines Nadelspiels gestrickt. Die Nadeln sind nummeriert (1., 2., 3. und 4. Nadel). Die 5. Nadel, mit der gestrickt wird, ist nicht nummeriert.

Reihen für die Fersenwand = In der Anleitung ist stets angegeben, wie viele Reihen für die Ferse gestrickt werden sollen. Es werden sowohl die Hin- als auch die Rückreihen gezählt.

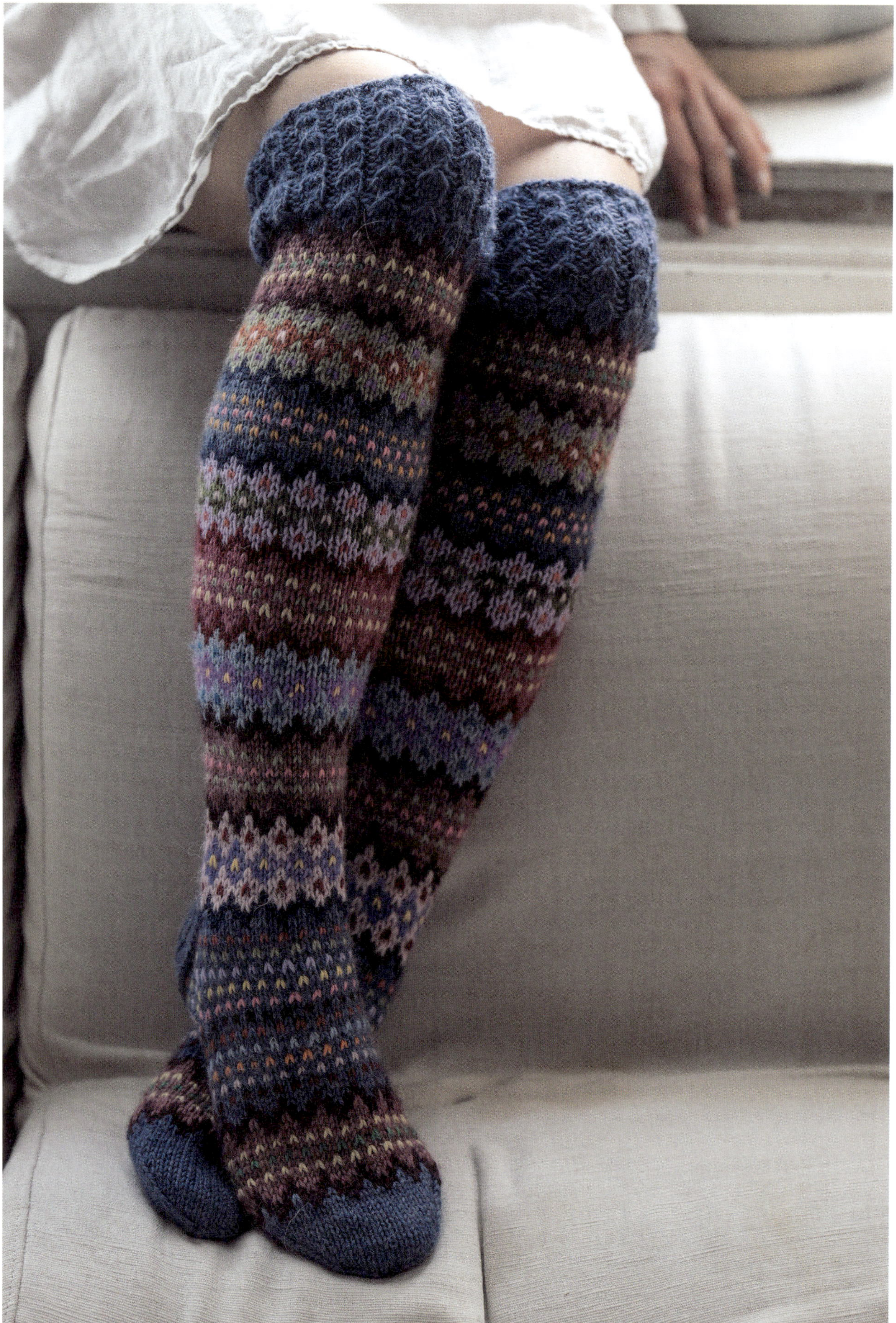

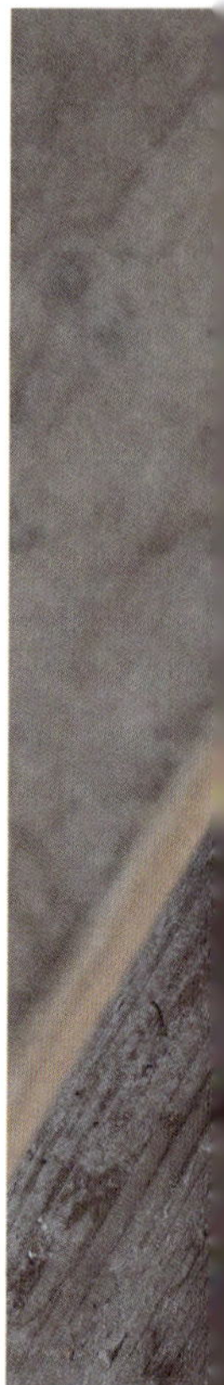

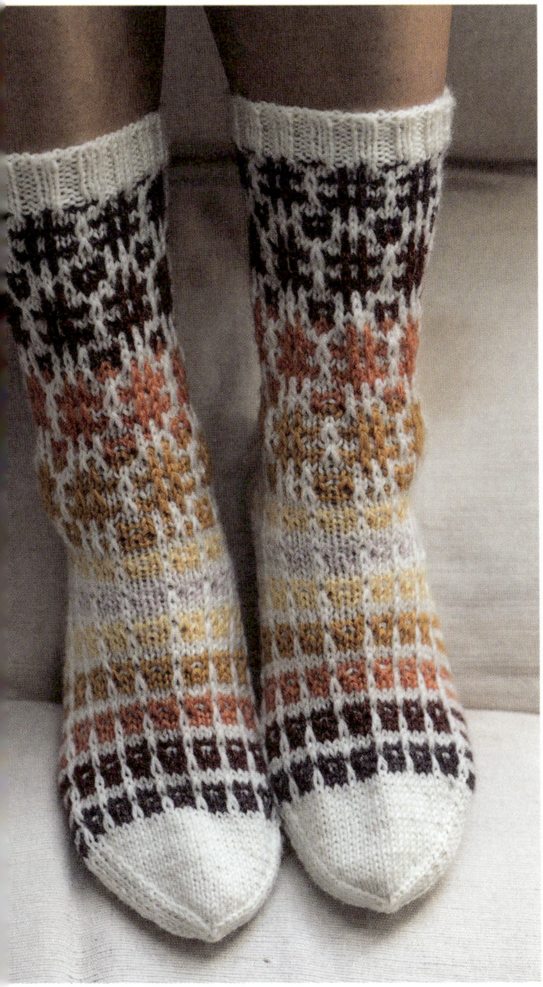

ANLEITUNGEN

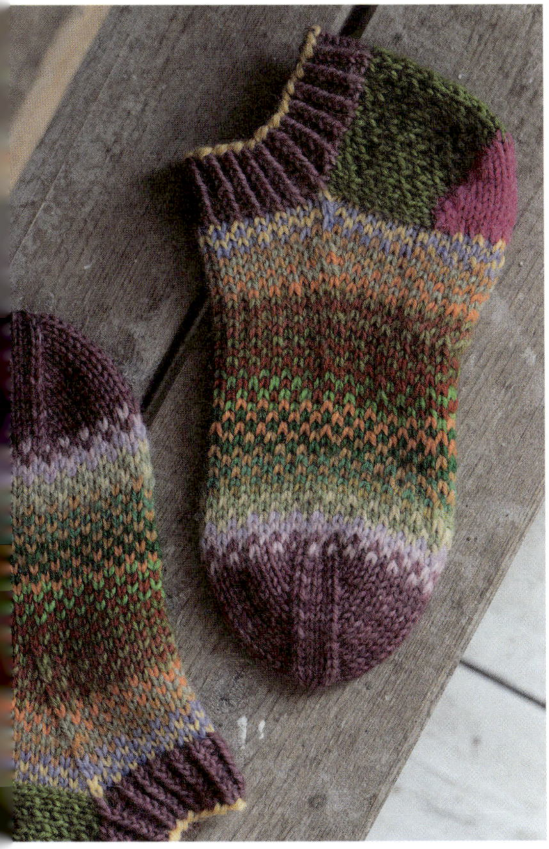

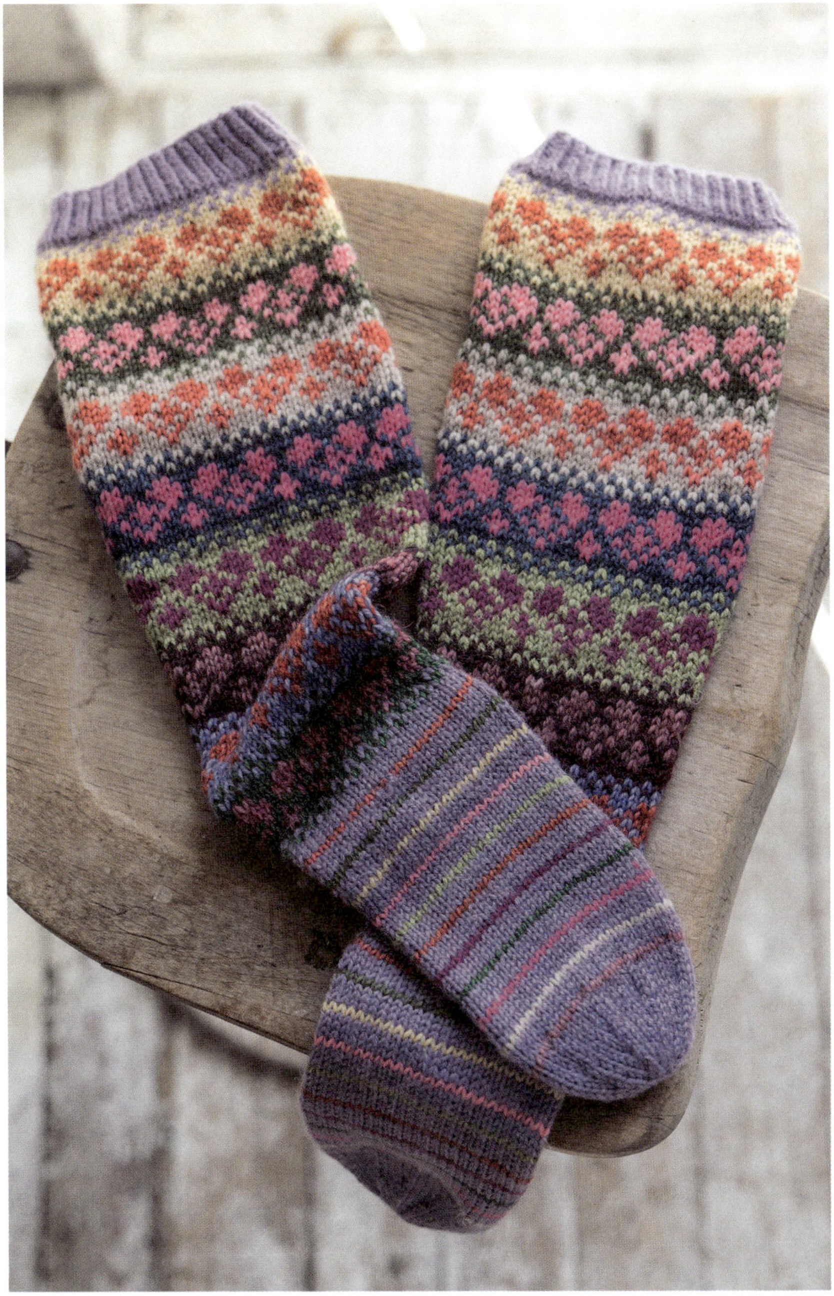

MORGENGRAUEN

Dieses Modell ist anders aufgebaut als sonst üblich bei Socken. Der Schaft und der obere Teil des Fußes werden als Streifen gestrickt und zusammengehäkelt. Die Ferse und die Sohle werden in Reihen gestrickt.

Die Streifen für den Schaft und den Fuß werden aus 1–3 m langen Garnfäden gearbeitet, die durch Spleißen miteinander verbunden werden, um so einen verlaufsähnlichen Farbeffekt zu erhalten. Bei diesem Modell finden auch kurze Garnenden Verwendung, die sonst für nichts anderes ausreichen würden.

Diese Socken sehen immer anders aus, je nach den gewählten Farben.

GARN

- Dickes Sockengarn (100 g/200 m) oder mitteldickes Sockengarn (100 g/260 m)
- Bei den Modellsocken wurden mitteldicke Sockengarne (75 % Wolle, 25 % Polyamid) verwendet. Garnverbrauch insg. 100 g für Größe 38, über 10 verschiedene Farben. Für die Hauptfarbe (hier: Türkis) wurden ca. 40 g und für die anderen Farben jeweils 2–6 g verbraucht. In der Hauptfarbe wurden ca. 40 g und in den anderen Farben insgesamt ca. 70 g verwendet.

MASCHENPROBE

- 10 cm × 10 cm = mit dickem Garn 20 M und 30 R, mit mitteldickem Garn 24 M und 32 R

NADELN UND SONSTIGES ZUBEHÖR

- Stricknadeln Nr. 3 für dickes Garn und Nr. 2,5 für mitteldickes Garn oder je nach Strickfestigkeit. Häkelnadel Nr. 3 (2,5). Wollnadel.

GRÖSSE

- Unisex. Die Größe lässt sich leicht durch Ändern der Fußlänge anpassen.

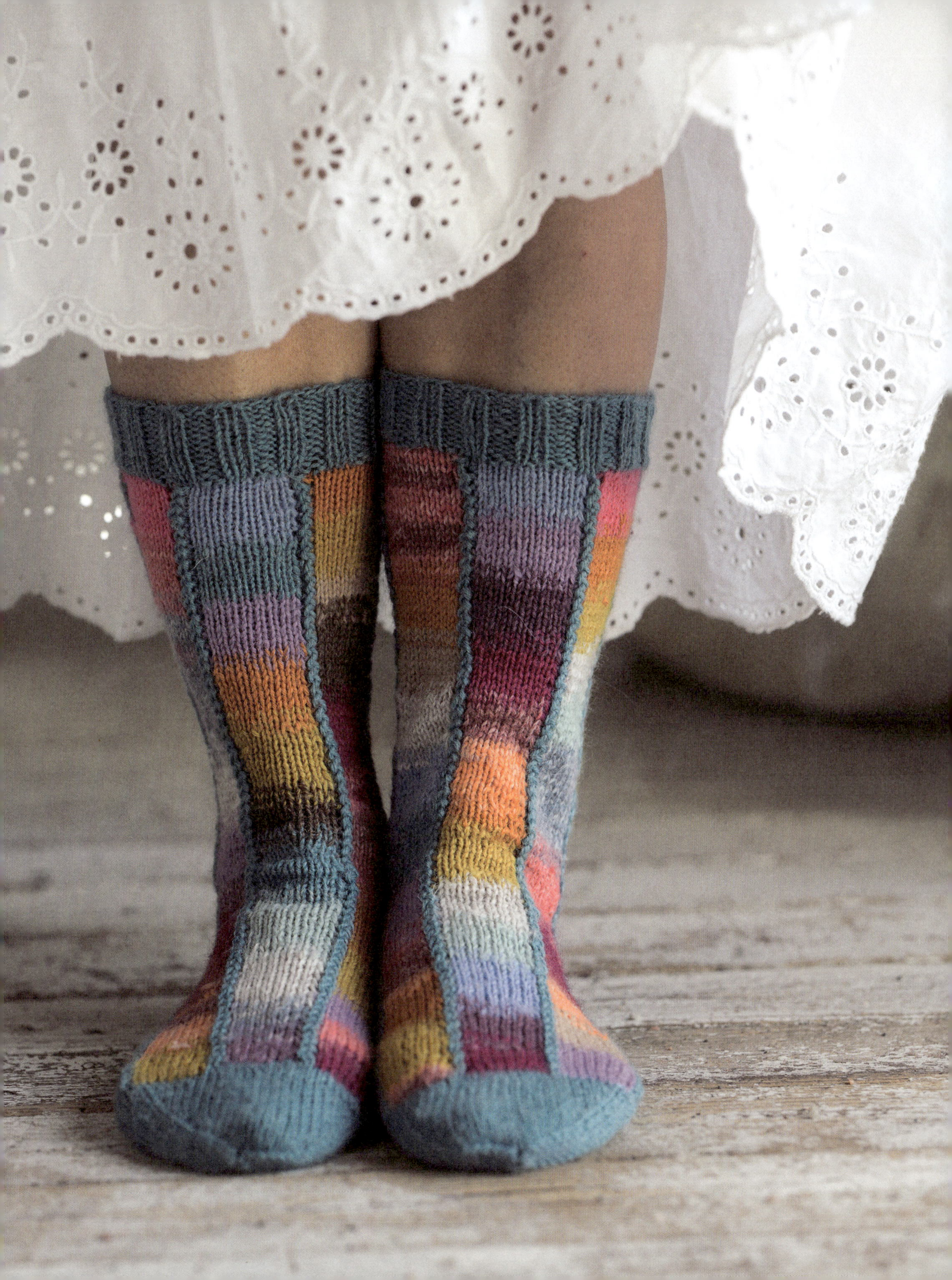

ANLEITUNG

Schaft

54 (60) M in der Hauptfarbe auf den dickeren Nadeln anschlagen und auf vier Nd des Nadelspiels verteilen: 14, 13, 13, 14 (15, 15, 15, 15) M. Der Rd-Wechsel liegt zwischen der 1. und der 4. Nd.

Zur Runde schließen, dabei darauf achten, dass sich die M nicht verdrehen. Für das Bündchen 12 Rd im Rippenmuster 2 M re, 2 M li im Wechsel str.

Die M in sechs Teile zu je 9 (10) M aufteilen. Nun ein Teil (= Streifen) nach dem anderen glatt rechts in Hin- und RückR str, dabei stets die erste M abnehmen (re in der HinR, li in der RückR, mit dem Faden auf der linken Seite der Arbeit, sodass ein gleichmäßiger Rand entsteht). In einer beliebigen Farbe beginnen. Wenn 1–2 cm gestrickt sind und noch ca. 20–30 cm Garn bis zum nächsten Farbwechsel übrig sind, wie folgt vorgehen:

Den Faden teilen (bei 4-fädigem Garn in 2 + 2 Fäden und bei 6-fädigem Garn in 3 + 3 Fäden), das eine Fadenbündel abschneiden und einen gleich langen Abschnitt des neuen Arbeitsfadens genauso teilen. Mit den zwei verschiedenfarbigen Fadenbündeln zusammengefasst str, bis die auslaufende Farbe aufgebraucht ist und wieder mit einem ganzen Faden gestrickt wird. So in zufälligen Abständen die Farbe wechseln, damit eine lebendige Oberfläche entsteht. In jedem zweiten Streifen bei ca. 10 cm und in jedem zweiten Streifen bei ca. 12 cm je 1 M abnehmen. Die Streifen ca. 18 cm lang str, dabei darauf achten, für alle Streifen gleich viele R zu str. Bei den Modellsocken wurden für die Streifen jeweils 70 R gestrickt.

1

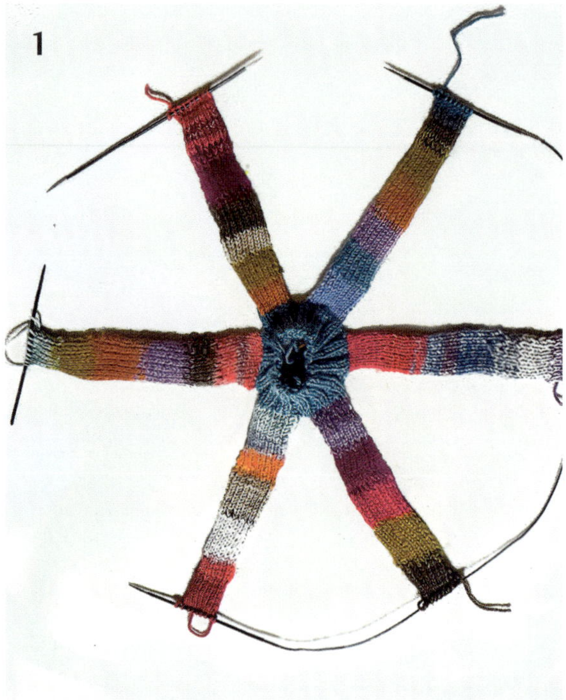

Benachbarte Streifen in unterschiedlichen Farben arbeiten, damit nicht die gleichen Farbtöne nebeneinander landen (**Bild 1**).

Nun die Streifen zusammenhäkeln, dabei am hinteren Teil der Streifen beginnen wie folgt: In der Hauptfarbe den Arbeitsfaden hinter der Arbeit halten und die erste M der untersten, vollständigen Randmasche des rechten Streifens aufnehmen (die Häkelnadel durch beide Rand-M führen) (**Bild 2**).

Den Arbeitsfaden durch die Rand-M ziehen und eine Kett-M häkeln (**Bild 3**).

Die M auf der Nadel behalten und die Häkelnadel durch die untere Rand-M des linken Streifens führen, den Faden durchholen und durch die M auf der Häkelnadel ziehen (**Bild 4**).

Die Rand-M abwechselnd vom rechten und linken Streifen aufnehmen, sodass die gehäkelte

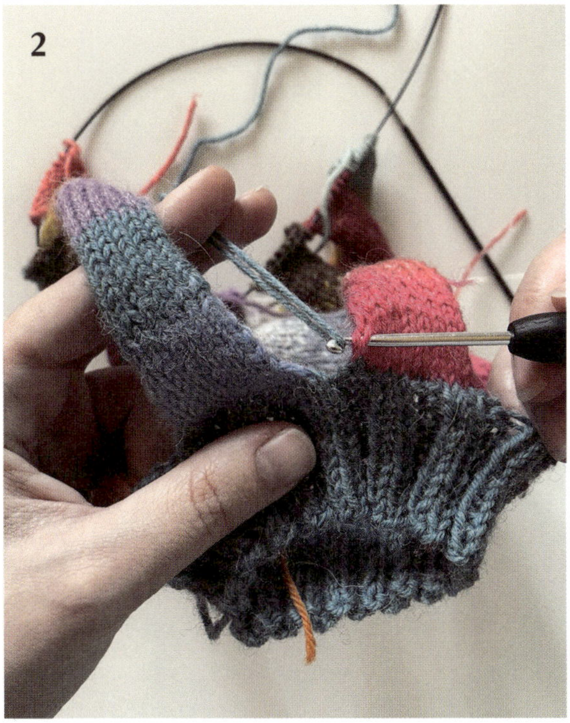
2

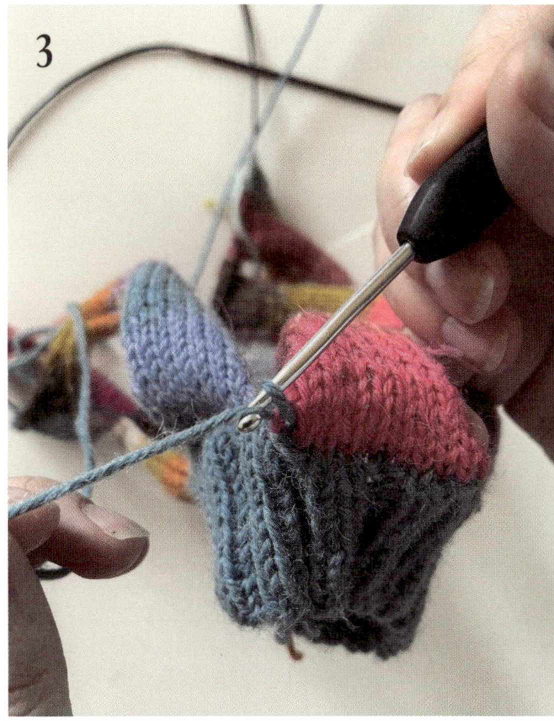
3

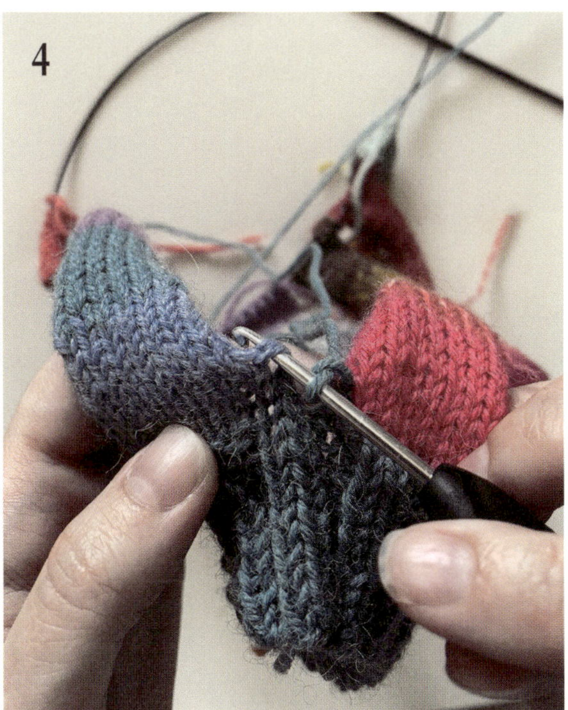
4

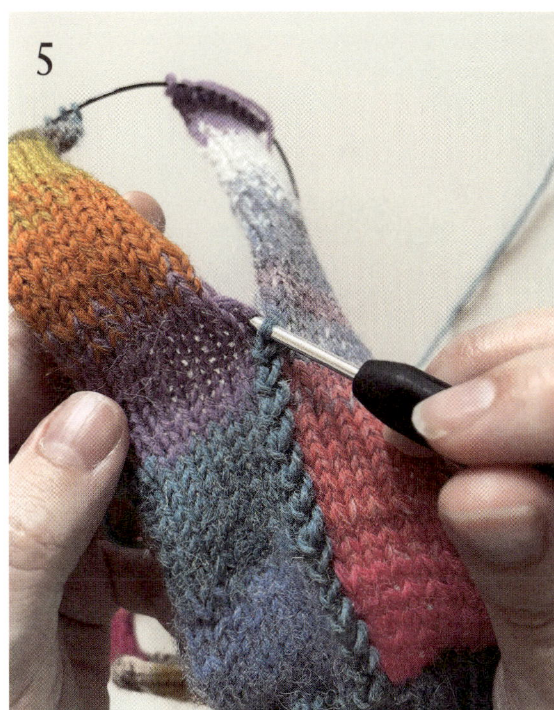
5

Maschenkette in einem sanften Zickzack verläuft (**Bild 5**).

Alle Streifen zusammenhäkeln. An den beiden mittleren Häkelketten der Rückseite beginnt die Fersenwand. Die letzte gehäkelte M des hinteren Teils von der Seite, zu der sich die M neigt, durch den Arbeitsfaden ziehen. An allen anderen Streifen ein ca. 2 m langes Stück Faden hängen lassen. Die gehäkelten M des hinteren Teils zwischen den Streifen als eigenständige M aufnehmen (**Bild 6**).

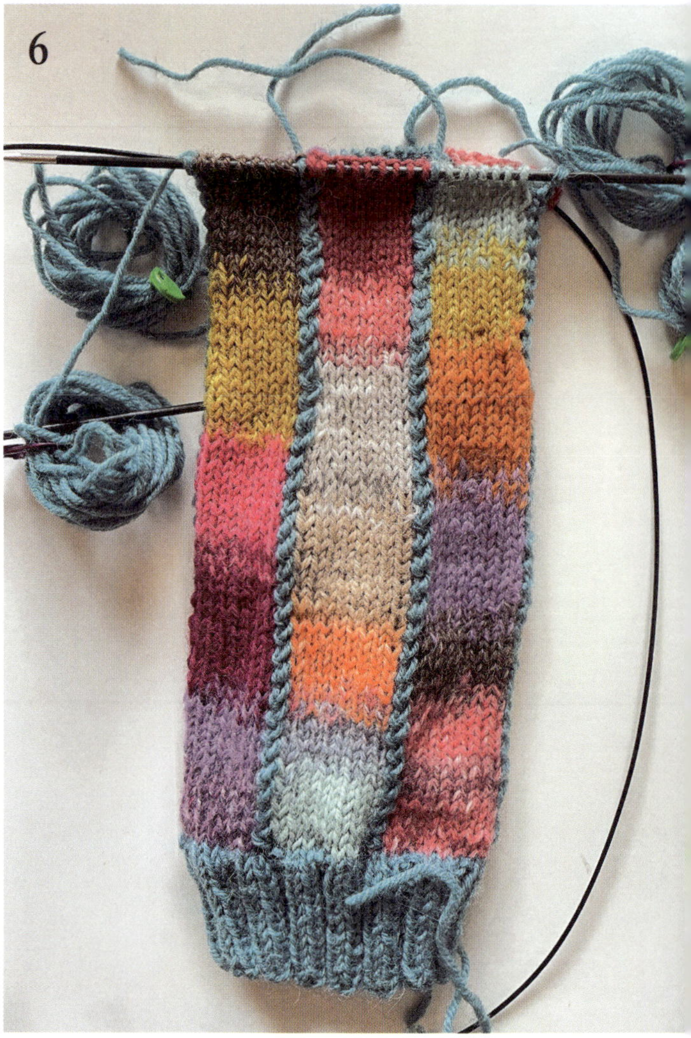

Ferse und Fersenabnahmen

Die Fersenwand wird mit den M von drei Streifen gestrickt. Zum Stricken der Ferse die M von drei Streifen (= 24 (28) M) auf die 4. Nd heben. Zunächst eine Vorbereitungs-R wie folgt stricken (RückR): 1 M li abheben, ohne sie zu stricken, bis R-Ende li str.

Die Fersenwand verstärkt str wie folgt:

1. R (**HinR**): *1 M re abheben, ohne sie zu stricken, 1 M re*, ab * bis R-Ende wdh.

2. R (**RückR**): 1 M li abheben, ohne sie zu stricken, die übrigen M li str.

Diese beiden R wdh, bis insg. 24 (28) R gestrickt sind.

Die Käppchenabnahmen wie folgt str:

1. R (**HinR**): 1 M re abheben, ohne sie zu stricken, verstärkt str wie zuvor, bis noch 8 (9) M auf der Nd sind, ssk (= nach links geneigte Abnahme: 2 M nacheinander wie zum Rechtsstricken abheben, wieder zurück auf die li Nd heben, sodass sich die Ausrichtung der M ändert, und re verschr zus str), die Arb wenden.

2. R (**RückR**): 1 M li abheben, ohne sie zu stricken, 8 (10) M li, 2 M li zus, die Arb wenden.

3. R (**HinR**): 1 M re abheben, ohne sie zu stricken, 8 (10) M verstärkt str, ssk, die Arb wenden.

Die 2. und 3. R entsprechend wdh, bis die äußeren M an beiden Seiten aufgebraucht sind.

Die Fersen-M gleichmäßig auf zwei Nd verteilen: 5, 5 (6, 6). Den Faden abschneiden. Mit derselben Nadel an beiden Seiten der Fersenwand je 12 (14) M aufnehmen.

Auf der 1. und 4. Nd liegen nun jeweils 17 (20) M.

Sohle und Zwickelabnahmen

Die Sohle der Socke in R stricken. In der Hin- und RückR stets die erste M abheben, ohne sie zu stricken. Für die Zwickelabnahmen in jeder 2. R (= HinR) am Anfang der 4. Nd 2 M re, ssk und am Ende der 1. Nd, wenn noch 4 M übrig sind, 2 M re zus, 2 M re str. In jeder 2. R (= RückR) alle M li str. Mit den Zwickelabnahmen fortfahren, bis noch 12 (14) M auf jeder Nd übrig sind. Den Fuß weiter in R str, bis noch 4 cm bis zur gewünschten Gesamtlänge fehlen.

Spann

Am Fußteil die Streifen genauso wie am Schaft weiterstricken. Vom Sohlenrand aus zählen, wie viele R die Streifen noch benötigen. Wenn die Streifen lang genug sind, genauso wie am Schaft die benachbarten Streifen zusammenhäkeln und die äußersten Streifen an die Sohlenränder häkeln. Wenn die Streifen aneinandergehäkelt sind, die M der Sockenoberseite auf zwei Nd verteilen (2. und 3. Nd).

Nun wird die Spitze in der Hauptfarbe ab Anfang der 1. Nd begonnen. Zunächst 1 R re M über alle M str, dabei die Häkelmaschen jeweils mit der benachbarten M zusammenstr, sodass insg. 48 (56) M auf der Nd liegen.

Spitzenabnahmen

1. Rd: Mit der 1. und 3. Nd re M str, bis noch 3 M übrig sind, 2 M re zus, 1 M re. Mit der 2. und 4. Nd 1 M re, ssk, bis Rd-Ende re M str.

2. Rd: Alle M re str.

Die 1. und 2. Rd wdh, bis auf jeder Nd noch 7 M übrig sind. Jetzt in jeder Rd abnehmen, bis auf jeder Nd noch 2 M übrig sind. Den Faden abschneiden, durch alle restlichen M ziehen und festziehen.

Fertigstellen

Die Fäden vernähen. Falls durch die Zwickelabnahmen störende Löcher entstanden sind, diese mit Nadel und Faden schließen. Die Socken bei schwacher Hitze unter einem feuchten Tuch leicht bügeln oder sanft von Hand waschen und liegend trocknen lassen.

GRAFFITI

Graffiti ist ein Unisex-Modell und sowohl für Frauen als auch für Männer geeignet. Das grafische Muster am Schaft und die gleichmäßigen Streifen am Fuß machen das Modell zeitlos. Weil man immer wieder andere Farben verstrickt, sieht das Modell jedes Mal anders aus.

Sie können das 10 Rd hohe Motiv nach Anleitung stricken, wobei sich eine Farbe immer in zwei aufeinanderfolgenden Höhenrapporten wiederholt, oder Sie können beide Musterfarben alle 10 Rd wechseln.

GARN

- Dickes Sockengarn (100 g/200 m) oder mitteldickes Sockengarn (100 g/260 m)
- Bei den Modellsocken wurden dicke Sockengarne (75 % Wolle, 25 % Polyamid) verwendet. Für das Modell in Größe 38 (durchschnittlicher Wadenumfang) wurden insg. 180 g Garn in 7 verschiedenen Farben verarbeitet. Für die Hauptfarbe (hier: Grau) wurden ca. 70 g und für die anderen Farben insg. ca. 110 g, jeweils 20–30 g, verbraucht. Das Modell kann auch ohne Hauptfarbe gestrickt werden, wobei in diesem Fall pro Farbe ca. 20–40 g nötig sind. Bündchen, Ferse und Spitze benötigen das meiste Garn.

MASCHENPROBE

- 10 cm × 10 cm = mit dickem Garn 20 M und 30 R, mit mitteldickem Garn 24 M und 32 R

NADELN UND SONSTIGES ZUBEHÖR

- Stricknadeln Nr. 3,5 für das Einstrickmuster und Nr. 3 für die einfarbigen Abschnitte (bei dickem Garn), Nr. 3 für das Einstrickmuster und Nr. 2,5 für die einfarbigen Abschnitte (bei mitteldickem Garn) oder je nach Strickfestigkeit. Wollnadel.

GRÖSSE

- Unisex. Die Größe lässt sich leicht durch Ändern der Fußlänge anpassen. Der Mustersatz besteht aus 8 Maschen, sodass Sie die Schaftbreite leicht an den gewünschten Umfang anpassen können.

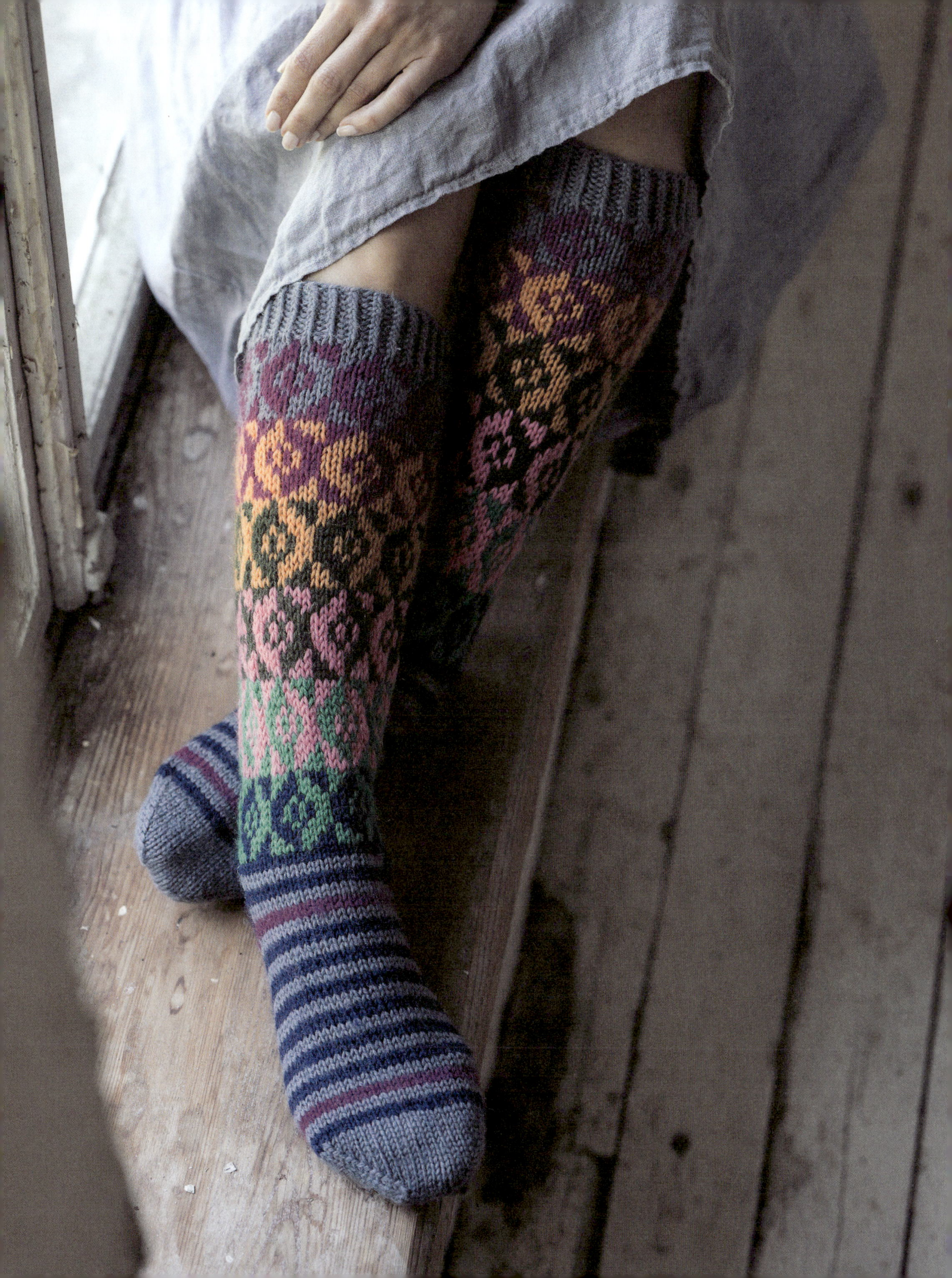

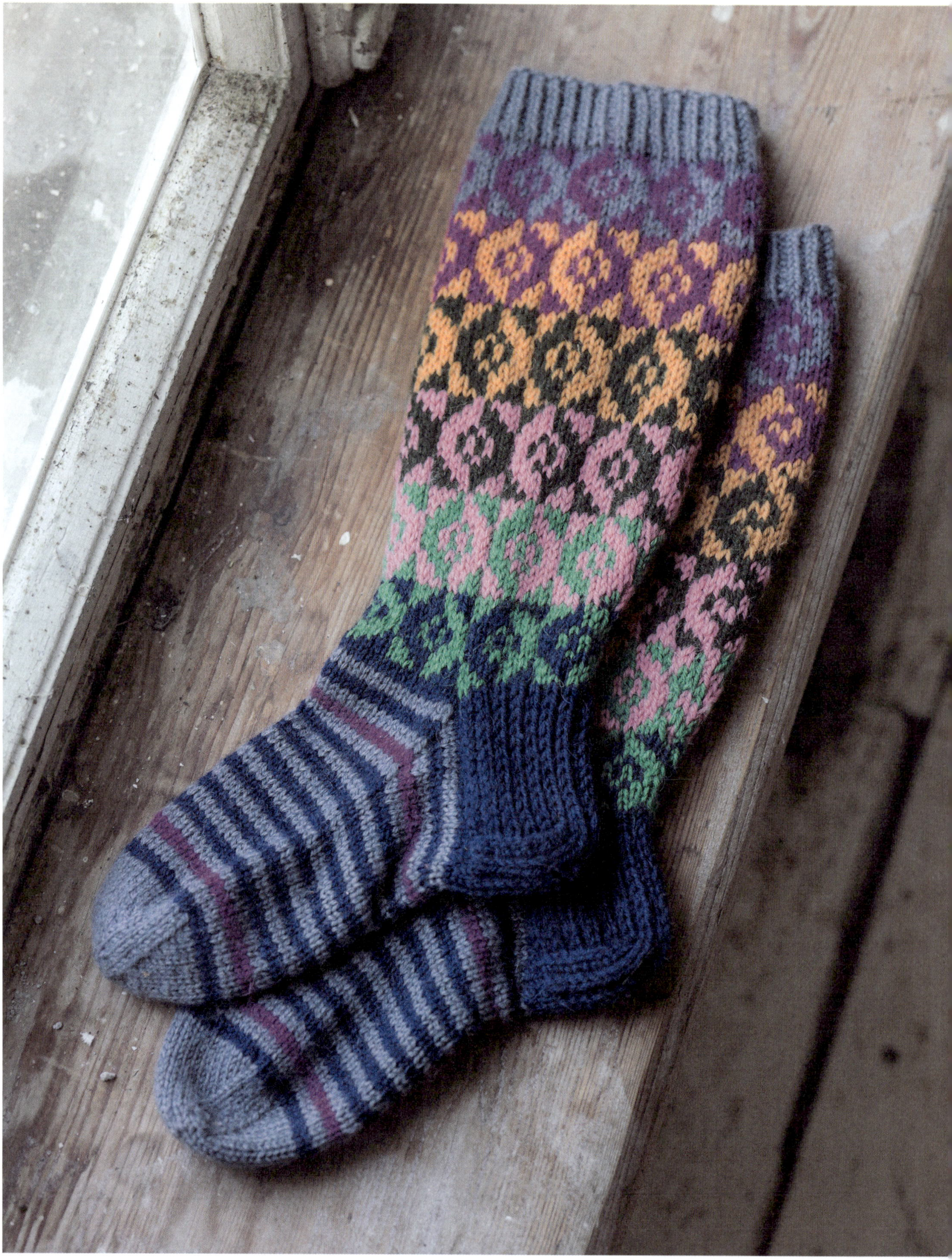

ANLEITUNG

Schaft

64 (72) M in der Hauptfarbe auf den dünneren Nadeln anschlagen und auf vier Nd des Nadelspiels verteilen: 16 (18) M pro Nd. Der Rd-Wechsel liegt zwischen der 1. und der 4. Nd.

Zur Runde schließen, dabei darauf achten, dass sich die M nicht verdrehen. Für das Bündchen 10 Rd im Rippenmuster 1 M re verschr, 1 M li im Wechsel str.

Nach dem Bündchen den Schaft laut Zählmuster weiterstricken (ggf. zu den dickeren Nadeln wechseln). In Rd 40, 44, 48, 52 und 56 jeweils am Rd-Anfang und am Rd-Ende 1 M abnehmen, dabei am Rd-Anfang 2 M re zus und am Rd-Ende ein ssk str. Wenn alle 60 Rd des Zählmusters gestrickt sind, hat die Arbeit 54 (62) M. Die M gleichmäßig auf den Nd verteilen: 14, 13, 13, 14 (16, 15, 15, 16) M.

Ferse und Fersenabnahmen

Die Fersenwand wird mit den dünneren Nd mit den M der 1. und der 4. Nd gestrickt. Dazu die M der 1. Nd auf die 4. Nd str und zunächst eine Vorbereitungs-R wie folgt str (RückR): 1 M li abheben, ohne sie zu stricken, bis R-Ende li str.

Bitte beachten: In der RückR 2 M abnehmen, dazu nach etwa 1/3 und 2/3 der M 2 M li zus str (= 26 (30) M).

Die Fersenwand verstärkt str wie folgt:

1. R (HinR): *1 M re abheben, ohne sie zu stricken, 1 M re*, ab * bis R-Ende wdh.

2. R (RückR) 1 M li abheben, ohne sie zu stricken, die übrigen M li str.

Diese beiden R wdh, bis insg. 26 (28) R gestrickt sind.

Die Käppchenabnahmen wie folgt str:

1. R (HinR): 1 M re abheben, ohne sie zu stricken, verstärkt str wie zuvor, bis noch 9 (10) M auf der Nd sind, ssk (= nach links geneigte Abnahme: 2 M nacheinander wie zum Rechtsstricken abheben, wieder zurück auf die li Nd heben, sodass sich die Ausrichtung der M ändert, und re verschr zus str), die Arb wenden.

2. R (RückR): 1 M li abheben, ohne sie zu stricken, 8 (10) M li, 2 M li zus, die Arb wenden.

3. R (HinR): 1 M re abheben, ohne sie zu stricken, 8 (10) M verstärkt str, ssk, die Arb wenden.

Die 2. und 3. R entsprechend wdh, bis die äußeren M an beiden Seiten aufgebraucht sind.

Die Fersen-M gleichmäßig auf zwei Nd verteilen: 5, 5 (6, 6). Aus beiden Seiten des Fersenrandes 13 (14) M aufnehmen und auf dieselbe Nd heben, dabei die äußersten M von den oberen Nd (2. und 3. Nd) auf die 1. und 4. Nd heben (um zu vermeiden, dass seitlich ein Loch entsteht). Auf der 1. und 4. Nd liegen jetzt 19 (21) M.

Fußteil und Zwickelabnahmen

Jetzt Streifen mit jeweils 2 Rd str, gleichzeitig für die Zwickelabnahmen in jeder 2. Rd am Ende der 1. Nd 2 M re zus und am Anfang der 4. Nd ein ssk str. In jeder 2. Rd alle M re str. Mit den Zwickelabnahmen fortfahren, bis noch 12 (14) M auf jeder Nd übrig sind. Den Fuß weiter in Streifen (in verschiedenen Farben) str, bis noch 4 cm bis zur gewünschten Gesamtlänge fehlen. Nun die Farbe auswählen, mit der die Sockenspitze gestrickt werden soll.

Spitzenabnahmen

Eine Rd re über alle M str und dann mit den Spitzenabnahmen beginnen.

1. Rd: Mit der 1. und 3. Nd re M str, bis noch 3 M übrig sind, 2 M re zus, 1 M re. Mit der 2. und 4. Nd 1 M re, ssk, bis Rd-Ende re M str.

2. Rd: Alle M re str.

Die 1. und 2. Rd wdh, bis auf jeder Nd noch 7 M übrig sind. Jetzt in jeder Rd abnehmen, bis auf jeder Nd noch 4 M übrig sind. Den Faden bei ca. 30 cm abschneiden und die Spitze im Maschenstich schließen.

Im Maschenstich schließen

Die M auf zwei Nd heben (eine Nd für die M der Fußoberseite und die andere für die M der Sockenunterseite). Die Nd in der linken Hand parallel halten, sodass der Arbeitsfaden am rechten Rand der hinteren Nd liegt. Eine dritte Nd zur Hand nehmen.

1. Auf der vorderen Nd 1 M li str, die M von der Nd gleiten lassen und den Faden durchziehen.
2. Auf der vorderen Nd 1 M re str, die M auf der Nd lassen und den Faden durchziehen.
3. Auf der hinteren Nd 1 M re str, die M von der Nd gleiten lassen und den Faden durchziehen.
4. Auf der hinteren Nd 1 M li str, die M auf der Nd lassen und den Faden durchziehen.

Die Schritte 1–4 wdh, bis insg. noch zwei M übrig sind. Die 2 M zus str, von der Nd gleiten lassen und den Faden durchziehen. Den Faden vernähen.

Fertigstellen

Die Fäden vernähen. Falls durch die Zwickelabnahmen störende Löcher entstanden sind, diese mit Nadel und Faden schließen. Die Socken bei schwacher Hitze unter einem feuchten Tuch leicht bügeln oder sanft von Hand waschen und liegend trocknen lassen.

Zählmuster

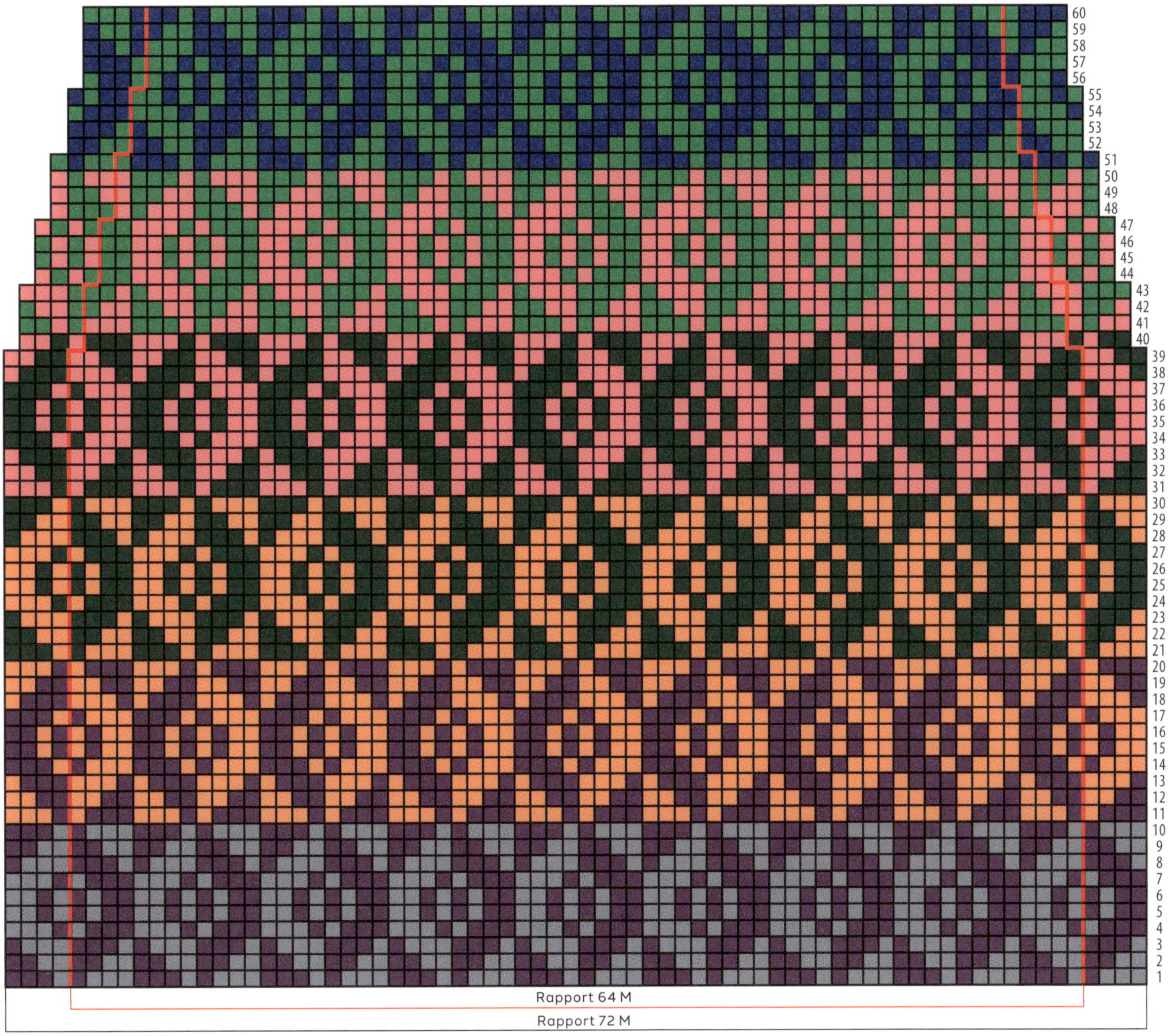

Zeichenerklärung

- ☐ Rechte M
- | Mustergrenze für dickeres Garn
- Grau
- Lila
- Orange
- Dunkelgrün
- Hellrot
- Grün
- Marine

ZUCKERWATTE

Dieses Sockenmodell wurde von den pudrigen, hellen Tönen in meinem Garnvorrat inspiriert, die mich an den Sommer, den Vergnügungspark und den Geruch von Zuckerwatte erinnerten. Die Mustersätze der Socken sind durch vier teilbar, sodass dieses Modell leicht an jede Garnstärke angepasst werden kann. Ich habe mit dickem Sockengarn gestrickt. Die Anleitung enthält Zählmuster für dickes und mitteldickes Garn.

GARN

- Dickes Sockengarn (100 g/200 m) oder mitteldickes Sockengarn (100 g/260 m)
- Bei den Modellsocken wurden dicke Sockengarne (75 % Wolle, 25 % Polyamid) verwendet. Für das Modell in Größe 38 (durchschnittlicher Wadenumfang) wurde insg. 280 g Garn in 15 verschiedenen Farben verarbeitet. Für die Hauptfarbe (hier: Weiß) wurden ca. 100 g und für die anderen Farben insg. ca. 180 g, jeweils 5–30 g, verbraucht. Das Modell kann auch ohne Hauptfarbe gestrickt werden, wobei in diesem Fall pro Farbe ca. 5–40 g nötig sind. Bündchen, Ferse und Spitze benötigen das meiste Garn, falls diese einfarbig gestrickt werden.

MASCHENPROBE

- 10 cm × 10 cm = mit dickem Garn 20 M und 30 R, mit mitteldickem Garn 24 M und 32 R

NADELN UND SONSTIGES ZUBEHÖR

- Stricknadeln Nr. 3,5 für das Einstrickmuster und Nr. 3 für die einfarbigen Abschnitte (bei dickem Garn), Nr. 3 für das Einstrickmuster und Nr. 2,5 für die einfarbigen Abschnitte (bei mitteldickem Garn) oder je nach Strickfestigkeit. Wollnadel.

GRÖSSE

- Damengröße 38. Die Größe lässt sich leicht durch Ändern der Fußlänge anpassen.

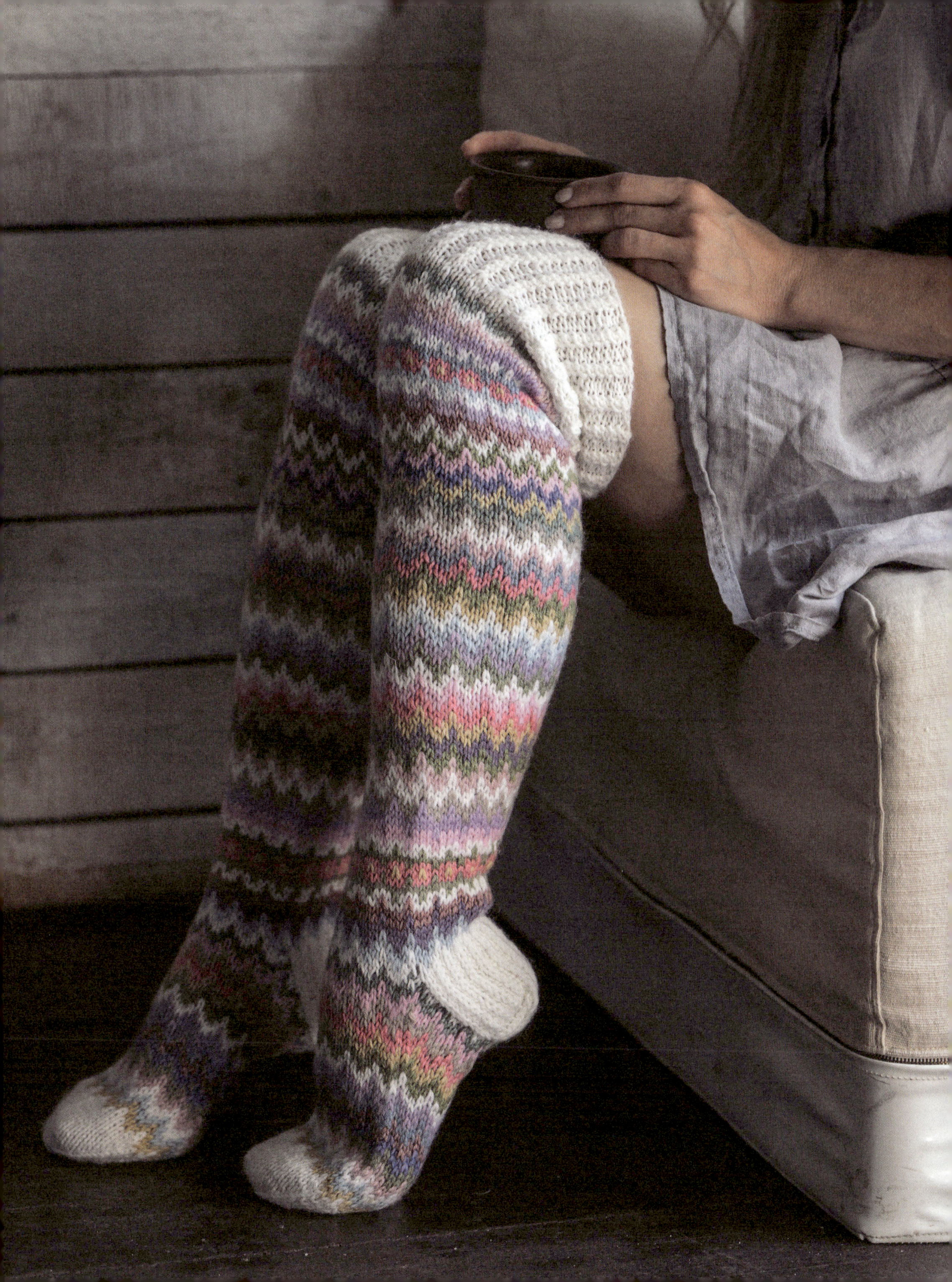

ANLEITUNG

Schaft

72 (80) M in der Hauptfarbe auf den dünneren Nadeln anschlagen und auf vier Nd des Nadelspiels verteilen: 21, 15, 15, 21 (21, 19, 19, 21) M. Der Rd-Wechsel liegt zwischen der 1. und der 4. Nd.

Zur Runde schließen, dabei darauf achten, dass sich die M nicht verdrehen. Das Bündchen wie folgt str:

1. Rd: *2 M re, 1 M li*, ab * bis Rd-Ende wdh.

2. Rd: *2 M re zus, die zusammengestrickten M auf der li Nd lassen und die links liegende M re str, die M der Vor-Rd von der Nd gleiten lassen, 1 M li*, ab * bis Rd-Ende wdh.

Die 1. und 2. Rd wdh, bis das Bündchen 10 cm hoch ist, zuletzt eine 1. Rd str.

Nach dem Bündchen den Schaft laut Zählmuster A weiterstricken (ggf. zu den dickeren Nadeln wechseln). In Rd 56, 60, 64, 68, 72, 76, 80 und 84 jeweils am Rd-Anfang und am Rd-Ende 1 M abnehmen, dabei am Rd-Anfang 2 M re zus und am Rd-Ende ein ssk str. Wenn alle 95 Rd des Zählmusters gestrickt sind, hat die Arbeit 56 (64) M. Die M gleichmäßig auf den Nd verteilen: 14 (16) M pro Nd.

Ferse und Fersenabnahmen

Die Fersenwand wird mit den dünneren Nd mit den M der 1. und der 4. Nd gestrickt. Dazu die M der 1. Nd auf die 4. Nd str (= insg. 28 (32) M) und zunächst eine Vorbereitungs-R wie folgt str (RückR): 1 M li abheben, ohne sie zu stricken, bis R-Ende li str.

Die Fersenwand verstärkt str wie folgt:

1. R (HinR): *1 M re abheben, ohne sie zu stricken, 1 M re*, ab * bis R-Ende wdh.

2. R (RückR): 1 M li abheben, ohne sie zu stricken, die übrigen M li str.

Diese beiden R wdh, bis insg. 26 (28) R gestrickt sind.

Die Käppchenabnahmen wie folgt str:

1. R (HinR): 1 M re abheben, ohne sie zu stricken, verstärkt str wie zuvor, bis noch 10 (11) M auf der Nd sind, ssk (= nach links geneigte Abnahme: 2 M nacheinander wie zum Rechtsstricken abheben, wieder zurück auf die li Nd heben, sodass sich die Ausrichtung der M ändert, und re verschr zus str), die Arb wenden.

2. R (RückR): 1 M li abheben, ohne sie zu stricken, 8 (10) M li, 2 M li zus, die Arb wenden.

3. R (HinR): 1 M re abheben, ohne sie zu stricken, 8 (10) M verstärkt str, ssk, die Arb wenden.

Die 2. und 3. R entsprechend wdh, bis die äußeren M an beiden Seiten aufgebraucht sind.

Die Fersen-M gleichmäßig auf zwei Nd verteilen: 5, 5 (6, 6). Aus beiden Seiten des Fersenrandes 13 (14) M auffassen und auf dieselbe Nd heben, dabei die äußersten M von den oberen Nd (2. und 3. Nd) auf die 1. und 4. Nd heben (um zu vermeiden, dass seitlich ein Loch entsteht). Auf der 1. und 4. Nd liegen jetzt 19 (21) M.

Fußteil und Zwickelabnahmen

Laut Zählmuster B1 (B2) mit dickeren Nadeln fortfahren. Wenn die Zwickelabnahmen gestrickt sind, liegen 13 (15) M auf jeder Nd. Den Fuß weiter gemäß Rd 15–18 laut Zählmuster B1 (B2) str, dabei die Farben entsprechend wechseln, bis noch 6 cm bis zur gewünschten Gesamtlänge fehlen. Nun die Farbe für das Muster (Rd 17 und 18) auswählen, mit der die Sockenspitze gestrickt werden soll.

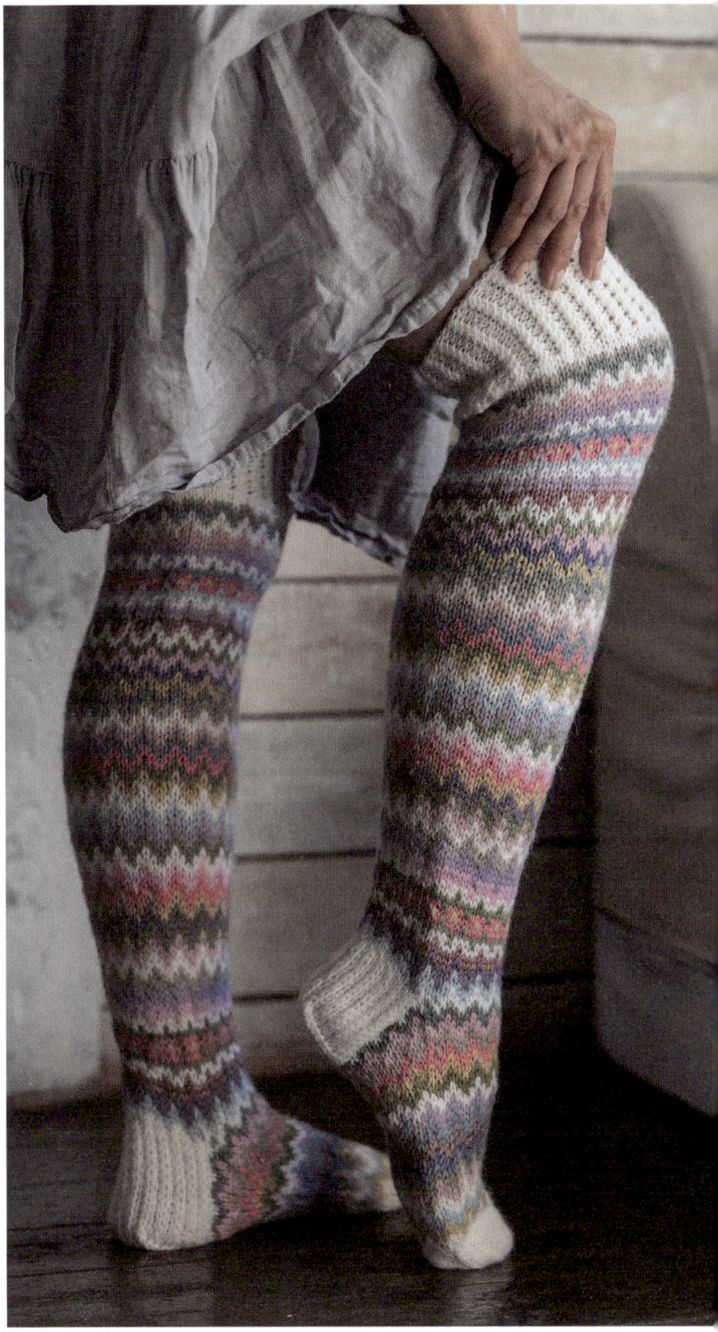

Spitzenabnahmen

Eine Rd re über alle M str, zu den dünneren Nd wechseln und mit den Spitzenabnahmen beginnen.

1. Rd: Mit der 1. und 3. Nd re M str, bis noch 3 M übrig sind, 2 M re zus, 1 M re. Mit der 2. und 4. Nd 1 M re, ssk, bis Rd-Ende re M str.

2. Rd: Rd: Alle M re str.

Die 1. und 2. Rd wdh, bis auf jeder Nd noch 7 M übrig sind. Jetzt in jeder Rd abnehmen, bis auf jeder Nd noch 2 M übrig sind. Den Faden abschneiden und durch alle restlichen M ziehen.

Fertigstellen

Die Fäden vernähen. Falls durch die Zwickelabnahmen störende Löcher entstanden sind, diese mit Nadel und Faden schließen. Die Socken bei schwacher Hitze unter einem feuchten Tuch leicht bügeln oder sanft von Hand waschen und liegend trocknen lassen.

Zählmuster A

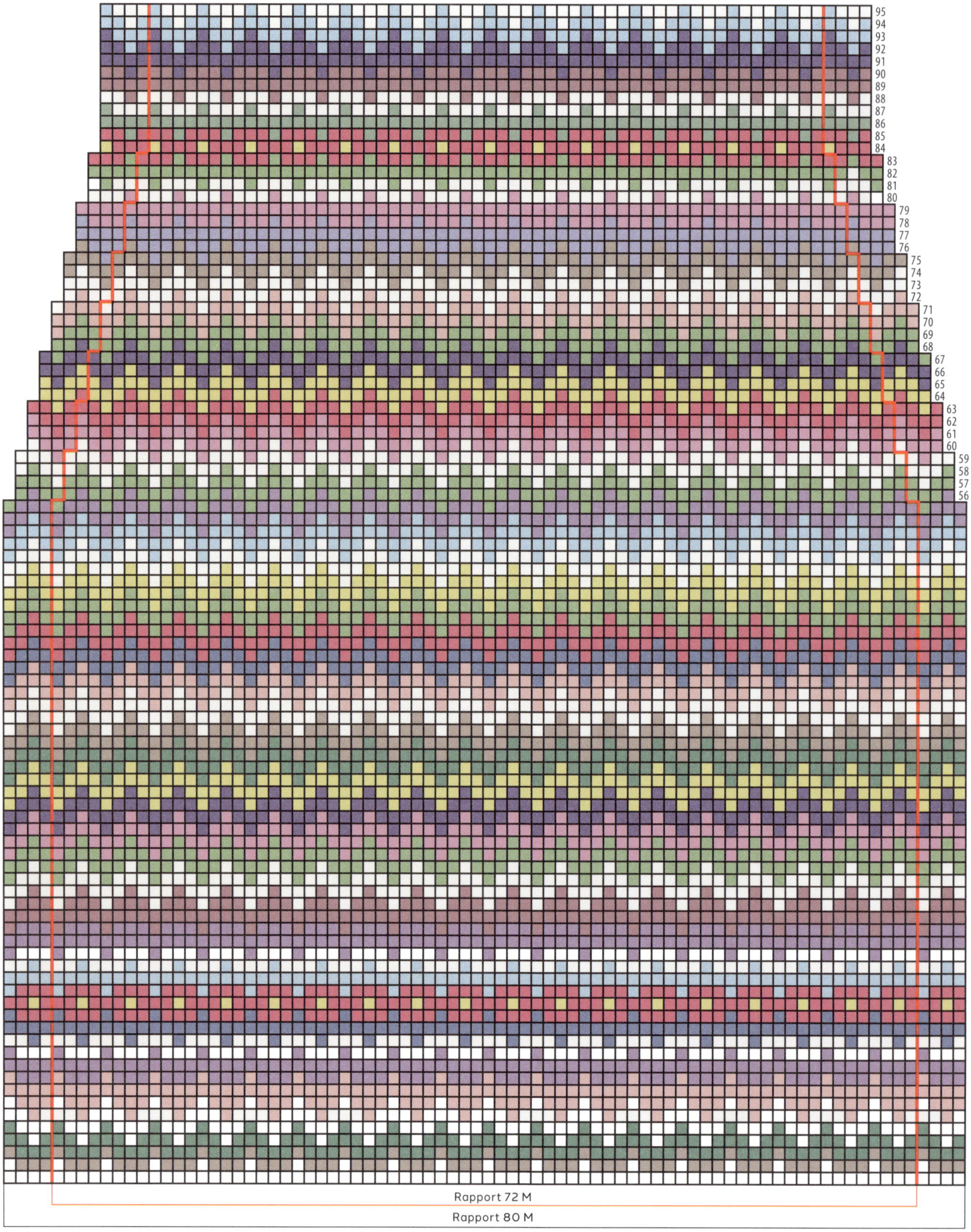

Zählmuster B1 (für dickes Garn)

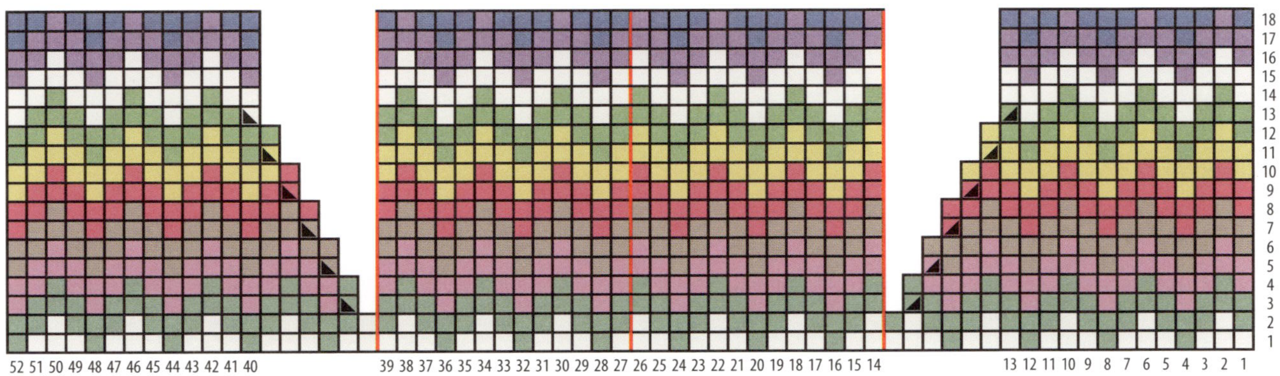

Zählmuster B2 (für mitteldickes Garn)

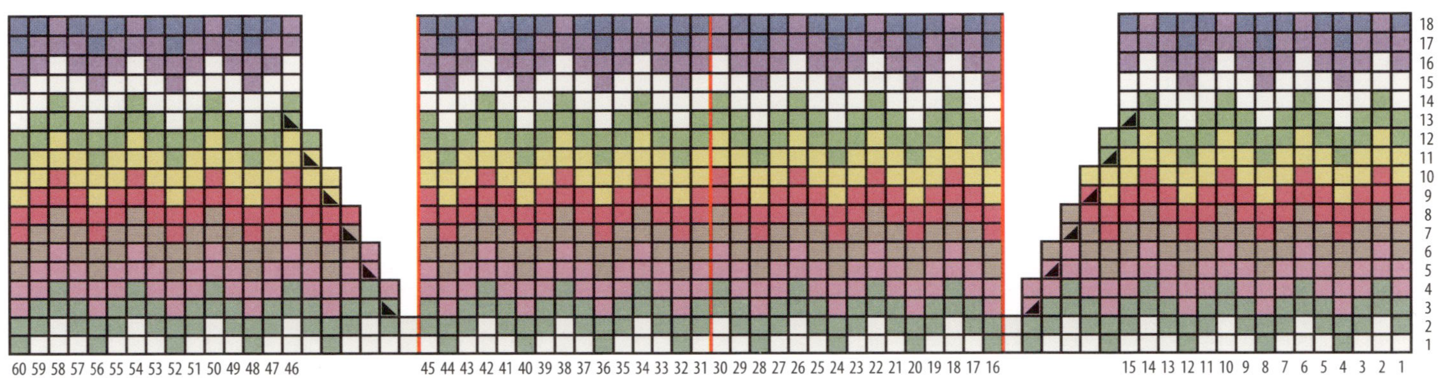

Zeichenerklärung

- Rechte M
- Mustergrenze für dickeres Garn
- Hellblau
- Helles Flieder
- Hellgelb
- Helles Gelbgrün
- Helles Violett
- Beige
- Puder
- Helles Lila
- Helles Blaugrün
- Altrosa
- Rosa
- Pink
- Hellgrün
- Helles Jeansblau
- Weiß

HORIZONT

Dieses Sockenmodell spiegelt die blaue Stunde wider. Durch den Farbwechsel sieht es immer wieder anders aus. Die Hauptfarbe ist Weiß, was die anderen Farbtöne frischer aussehen lässt. Natürlich können Sie die Streifen auch in anderen Farben stricken, die Sie in Ihrem Garnvorrat finden. Das Modell hat einen hübschen Zackenrand, den Sie auf Wunsch durch ein Rippenbündchen ersetzen können.

GARN

- Dickes Sockengarn (100 g/200 m) oder mitteldickes Sockengarn (100 g/260 m)
- Bei den Modellsocken wurden mitteldicke Sockengarne (75 % Wolle, 25 % Polyamid) verwendet. Für das Modell in Größe 38 wurde insg. 110 g Garn in 8 verschiedenen Farben verarbeitet. Für die Hauptfarbe (hier: Weiß) wurden ca. 50 g und für die anderen Farben jeweils 5–25 g verbraucht. In der Hauptfarbe benötigen Sie ca. 50 g und in den anderen Farben ca. 70 g.

MASCHENPROBE

- 10 cm × 10 cm = mit dickem Garn 20 M und 30 R, mit mitteldickem Garn 24 M und 32 R

NADELN UND SONSTIGES ZUBEHÖR

- Stricknadeln Nr. 3 für dickes Garn und Nr. 2,5 für mitteldickes Garn oder je nach Strickfestigkeit. Wollnadel.

GRÖSSE

- Unisex. Die Größe lässt sich leicht durch Ändern der Fußlänge anpassen. Der Mustersatz besteht aus 2 Maschen, sodass Sie die Schaftbreite leicht an den gewünschten Umfang anpassen können.

ANLEITUNG

Schaft

48 (56) M in einer Kontrastfarbe anschlagen und auf vier Nd des Nadelspiels verteilen: 12 (14) M pro Nd. Der Rd-Wechsel liegt auf der Sockenrückseite zwischen der 1. und 4. Nd.

Zur Runde schließen, dabei darauf achten, dass sich die M nicht verdrehen.

Für den Schaft zunächst 6 Rd re str. In der nächsten Rd *2 M re zus, U*, ab * bis Rd-Ende wdh. Noch 7 Rd re str. Den Schaft nach innen umklappen, *1 M von der Anschlagskante mit 1 M auf der Nd zus str*.

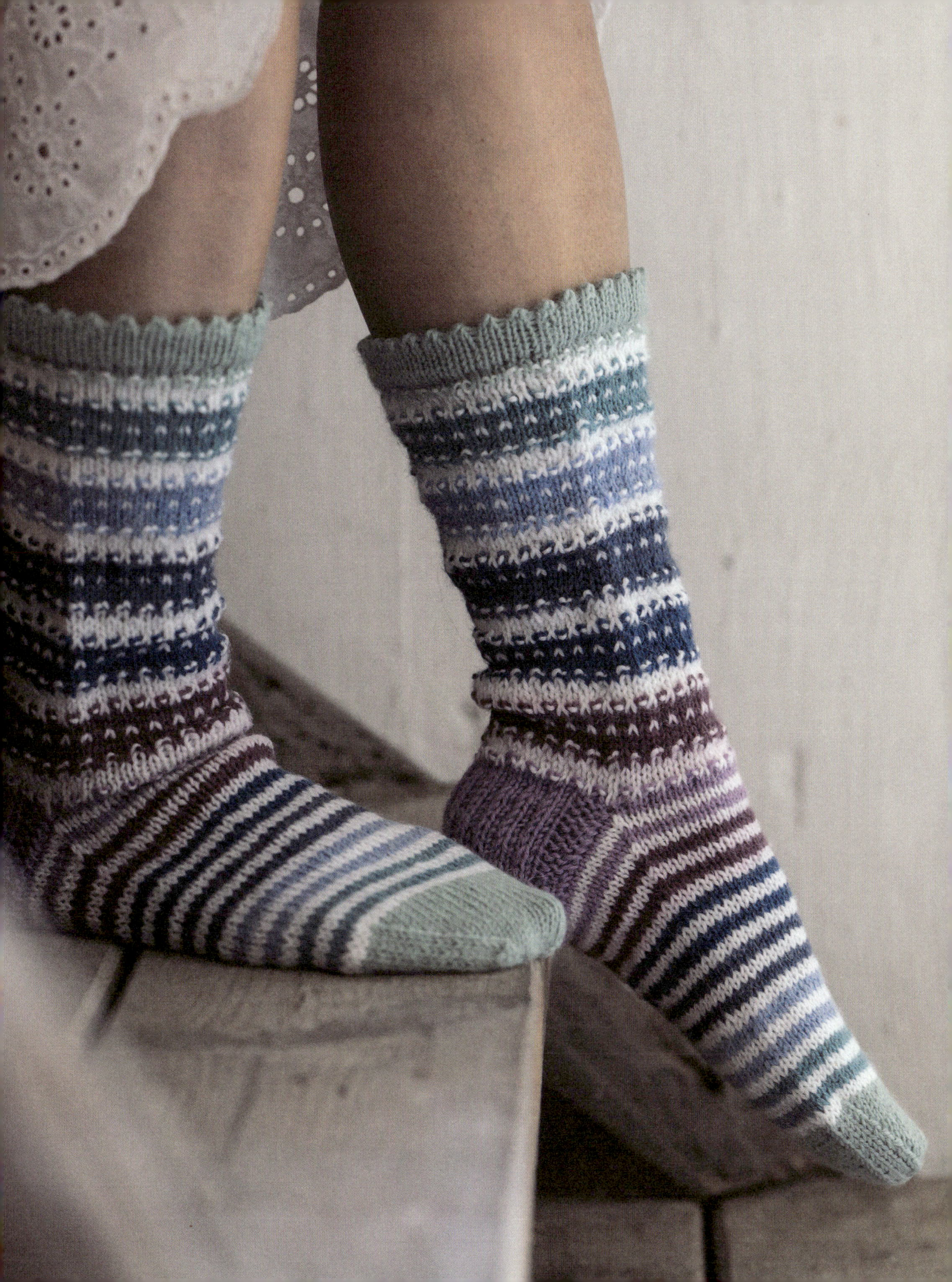

Ab * bis Rd-Ende wdh. So entsteht der hübsche Zackenrand. In beliebigen Farben laut Zählmuster weiterstr. Den Schaft bis zu einer beliebigen Länge str, jedoch so, dass der Schaft mit der 2. Rd des Musters in der Farbe endet, in der die Ferse gestrickt werden soll. Die Fäden abschneiden, außer dem, den Sie für die Ferse verwenden wollen.

Ferse und Fersenabnahmen

Die Fersenwand wird mit den M der 1. und der 4. Nd gestrickt. Dazu die M der 1. Nd auf die 4. Nd str (= insg. 24 (28) M) und zunächst eine Vorbereitungs-R wie folgt str (RückR): 1 M li abheben, ohne sie zu stricken, bis R-Ende li str.

Die Fersenwand verstärkt str wie folgt:

1. R (HinR): 1 M re abheben, ohne sie zu stricken, 2 M re, *1 M re abheben, ohne sie zu stricken, 1 M re*, ab * wdh, bis noch 3 M übrig sind, 3 M re.

2. R (RückR): 1 M re abheben, ohne sie zu stricken, 2 M re, li str, bis noch 3 M übrig sind, 3 M re.

Diese beiden R wdh, bis insg. 24 (28) R gestrickt sind.

Die Käppchenabnahmen wie folgt str:

1. R (HinR): 1 M re abheben, ohne sie zu stricken, 2 M re, verstärkt str wie zuvor, bis noch 8 (10) M auf der Nd sind, ssk (= nach links geneigte Abnahme: 2 M nacheinander wie zum Rechtsstricken abheben, wieder zurück auf die li Nd heben, sodass sich die Ausrichtung der M ändert, und re verschr zus str), die Arb wenden.

2. R (RückR): 1 M li abheben, ohne sie zu stricken, li str, bis noch 8 (10) M übrig sind, 2 M li zus, die Arb wenden.

3. R (HinR): 1 M re abheben, ohne sie zu stricken, verstärkt str, bis noch 7 (9) M übrig sind, ssk, die Arb wenden.

4. R (RückR): 1 M li abheben, ohne sie zu stricken, li str, bis noch 7 (9) M übrig sind, 2 M li zus, die Arb wenden.

So fortfahren, dabei die äußeren M in jeder R reduzieren, bis die äußeren M an beiden Seiten aufgebraucht sind.

Die Fersen-M gleichmäßig auf zwei Nd verteilen: 5, 5 (5, 5). 5 M re auf die 4. Nd und die übrigen Fersen-M 5 M re auf die 1. Nd str.

Aus dem Fersenrand die Knötchen, die durch die linken M entstanden sind, auf die freie Nd nehmen (= 12 (14) M) und re str, 1 M zwischen den Nd aufnehmen, dazu den Querfaden re verschr abstricken. Mit der

Zeichenerklärung

- Rechte M
- Linke M
- Mint
- Türkis
- Hellblau
- Jeansblau
- Blau
- Violett
- Helles Lila

Zählmuster

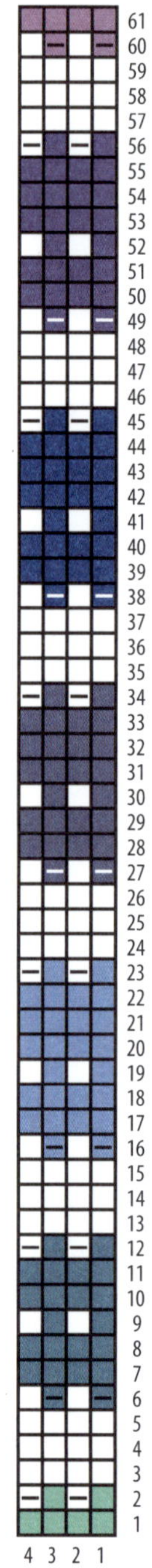

3. und 4. Nd re str. 1 M zwischen den Nd aufnehmen, dazu den Querfaden re verschr abstricken. Aus dem anderen Fersenrand die Knötchen, die durch die linken M entstanden sind, auf die 4. Nd nehmen (= 12 (14) M) und re str, dazu die 5 Fersen-M re str. Auf der 1. und 4. Nd liegen jetzt 18 (20) M und der Faden liegt zwischen der 4. und 1. Nd.

Fußteil und Zwickelabnahmen

Jetzt Streifen mit jeweils 2 Rd in der Hauptfarbe und abwechselnd in den im Schaft verarbeiteten Farben str.

Gleichzeitig für die Zwickelabnahmen in jeder 2. Rd am Ende der 1. Nd 2 M re zus und am Anfang der 4. Nd ein ssk str. In jeder 2. Rd alle M re str. Mit den Zwickelabnahmen fortfahren, bis noch 12 (14) M auf jeder Nd übrig sind. Den Fuß weiter in Streifen str, bis noch 4 cm bis zur gewünschten Gesamtlänge fehlen. Nun die Farbe auswählen, mit der die Sockenspitze gestrickt werden soll. Die anderen Farben abschneiden und vernähen. Mit der gewählten Farbe fortfahren, bis eine Rd auf allen Nd gestrickt und der Rd-Übergang erreicht wurde.

Spitzenabnahmen

1. Rd: Mit der 1. und 3. Nd re M str, bis noch 3 M übrig sind, 2 M re zus, 1 M re. Mit der 2. und 4. Nd 1 M re, ssk, bis Rd-Ende re M str.

2. Rd: Alle M re str.

Die 1. und 2. Rd wdh, bis auf jeder Nd noch 7 M übrig sind. Jetzt in jeder Rd abnehmen, bis auf jeder Nd noch 5 M übrig sind. Die Spitze im Maschenstich schließen.

Im Maschenstich schließen

Die M auf zwei Nd heben (bis zum Ende der 1. Nd str), sodass eine Nd (= die Hälfte der M) an der Sockenoberseite und die andere an der Sockenunterseite liegt. Den Faden bei ca.30 cm abschneiden.

Die Nd in der linken Hand parallel halten, sodass der Arbeitsfaden am rechten Rand der hinteren Nd liegt. Eine dritte Nd zur Hand nehmen.

1. Auf der vorderen Nd 1 M li str, die M von der Nd gleiten lassen und den Faden durchziehen.
2. Auf der vorderen Nd 1 M re str, die M auf der Nd lassen und den Faden durchziehen.
3. Auf der hinteren Nd 1 M re str, die M von der Nd gleiten lassen und den Faden durchziehen.
4. Auf der hinteren Nd 1 M li str, die M auf der Nd lassen und den Faden durchziehen.

Die Schritte 1–4 wdh, bis insg. noch zwei M übrig sind. Die 2 M zus str, von der Nd gleiten lassen und den Faden durchziehen. Den Faden vernähen.

Fertigstellen

Die Fäden vernähen. Falls durch die Zwickelabnahmen störende Löcher entstanden sind, diese mit Nadel und Faden schließen. Die Socken bei schwacher Hitze unter einem feuchten Tuch leicht bügeln oder sanft von Hand waschen und liegend trocknen lassen.

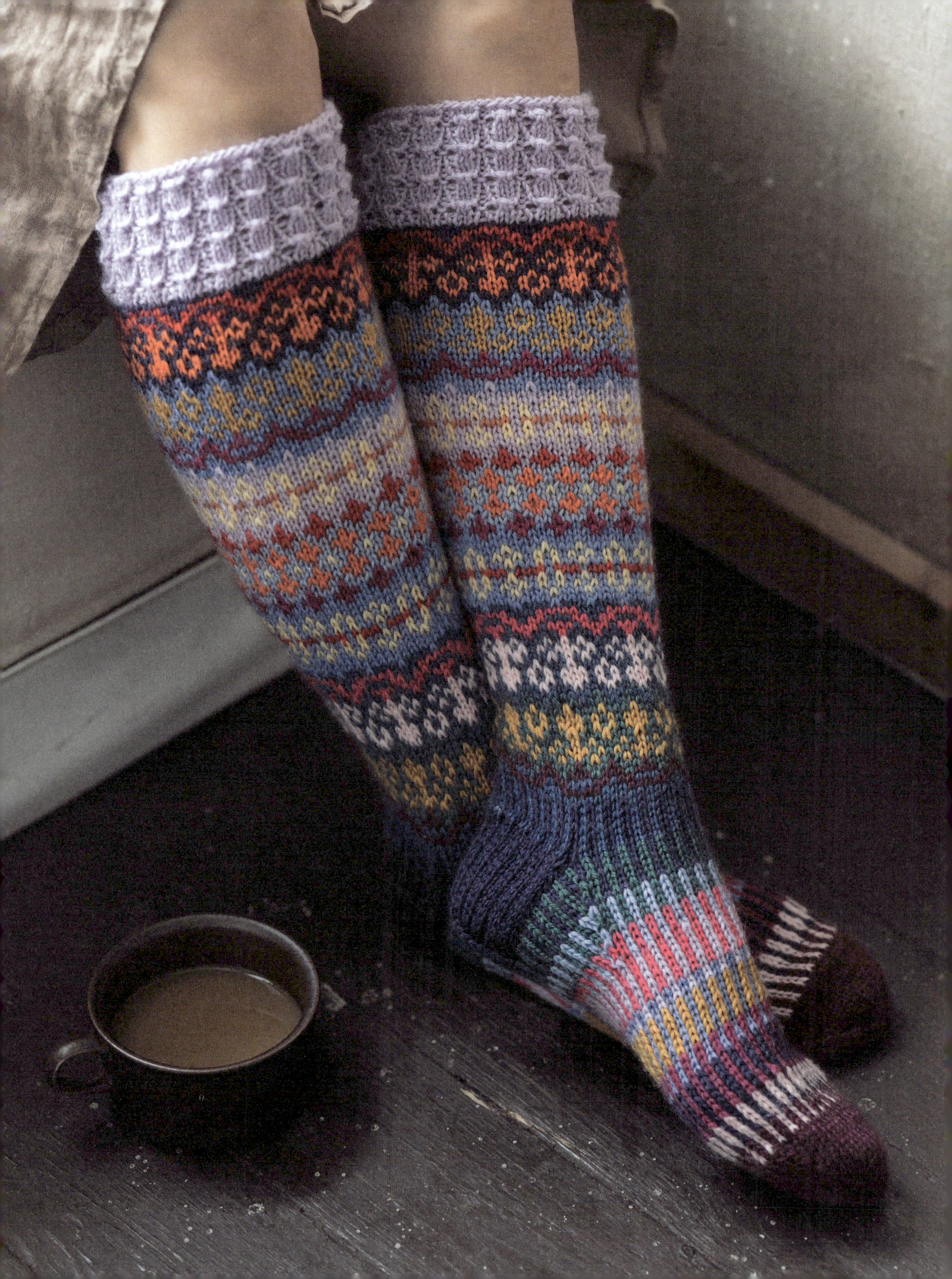

ABEND AM SEE MALLASVESI

An einem Sommerabend am See lassen sich die Farben des Sonnenuntergangs wunderbar beobachten. Die Natur kann unglaublich schöne Farbkombinationen hervorbringen. Die Idee für diese Socken entstand, als ich von einem Boot aus den von der Sonne gefärbten Himmel und die Wasseroberfläche fotografierte. Dieses Modell können Sie in beliebigen Farben stricken und selbst kleinste Wollreste darin verarbeiten. Der Rundenwechsel liegt auf der Sockenrückseite zwischen der 1. und der 4. Nadel.

Wenn Sie die Fäden auf der Unterseite des Fußes entgegengesetzt vernähen, werden die am stärksten beanspruchten Sockenbereiche automatisch robuster.

GARN

- Dickes Sockengarn (100 g/200 m) oder mitteldickes Sockengarn (100 g/260 m)
- Bei den Modellsocken wurden mitteldicke Sockengarne (75 % Wolle, 25 % Polyamid) verwendet. Für das Modell in Größe 38 wurde insg. 180 g Garn in 15 verschiedenen Farben verarbeitet, jeweils 10–25 g pro Farbe. Das Modell kann auch mit Bündchen, Ferse und Spitze in verschieden Farben gestrickt werden.

MASCHENPROBE

- 10 cm × 10 cm = mit dickem Garn 20 M und 30 R, mit mitteldickem Garn 24 M und 32 R

NADELN UND SONSTIGES ZUBEHÖR

- Stricknadeln Nr. 3,5 für das Einstrickmuster und Nr. 3 für die einfarbigen Abschnitte (bei dickem Garn), Nr. 3 für das Einstrickmuster und Nr. 2,5 für die einfarbigen Abschnitte (bei mitteldickem Garn) oder je nach Strickfestigkeit. Wollnadel.

GRÖSSE

- Damengröße 38. Die Größe lässt sich leicht durch Ändern der Fußlänge anpassen.

ANLEITUNG

Schaft

70 (80) M in beliebiger Farbe auf den dickeren Nadeln anschlagen und auf vier Nd des Nadelspiels verteilen, sodass auf jeder Nd eine durch 4 teilbare Maschenzahl liegt. Der Rd-Wechsel liegt zwischen der 1. und der 4. Nd.

Zur Runde schließen, dabei darauf achten, dass sich die M nicht verdrehen. Für das Bündchen die 1.–6. Rd laut Zählmuster A 3 (4)-mal wdh. In der letzten Rd auf der 1. und 4. Nd 2 (0) M zunehmen. Die Arbeit hat jetzt 72 (80) M.

Den Schaft laut Zählmuster B str. In Rd 37, 42, 46, 49, 52, 55, 58, 61, 64, 67, 70 und 73 jeweils am Rd-Anfang und am Rd-Ende 1 M abnehmen, dabei am Rd-Anfang 2 M re zus und am Rd-Ende ein ssk str. Wenn alle 90 Rd des Zählmusters gestrickt sind, hat die Arbeit 48 (56) M. Die M gleichmäßig auf den Nd verteilen: 12 (14) M pro Nd.

Ferse und Fersenabnahmen

Die Fersenwand wird mit den dünneren Nd mit den M der 1. und der 4. Nd gestrickt. Die Fäden abschneiden und die M der 1. Nd auf die 4. Nd heben. Eine beliebige Farbe ansetzen und zunächst als Vorbereitungs-R über alle Fersen-M li str (RückR).

Die Fersenwand verstärkt str wie folgt:

1. R (HinR): *1 M re abheben, ohne sie zu stricken, 1 M re*, ab * bis R-Ende wdh.

2. R (RückR): 1 M li abheben, ohne sie zu stricken, die übrigen M li str.

Diese beiden R wdh, bis insg. 24 (28) R gestrickt sind.

Die Käppchenabnahmen wie folgt str:

1. R (HinR): 1 M re abheben, ohne sie zu stricken, verstärkt str wie zuvor, bis noch 8 (10) M auf der Nd sind, ssk (= nach links geneigte Abnahme: 2 M nacheinander wie zum Rechtsstricken abheben, wieder zurück auf die li Nd heben, sodass sich die Ausrichtung der M ändert, und re verschr zus str), die Arb wenden.

2. R (RückR): 1 M li abheben, ohne sie zu stricken, 8 M li, 2 M li zus, die Arb wenden.

3. R (HinR): 1 M re abheben, ohne sie zu stricken, 8 M verstärkt str, ssk, die Arb wenden.

Die 2. und 3. R entsprechend wdh, bis die äußeren M an beiden Seiten aufgebraucht sind. Den Faden abschneiden.

Die Fersen-M gleichmäßig auf zwei Nd verteilen: 5, 5. Aus beiden Seiten des Fersenrandes 12 (14) M und zusätzlich noch 1 M zwischen den Nd auffassen und auf dieselbe Nd heben (um zu vermeiden, dass seitlich ein Loch entsteht). Auf der 1. und 4. Nd liegen jetzt 18 (20) M.

Fußteil und Zwickelabnahmen

Beliebige Farben hinzunehmen und ab Anfang der 1. Nd laut Zählmuster C1 (C2) mit dickeren Nadeln weiterstr. Die Zwickelabnahmen in jeder 2. Rd str. Wenn die Zwickelabnahmen gestrickt sind, liegen auf jeder Nd 12 (14) M. Den Fuß weiter in verschiedenen Farben str, bis noch 5 cm bis zur gewünschten Gesamtlänge fehlen. Die Fäden abschneiden und die Farbe auswählen, mit der die Sockenspitze gestrickt werden soll.

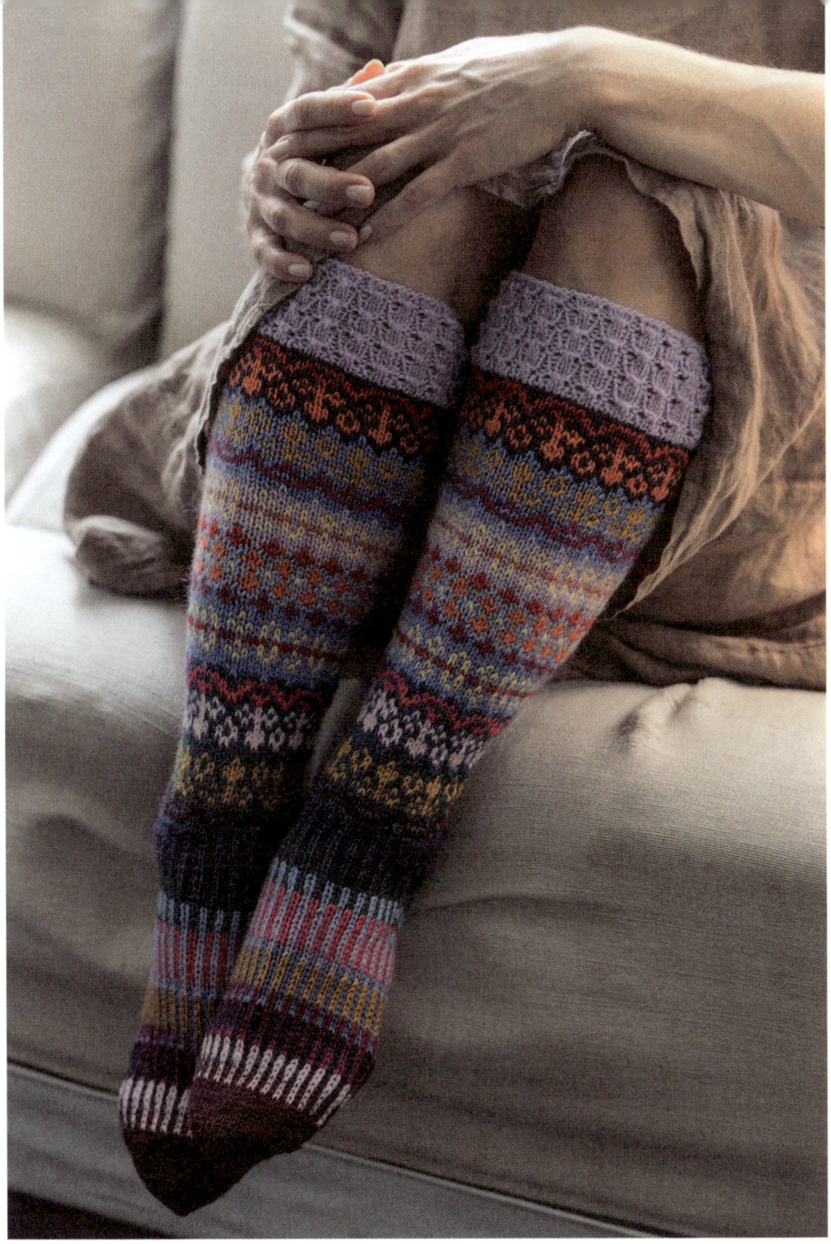

Strickschrift A

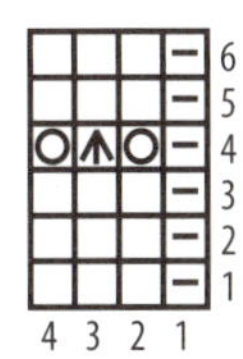

Spitzenabnahmen

Eine Rd re über alle M str, zu den dünneren Nadeln wechseln und mit den Spitzenabnahmen beginnen.

1. Rd: Mit der 1. und 3. Nd re M str, bis noch 3 M übrig sind, 2 M re zus, 1 M re. Mit der 2. und 4. Nd 1 M re, ssk, bis Rd-Ende re M str.

2. Rd: Alle M re str.

Die 1. und 2. Rd wdh, bis auf jeder Nd noch 7 M übrig sind. Jetzt in jeder Rd abnehmen, bis auf jeder Nd noch 2 M übrig sind. Den Faden abschneiden und durch alle restlichen M ziehen.

Fertigstellen

Die Fäden vernähen. Falls durch die Zwickelabnahmen störende Löcher entstanden sind, diese mit Nadel und Faden schließen. Die Socken bei schwacher Hitze unter einem feuchten Tuch leicht bügeln oder sanft von Hand waschen und liegend trocknen lassen.

Zählmuster B

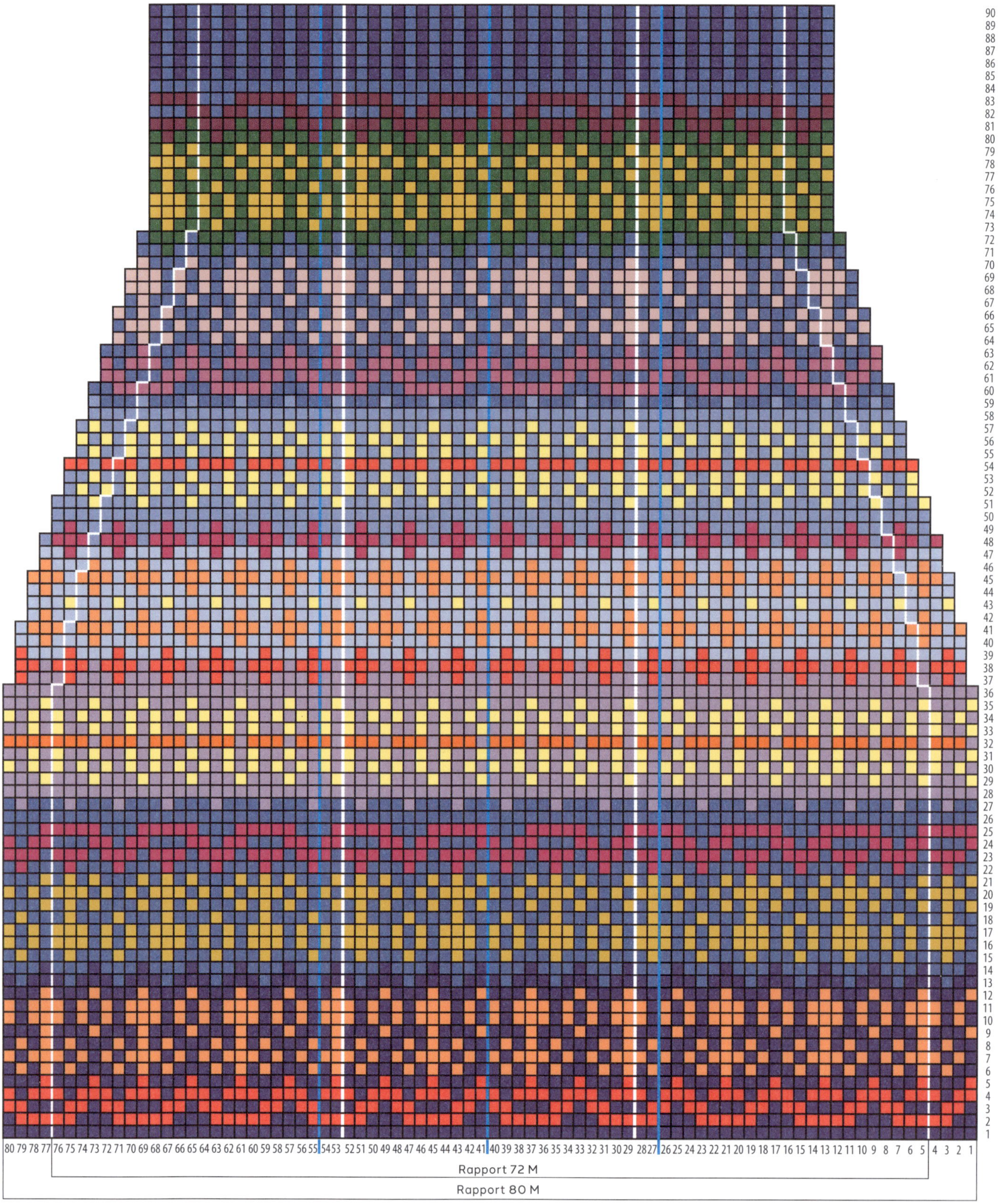

Zählmuster C1 (für dickes Garn)

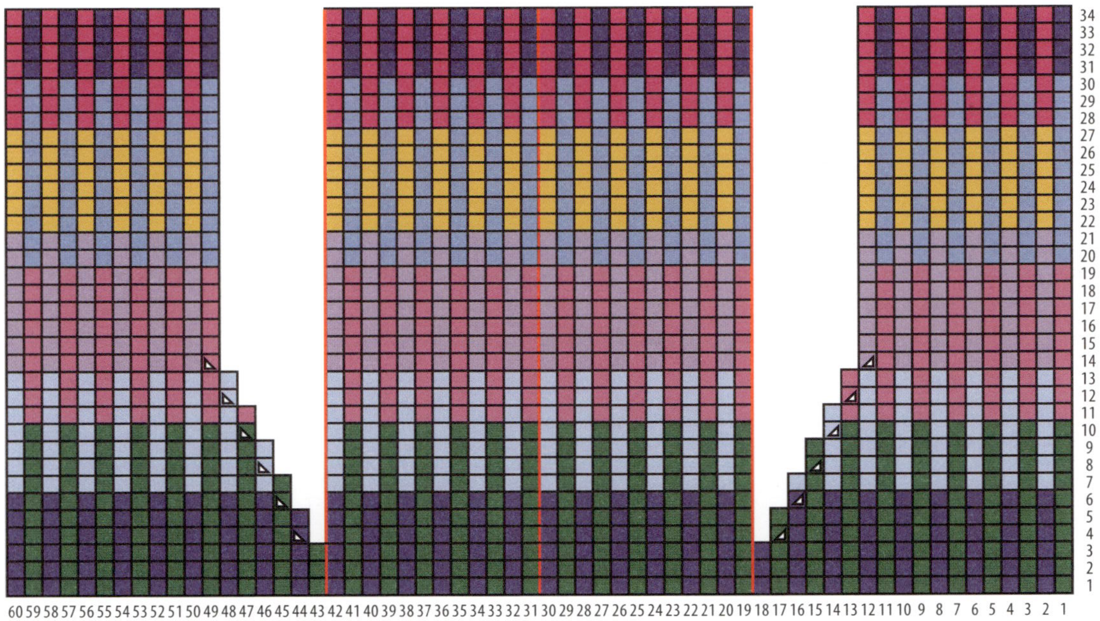

Zählmuster C2 (für mitteldickes Garn)

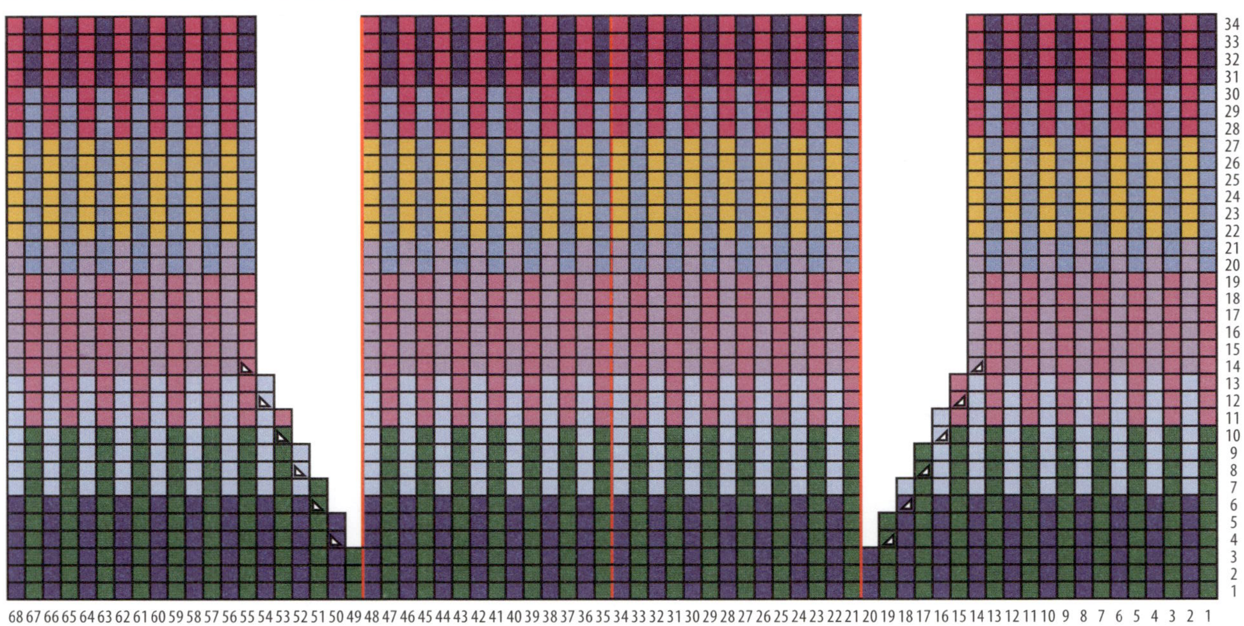

Zeichenerklärung

- ☐ Rechte M
- — Linke M
- ⋀ 1 M abheben, ohne sie zu stricken, 2 M re zus, die abgehobene M über die gestrickten ziehen
- ○ Umschlag
- ▯ Mustergrenze für dickeres Garn und Nadelverteilung
- | Mustergrenze für mitteldickes Garn und vordere Mitte
- ◿ 2 M re zus
- ◺ ssk
- Dunkelviolett
- Rot
- Orange
- Blau
- Dunkelgelb
- Lila
- Fuchsia
- Hellgelb
- Dunkelorange
- Hellblau
- Jeansblau
- Anilinrot
- Rosa
- Grün
- Burgund

KALEIDOSKOP

Wer schon einmal in ein Kaleidoskop geschaut hat, wird sich sicherlich daran erinnern, wie schön sich die Farben verändern. Schon eine kleine Bewegung führt zu einer völlig anderen Ansicht. Diese Socken wurden durch die Momente inspiriert, in denen durch den Farbwechsel immer wieder ein neuer, faszinierender Muster- und Farbencocktail entsteht.

Die Kaleidoskop-Socken haben Muster, die durch zwei oder vier teilbar sind, sodass dieses Modell leicht an jede Garnstärke angepasst werden kann. Sie können so viele oder so wenige Farben verwenden, wie Sie möchten, auch nur wenige Meter lange Fäden.

Wenn Sie die Fäden auf der Unterseite des Fußes entgegengesetzt vernähen, werden die am stärksten beanspruchten Sockenbereiche automatisch robuster.

GARN

- Dickes Sockengarn (100 g/200 m) oder mitteldickes Sockengarn (100 g/260 m)
- Bei den Modellsocken wurden dicke Sockengarne (75 % Wolle, 25 % Polyamid) verwendet. Für das Modell in Größe 38 (durchschnittlicher Wadenumfang) wurde insg. 260 g Garn in 25 Farben verarbeitet. Für die Hauptfarben (hier: Jeansblau in vier unterschiedlichen Farbpartien) wurden insg. ca. 100 g und für die anderen Farben jeweils 2–20 g verbraucht. In der Hauptfarbe benötigen Sie ca. 100 g und in den anderen Farben ca. 160 g. Das Modell kann auch ohne Hauptfarbe gestrickt werden, wobei in diesem Fall pro Farbe ca. 2–40 g nötig sind. Falls mit einer Hauptfarbe gestrickt wird, benötigen Bündchen, Ferse und Spitze das meiste Garn.

MASCHENPROBE

- 10 cm × 10 cm = mit dickem Garn 20 M und 30 R, mit mitteldickem Garn 24 M und 32 R

NADELN UND SONSTIGES ZUBEHÖR

- Stricknadeln Nr. 3,5 für das Einstrickmuster und Nr. 3 für die einfarbigen Abschnitte (bei dickem Garn), Nr. 3 für das Einstrickmuster und Nr. 2,5 für die einfarbigen Abschnitte (bei mitteldickem Garn) oder je nach Strickfestigkeit. Wollnadel.

GRÖSSE

- Damengröße 38. Die Größe lässt sich leicht durch Ändern der Fußlänge anpassen.

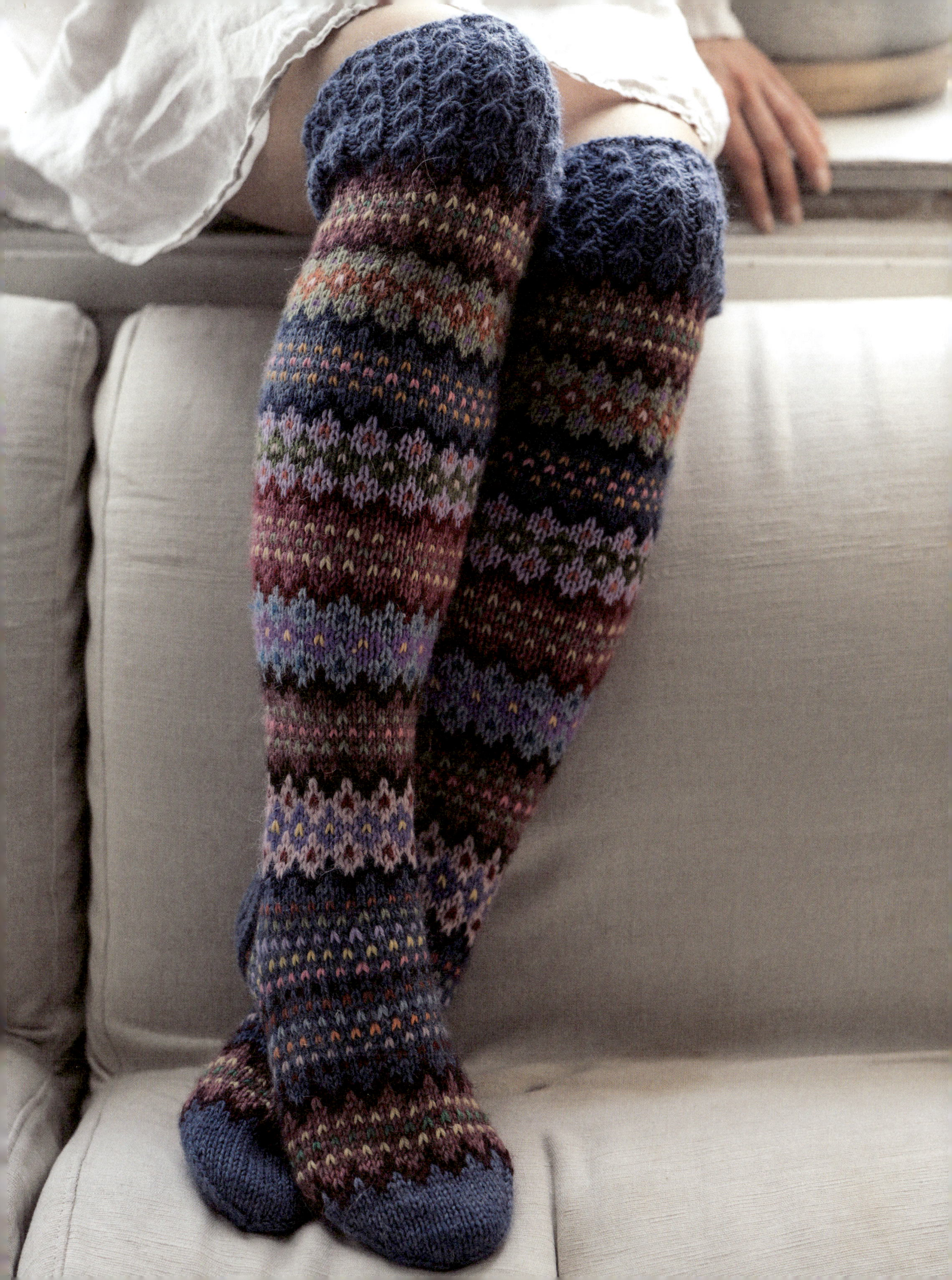

ANLEITUNG

Schaft

68 (76) M in der Hauptfarbe auf den dickeren Nadeln anschlagen und auf vier Nd des Nadelspiels verteilen: 19, 16, 16, 17 (23, 16, 16, 21) M. Der Rd-Wechsel liegt zwischen der 1. und der 4. Nd.

Zur Runde schließen, dabei darauf achten, dass sich die M nicht verdrehen. Für das Bündchen den Rapport über 4 M laut Strickschrift A stets wdh.

Nach dem Bündchen den Schaft laut Zählmuster B str. In Rd 48, 52, 56, 60, 64, 68, 72, 76, 80 und 84 jeweils am Rd-Anfang und am Rd-Ende 1 M abnehmen, dabei am Rd-Anfang 2 M re zus und am Rd-Ende ein ssk str. Wenn alle 93 Rd des Zählmusters gestrickt sind, hat die Arbeit 52 (56) M. Die M gleichmäßig auf den Nd verteilen: 13 (14) M pro Nd.

Ferse und Fersenabnahmen

Die Fersenwand wird mit den dünneren Nd mit den M der 1. und der 4. Nd gestrickt. Dazu die M der 1. Nd auf die 4. Nd str und zunächst eine Vorbereitungs-R wie folgt str (RückR): 1 M li abheben, ohne sie zu stricken, bis R-Ende li str.

Die Fersenwand verstärkt str wie folgt:

1. R (HinR): *1 M re abheben, ohne sie zu stricken, 1 M re*, ab * bis R-Ende wdh.

2. R (RückR): 1 M li abheben, ohne sie zu stricken, die übrigen M li str.

Diese beiden R wdh, bis insg. 26 (28) R gestrickt sind.

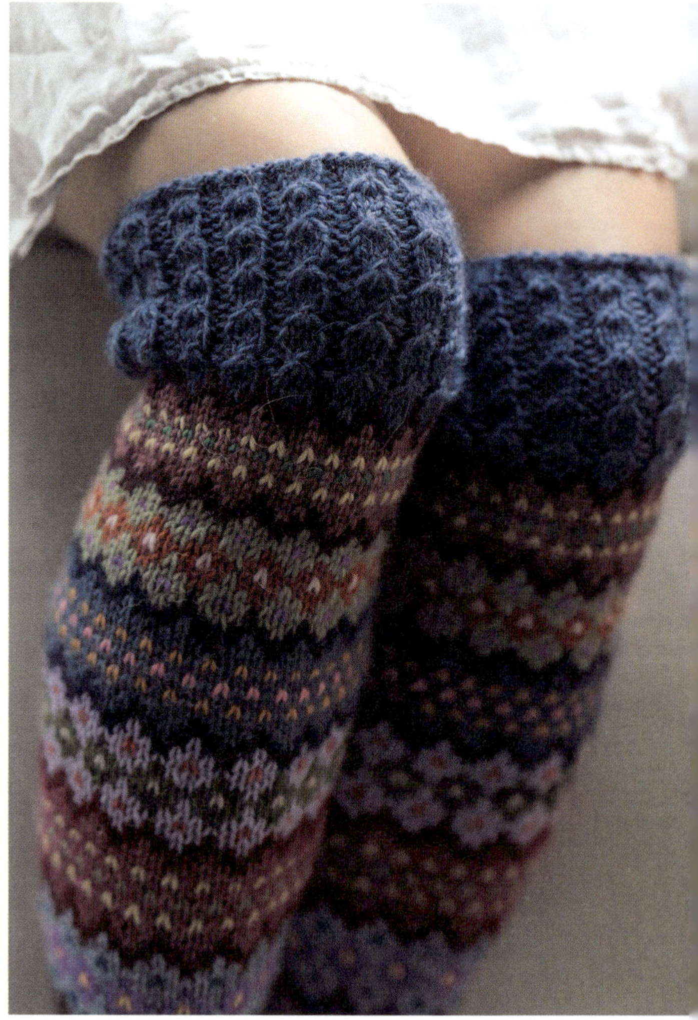

Die Käppchenabnahmen wie folgt str:

1. R (HinR): 1 M re abheben, ohne sie zu stricken, verstärkt str wie zuvor, bis noch 9 (10) M auf der Nd sind, ssk (= nach links geneigte Abnahme: 2 M nacheinander wie zum Rechtsstricken abheben, wieder zurück auf die li Nd heben, sodass sich die Ausrichtung der M ändert, und re verschr zus str), die Arb wenden.

2. R (RückR): 1 M li abheben, ohne sie zu stricken, 8 M li, 2 M li zus, die Arb wenden.
3. R (HinR): 1 M re abheben, ohne sie zu stricken, 8 M verstärkt str, ssk, die Arb wenden.

Die 2. und 3. R entsprechend wdh, bis die äußeren M an beiden Seiten aufgebraucht sind.

Die Fersen-M gleichmäßig auf zwei Nd verteilen: 5, 5. Aus beiden Seiten des Fersenrandes 13 (14) M und zusätzlich noch 1 M zwischen den Nd auffassen und auf dieselbe Nd heben (um zu vermeiden, dass seitlich ein Loch entsteht). Auf der 1. und 4. Nd liegen jetzt 19 (20) M.

Fußteil und Zwickelabnahmen

Laut Zählmuster C1 (C2) mit dickeren Nadeln weiterstr. Wenn die Zwickelabnahmen gestrickt sind, liegen auf jeder Nd 13 (14) M. Weiter für den Fuß die Rd 1–4 laut Zählmuster D1 (D2) str, bis noch 10 cm bis zur gewünschten Gesamtlänge fehlen. Dann die Rd 5–20 laut Zählmuster D1 (D2) str.

Spitzenabnahmen

Mit der letzten Farbe von Zählmuster D1 (D2) eine Rd re über alle M str, zu den dünneren Nadeln wechseln und mit den Spitzenabnahmen beginnen.
1. Rd: Mit der 1. und 3. Nd re M str, bis noch 3 M übrig sind, 2 M re zus, 1 M re. Mit der 2. und 4. Nd 1 M re, ssk, bis Rd-Ende re M str.
2. Rd: Alle M re str.

Die 1. und 2. Rd wdh, bis auf jeder Nd noch 7 M übrig sind. Jetzt in jeder Rd abnehmen, bis auf jeder Nd noch 2 M übrig sind. Den Faden abschneiden und durch alle restlichen M ziehen.

Fertigstellen

Die Fäden vernähen. Falls durch die Zwickelabnahmen störende Löcher entstanden sind, diese mit Nadel und Faden schließen. Die Socken bei schwacher Hitze unter einem feuchten Tuch leicht bügeln oder sanft von Hand waschen und liegend trocknen lassen.

Strickschrift A

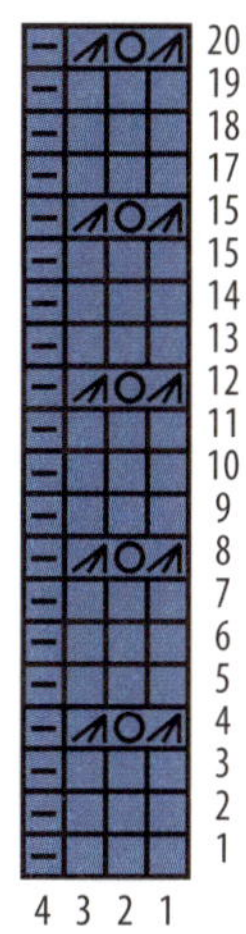

Zählmuster B

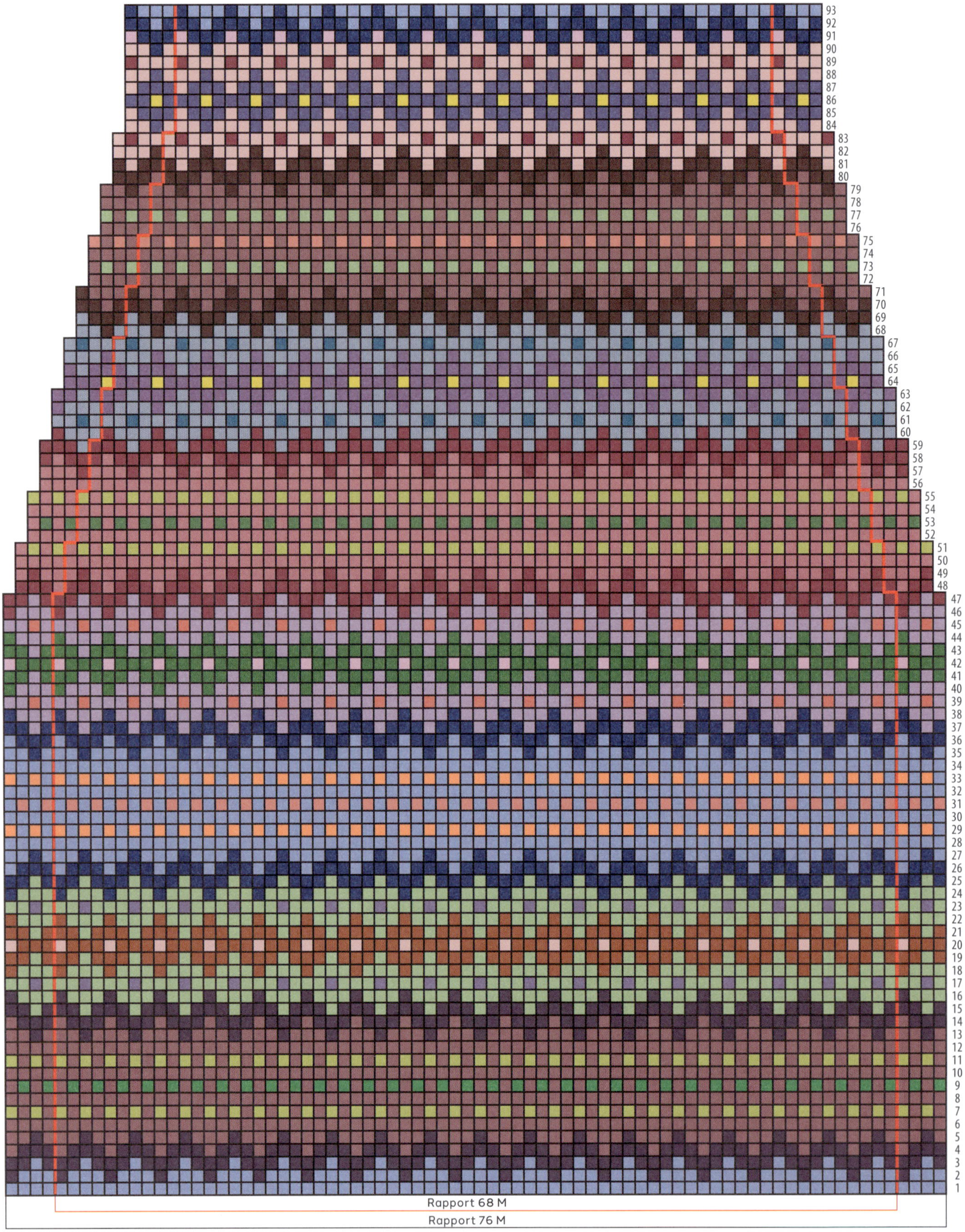

Zählmuster C1 (für dickes Garn)

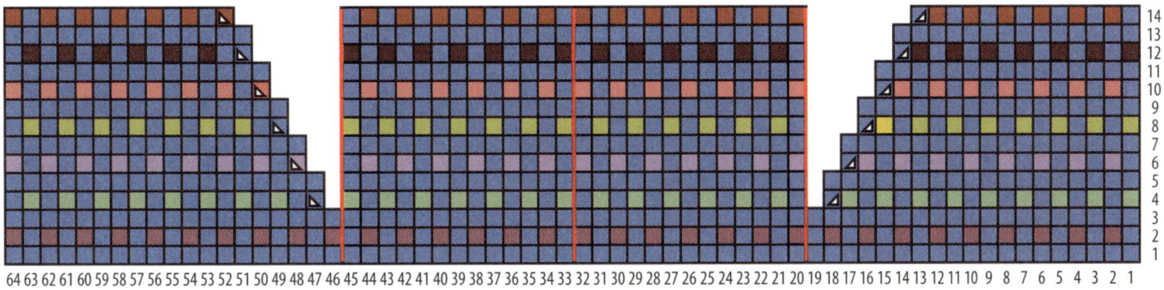

Zählmuster C2 (für mitteldickes Garn)

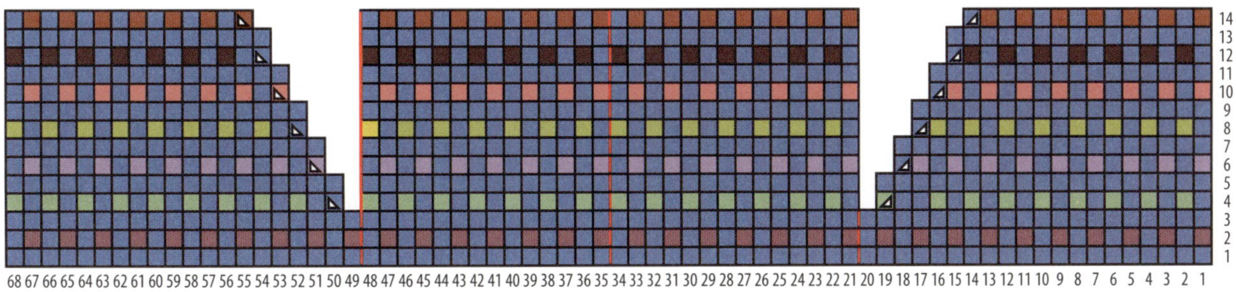

Zeichenerklärung

- □ Rechte M
- — Linke M
- 3 M re zus, die M auf der li Nd lassen, U, dieselben 3 M noch einmal re zus str und von der li Nd gleiten lassen.
- 2 M re zus
- ssk
- Mustergrenze für dickeres Garn
- Musterrapport
- Jeansblau
- Dunkelviolett
- Dunkelrosa
- Gebrochenes Gelb
- Mittelgrün
- Hellgrün
- Lila
- Gebrochenes Orange
- Zartrosa
- Dunkelblau
- Orange
- Pink
- Helles Lila
- Moosgrün
- Gebrochenes Pink
- Rosa
- Burgund
- Mittelrosa
- Helles Moosgrün
- Helles Jeansblau
- Violett
- Petrol
- Dunkelbraun
- Dunkelblauviolett
- Gelb

Zählmuster D1 (für dickes Garn)

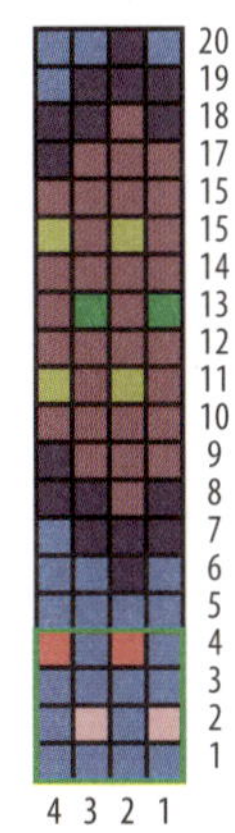

Zählmuster D2 (für mittel-dickes Garn)

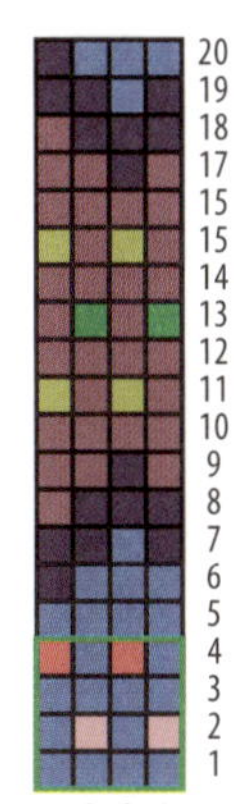

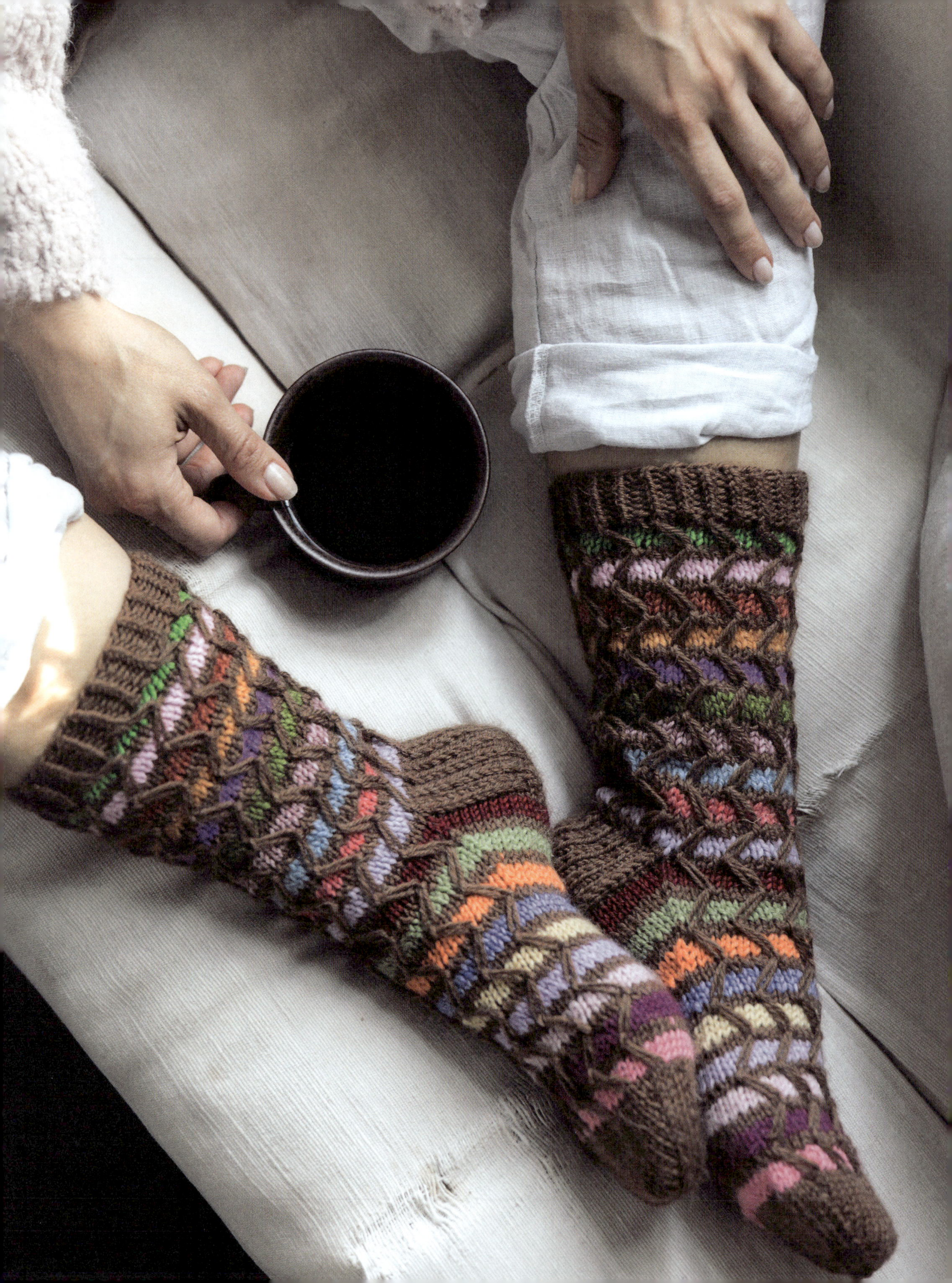

SÜSSIGKEITENTAG

Bei diesem Modell spielen wir mit Zugmaschen, die auf der Sockenoberfläche lebhafte Zickzackstreifen bilden. Wählen Sie für das Modell eine Hauptfarbe, von der etwas mehr Garn benötigt wird, und gestalten Sie die Streifen mit so vielen Farben, wie Sie möchten. Für die farbigen Streifen reichen ein paar Meter Faden pro Socke aus. Der Mustersatz ist durch vier teilbar. Zusätzlich zu den Grundmaschen schlängelt sich eine Zugmasche abwechselnd nach links und rechts.

GARN

- Dickes Sockengarn (100 g/200 m) oder mitteldickes Sockengarn (100 g/260 m)
- Bei den Modellsocken wurden mitteldicke Sockengarne (75 % Wolle, 25 % Polyamid) verwendet. Garnverbrauch für Größe 38 insg. 120 g in 21 verschiedenen Farben. In der Hauptfarbe benötigen Sie ca. 70 g und in den anderen Farben insg. ca. 50 g.

MASCHENPROBE

- 10 cm × 10 cm = mit dickem Garn 20 M und 30 R, mit mitteldickem Garn 24 M und 32 R

NADELN UND SONSTIGES ZUBEHÖR

- Stricknadeln Nr. 3 für dickes Garn und Nr. 2,5 für mitteldickes Garn oder je nach Strickfestigkeit. Wollnadel.

GRÖSSE

- Unisex. Die Größe lässt sich leicht durch Ändern der Fußlänge anpassen. Der Mustersatz besteht aus 4 Maschen, dadurch können Sie die Schaftbreite leicht an den gewünschten Umfang anpassen.

ANLEITUNG

Schaft

48 (56) M in der Hauptfarbe anschlagen und auf vier Nd des Nadelspiels verteilen: 12 M pro Nd (16, 12, 16, 12 M). Der Rd-Wechsel liegt auf der Sockenrückseite zwischen der 1. und der 4. Nd.

Bitte beachten: Bei mitteldickem Garn liegt die hintere Mitte aufgrund des Musters leicht seitlich.

Zur Runde schließen, dabei darauf achten, dass sich die M nicht verdrehen. Für das Bündchen 8 Rd im Rippenmuster 2 M re verschr, 2 M li im Wechsel str.

Für den Schaft weiter laut Zählmuster A1 (A2) in beliebigen Farben str. Die 1. Rd des Zählmusters in der Hauptfarbe str, um die nach links neigende Zugmasche vorzubereiten. Sehen Sie sich zunächst die bebilderte Anleitung zum Stricken der Runden in der Hauptfarbe an, dann ist es einfacher, dem Zählmuster zu folgen. Die Rd 1–10 so lange wdh, bis die gewünschte Schaftlänge erreicht ist. Dabei darauf achten, dass der Schaft mit der oberen Rd des Zählmusters endet, bevor die Ferse beginnt.

Ferse und Fersenabnahmen

Die Fersenwand wird in der Hauptfarbe mit den M der 1. und der 4. Nd gestrickt, die im Zählmuster A1 (A2) mit einer türkisfarbenen Linie markiert sind. Dazu die M der 1. Nd auf die 4. Nd heben (= 24 (28) M) und zunächst als Vorbereitungs-R alle M li str (RückR).

Die Fersenwand verstärkt str wie folgt:

1. R (HinR): *1 M re abheben, ohne sie zu stricken, 1 M re*, ab * bis R-Ende wdh.

2. R (RückR): 1 M li abheben, ohne sie zu stricken, die übrigen M li str.

Diese beiden R wdh, bis insg. 24 (28) R gestrickt sind.

Mit den Fersenabnahmen beginnen.

Die Käppchenabnahmen wie folgt str:

1. R (HinR): 1 M re abheben, ohne sie zu stricken, 13 (15) M re, ssk (= nach links geneigte Abnahme: 2 M nacheinander wie zum Rechtsstricken abheben, wieder zurück auf die li Nd heben, sodass sich die Ausrichtung der M ändert, und re verschr zus str), 1 M re, die Arb wenden.

2. R (RückR): 1 M li abheben, ohne sie zu stricken, der Faden liegt vor der Arb, 5 M li, 2 M li zus, 1 M li, die Arb wenden.

3. R (HinR): 1 M re abheben, ohne sie zu stricken, 6 M re, ssk, 1 M re, die Arb wenden.

4. R (RückR): 1 M li abheben, ohne sie zu stricken, der Faden liegt vor der Arb, 7 M li, 2 M li zus, 1 M li, die Arb wenden.

Auf diese Weise fortfahren, dabei nehmen die M in der Mitte in jeder R um eine M zu, bis die äußeren M an beiden Seiten aufgebraucht sind. Jetzt liegen 14 (16) M auf der Nd. Den Faden abschneiden.

Die Fersen-M auf zwei Nd verteilen (1. und 4. Nd): 7, 7 (8, 8). Mit derselben Nadel an beiden Seiten der Fersenwand je 12 (14) M aufnehmen. Jetzt liegen 19 (22) M auf der 1. und 4. Nd.

Fußteil und Zwickelabnahmen

Mit der 1. und 4. Nd weiter glatt rechts und mit der 2. und 3. Nd laut Zählmuster A1 (A2) str, mit Rd 51 beginnen. Gleichzeitig für die Zwickelabnahmen in jeder 2. Rd am Ende der 1. Nd 2 M re zus und am Anfang der 4. Nd ein ssk str. In jeder 2. Rd alle M re str. Mit den Zwickelabnahmen fortfahren, bis noch 12 (14) M auf jeder Nd übrig sind. Für den Spann mit der 2. und 3. Nd weiter laut Zählmuster str, bis am Fußteil noch ca. 5 cm bis zur gewünschten Gesamtlänge fehlen. Zuletzt die erste Rd der Hauptfarbe str, sodass die Zugmaschen abgenommen werden können und auf der 2. und 3. Nd insg. 24 (28) M liegen. Die M auf der Oberseite gleichmäßig auf

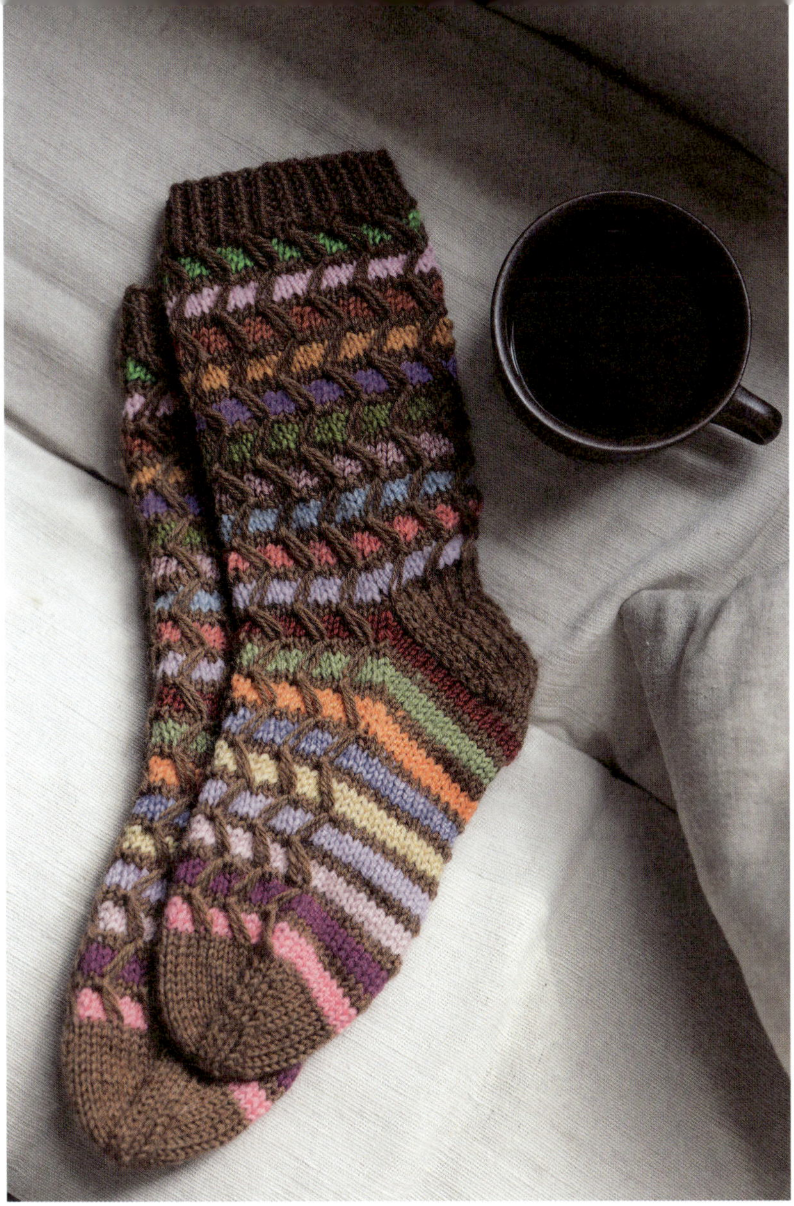

der 2. und 3. Nd verteilen. 1 (oder bei Bedarf mehrere) Rd glatt rechts über alle M str und mit den Spitzenabnahmen beginnen.

Spitzenabnahmen

1. Rd: Mit der 1. und 3. Nd re M str, bis noch 3 M übrig sind, 2 M re zus, 1 M re. Mit der 2. und 4. Nd 1 M re, ssk, bis Rd-Ende re M str.

2. Rd: Alle M re str.

Die 1. und 2. Rd wdh, bis auf jeder Nd noch 7 M übrig sind. Jetzt in jeder Rd abnehmen, bis auf jeder Nd noch 2 M übrig sind. Den Faden abschneiden, durch alle restlichen M ziehen und festziehen.

Fertigstellen

Die Fäden vernähen. Falls durch die Zwickelabnahmen störende Löcher entstanden sind, diese mit Nadel und Faden schließen. Die Socken bei schwacher Hitze unter einem feuchten Tuch leicht bügeln oder sanft von Hand waschen und liegend trocknen lassen.

Zählmuster A1 (für dickes Garn)

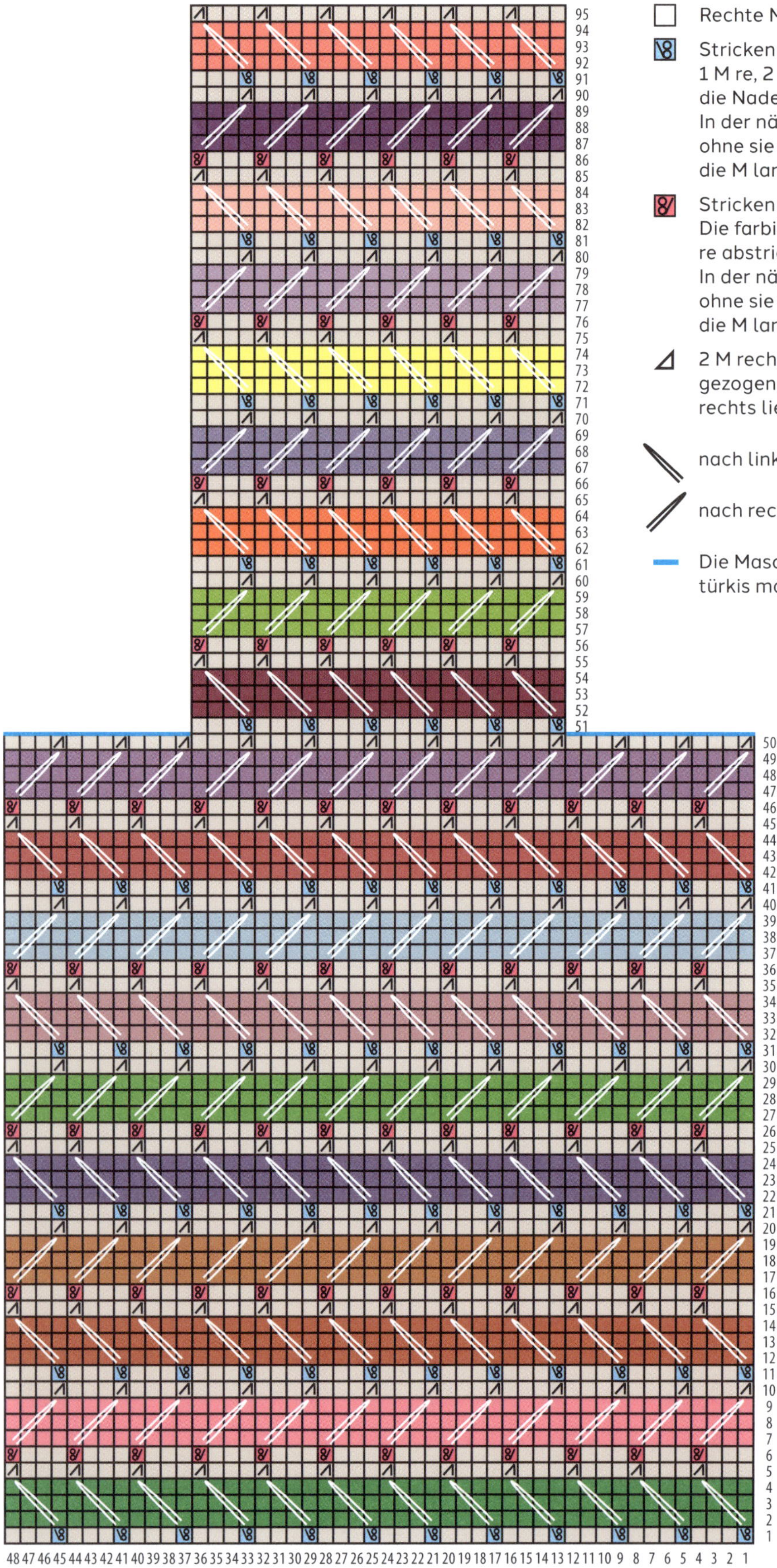

Zeichenerklärung

- Rechte M
- Stricken einer nach links geneigten Zugmasche: 1 M re, 2 Umschläge, die farbige M der Vor-Rd auf die Nadel heben und re abstricken [1 M → 4 M]. In der nächsten Rd 1 M re, die nächste M abheben, ohne sie zu stricken, die Umschläge fallen lassen, die M langziehen [4 M → 1 M + Zugmasche]
- Stricken einer nach rechts geneigten Zugmasche: Die farbige M der Vor-Rd auf die Nadel heben und re abstricken, 1 M re, 2 Umschläge [1 M → 4 M]. In der nächsten Rd 1 M re, die nächste M abheben, ohne sie zu stricken, die Umschläge fallen lassen, die M langziehen [4 M → 1 M + Zugmasche]
- 2 M rechts zusammenstricken, sodass die langgezogene Zugmasche links und die Grundmasche rechts liegt = die Zugmasche liegt obenauf
- nach links geneigte Zugmasche
- nach rechts geneigte Zugmasche
- Die Maschen für die Ferse sind im Zählmuster türkis markiert

- Hauptfarbe
- Grün
- Rosa
- Terrakotta
- Helles Orange
- Violett
- Moosgrün
- Helles Rosa
- Hellblau
- Cerise
- Helles Rotviolett
- Burgund
- Gelbgrün
- Orange
- Blauviolett
- Hellgelb
- Lila
- Zuckerwatte-Rosa
- Pflaume
- Pink
- Hellgrün

Zählmuster A2
(für mitteldickes Garn)

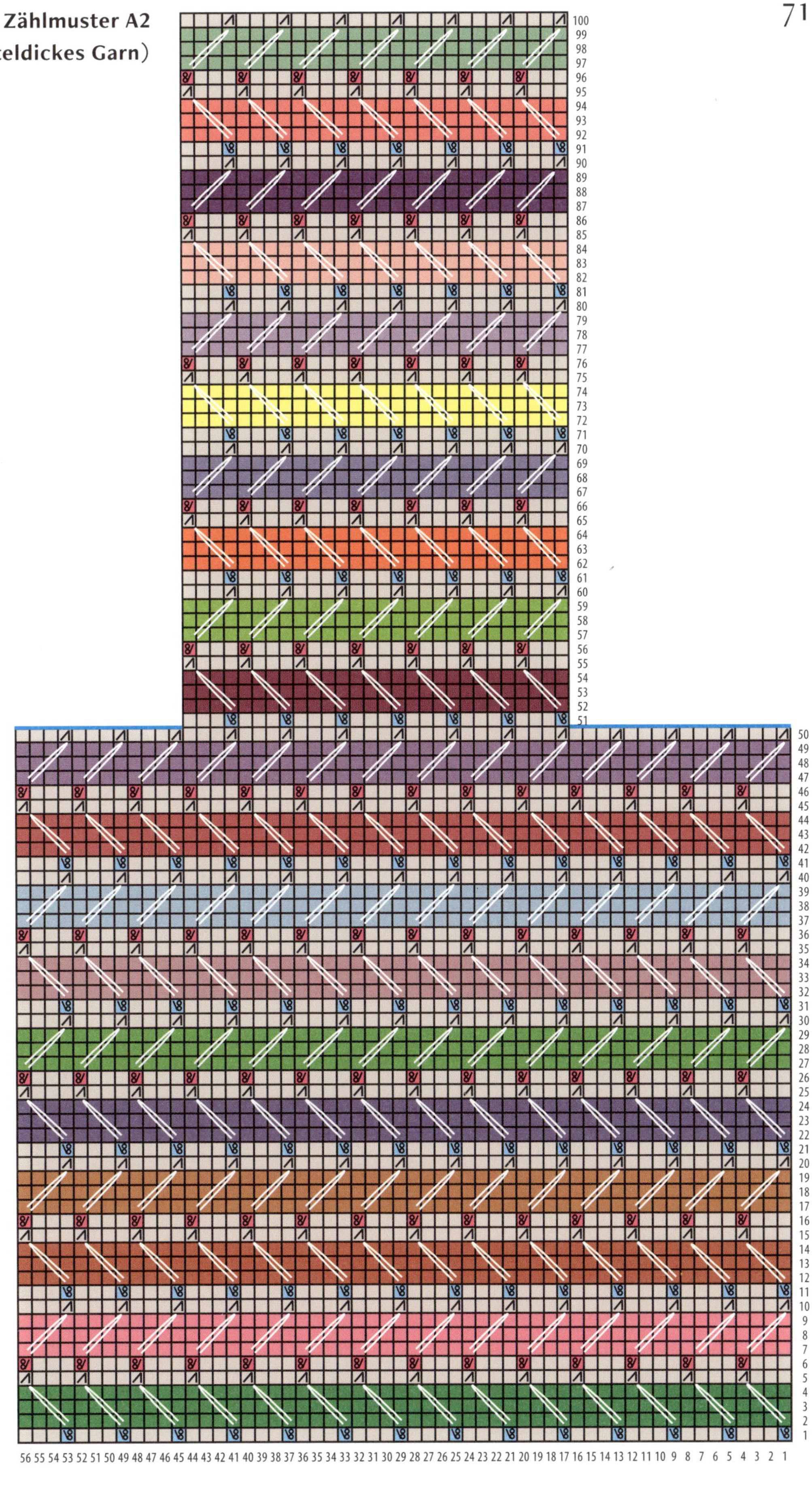

ZUGMASCHEN STRICKEN

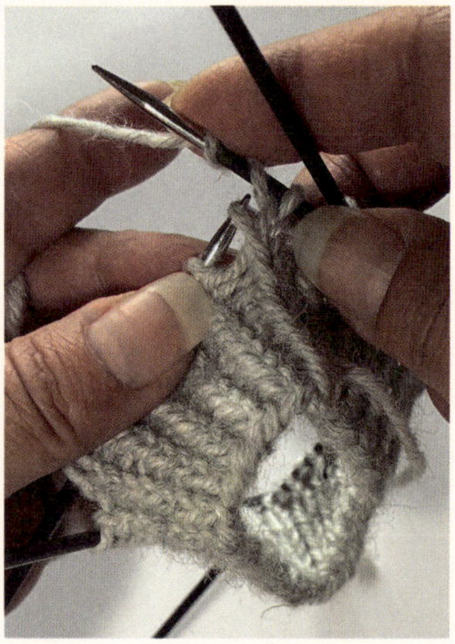

1. Erste Runde, nach links geneigte Zugmasche:
1 M re stricken (daraus entsteht eine langgezogene Zugmasche), 2 Umschläge machen. Die Masche der Vorrunde auf die linke Nadel heben.

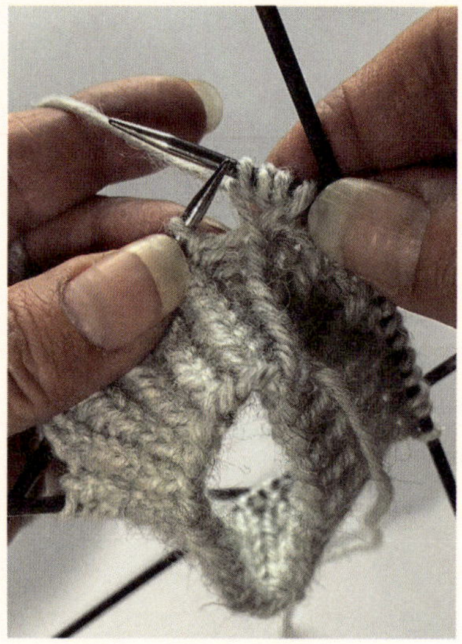

2. Rechts abstricken (dadurch entsteht eine neue Masche).

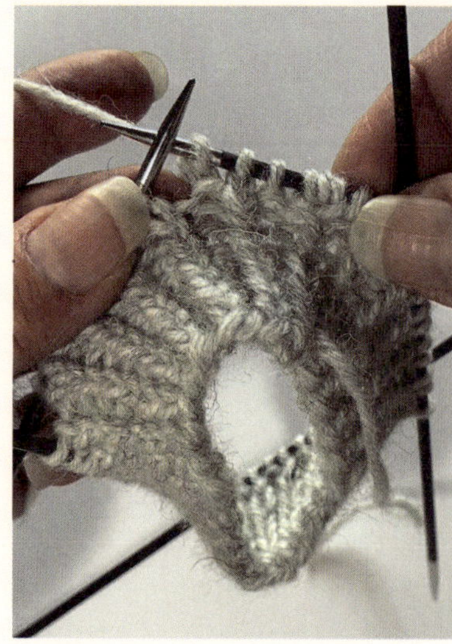

3. 3 M re stricken. Die Schritte 1–3 bis zum Rd-Ende wiederholen.

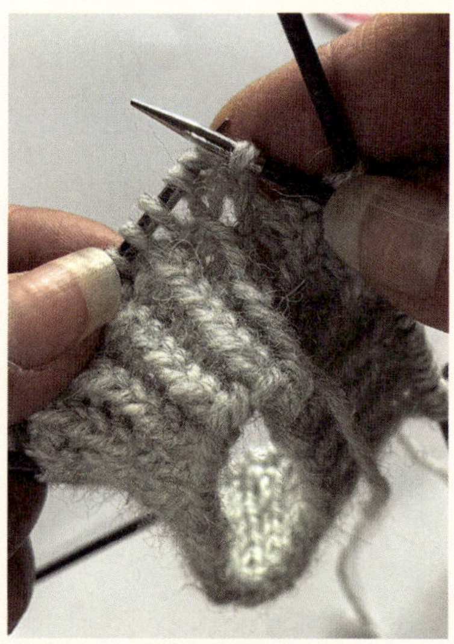

4. Die Runden in der Kontrastfarbe für die nach links geneigte Zugmasche:

Die erste M abheben, ohne zu stricken, die Umschläge fallen lassen.

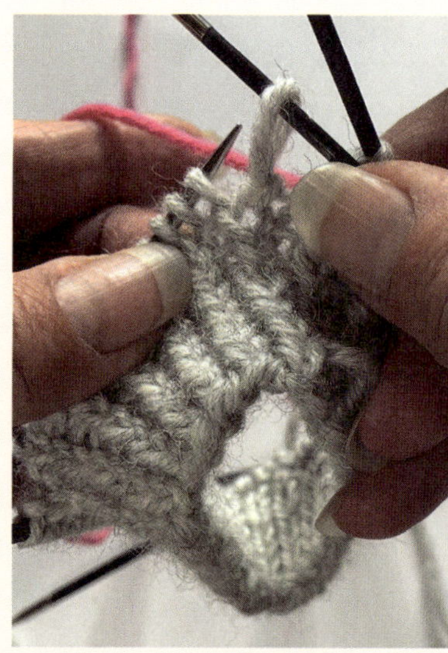

5. Die erste M langziehen. Die Kontrastfarbe ansetzen.

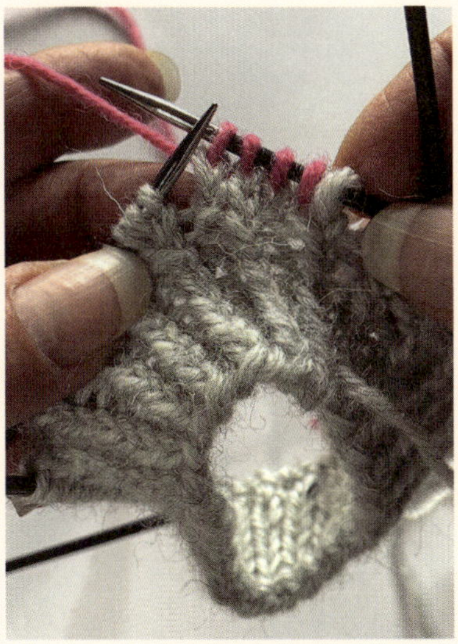

6. 4 M in der Kontrastfarbe stricken. Die Schritte 4–6 bis zum Rd-Ende wiederholen.

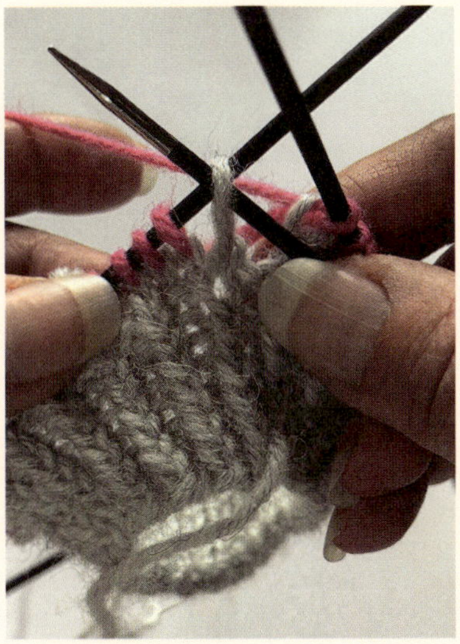

7. Zwei Rd in der Kontrastfarbe stricken, dabei die Zugmaschen anheben, ohne sie zu stricken. Die Kontrastfarbe abschneiden.

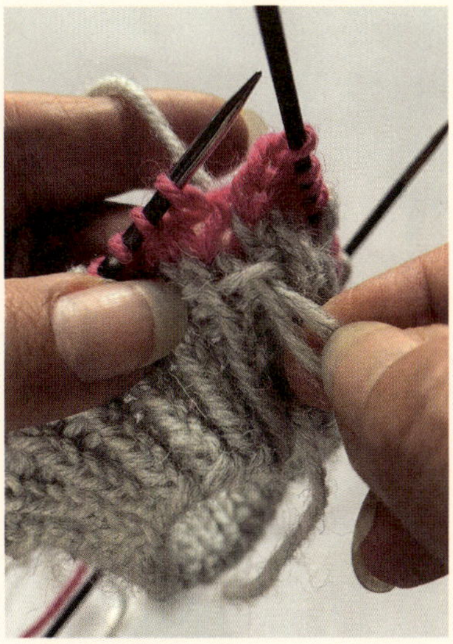

8. Abschluss der nach links geneigten Zugmasche in der Hauptfarbe:

Die Zugmasche vor der Arbeit »freilassen«.

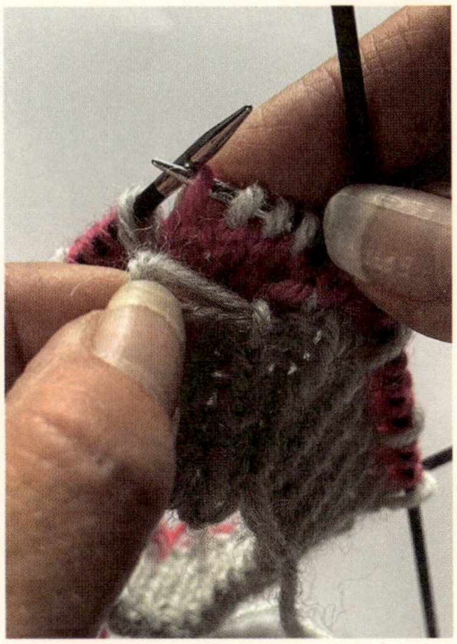

9. 3 M re in der Hauptfarbe stricken, die M in der Kontrastfarbe auf die rechte Nadel heben.

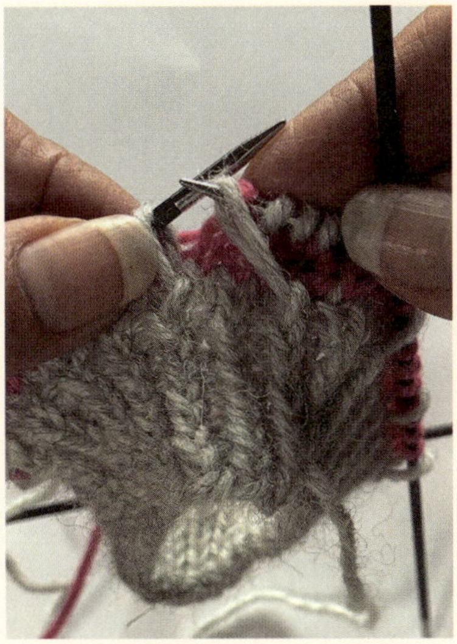

10. Die Zugmasche links daneben setzen.

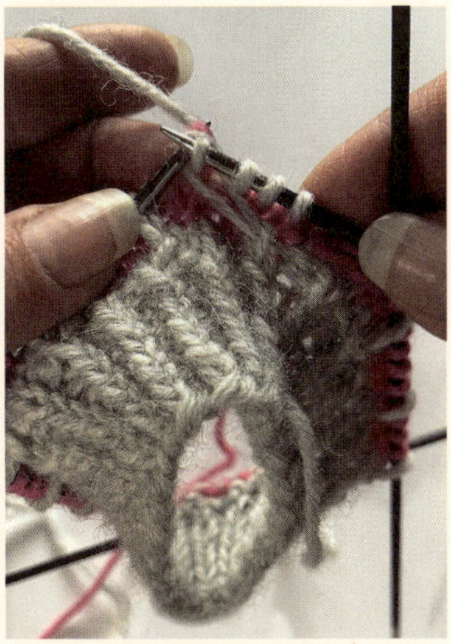

11. Die M rechts zusammenstricken (die Zugmasche liegt obenauf). Die Schritte 9–11 bis zum Rd-Ende wiederholen.

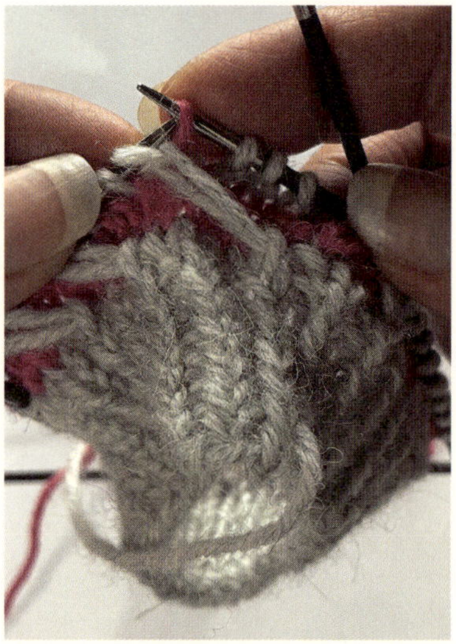

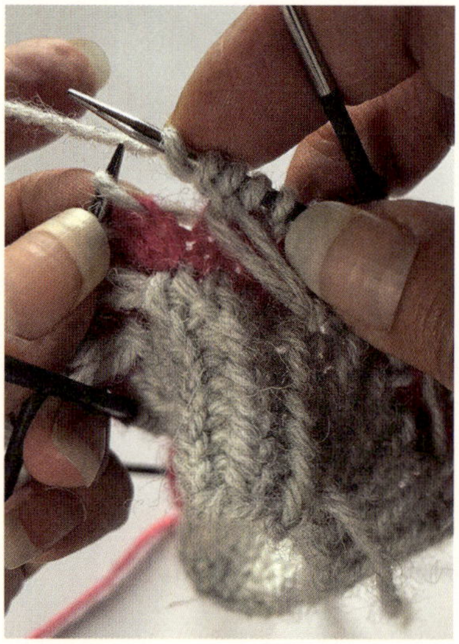

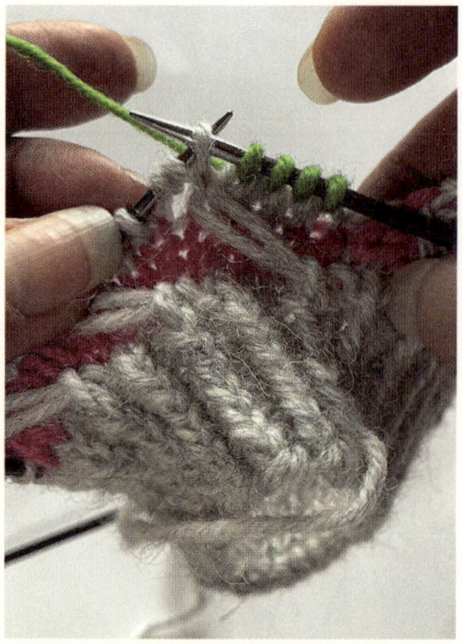

12. Erste Runde für eine nach rechts geneigte Zugmasche in der Hauptfarbe:

3 M re stricken und mit der rechten Nadel den Kontrastfaden der Vorrunde von der Rückseite der Arbeit vom rechten Rand auf die linke Nadel heben und re abstricken.

13. 1 M re stricken (daraus entsteht eine langgezogene Zugmasche), 2 Umschläge machen. Die Schritte 12–13 bis zum Rd-Ende wiederholen.

14. Die Runden in der Kontrastfarbe für die nach rechts geneigte Zugmasche:

4 M re in der Kontrastfarbe stricken. Die Zugmasche auf die Nadel heben und die Umschläge fallen lassen. Bis zum Rd-Ende wiederholen. Zwei Rd in der Kontrastfarbe stricken, dabei die Zugmaschen anheben, ohne sie zu stricken. Die Kontrastfarbe abschneiden.

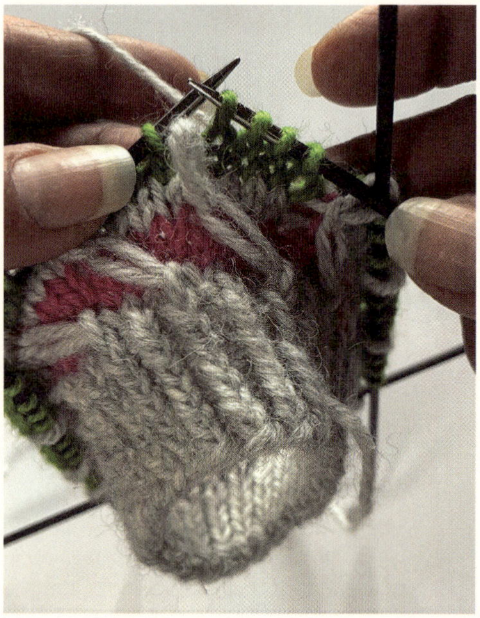

15. Abschluss der nach rechts geneigten Zugmasche in der Hauptfarbe:

Die 4 M in der Kontrastfarbe auf eine Hilfsnadel heben, die Zugmasche vor der Arbeit »freilassen«.

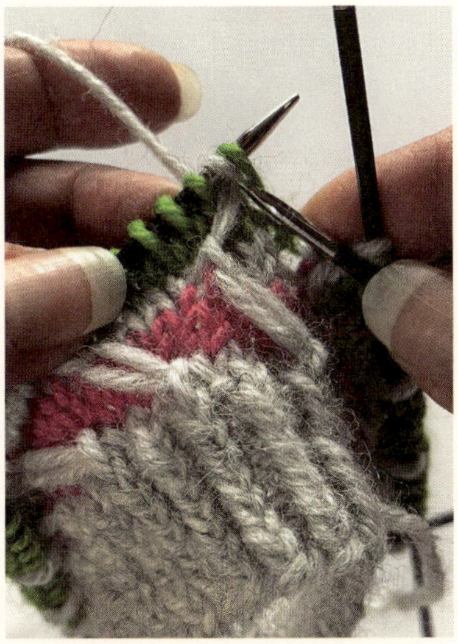

16. Die drei Maschen an der linken Seite wieder auf die linke Nadel heben, die Zugmasche und die erste Masche auf die gleiche Nadel heben und rechts zusammenstricken (die Zugmasche liegt obenauf).

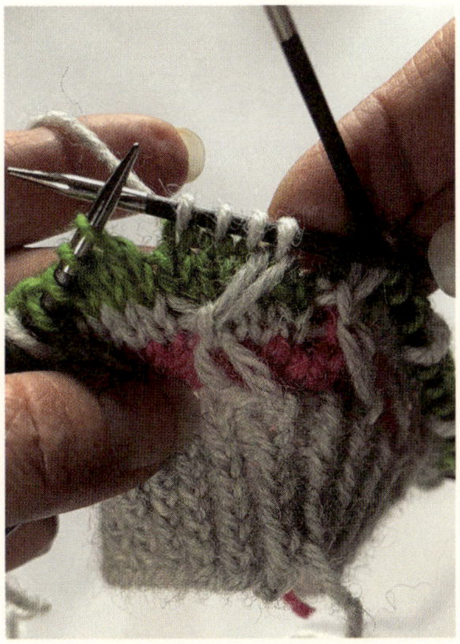

17. 3 M re stricken. Die Schritte 15–17 bis zum Rd-Ende wiederholen.

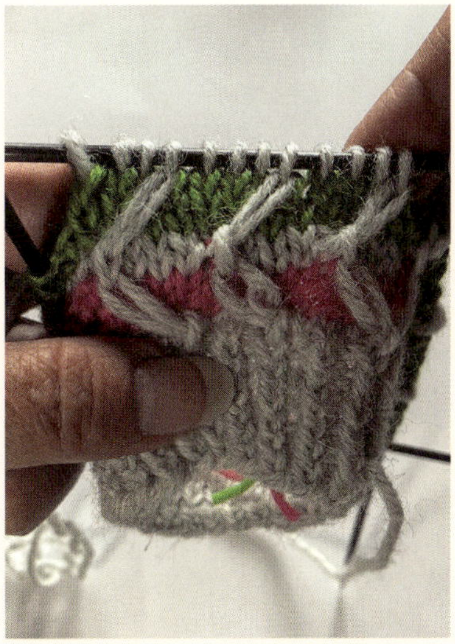

18. Nun wurden die Runden mit nach links und nach rechts neigenden Zugmaschen gestrickt.

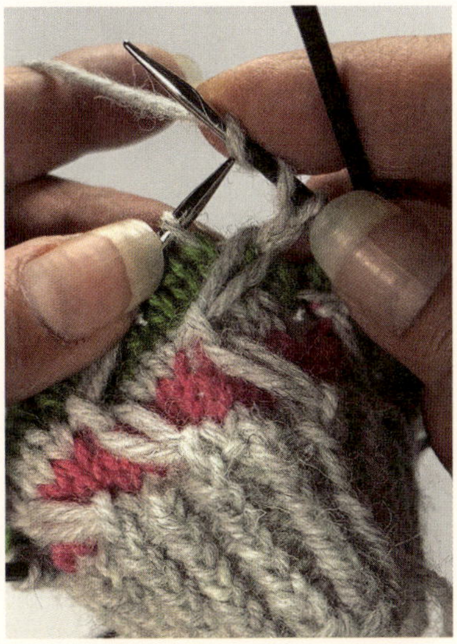

19. Erste Runde für eine nach links geneigte Zugmasche in der Hauptfarbe:
1 M re, 2 Umschläge.

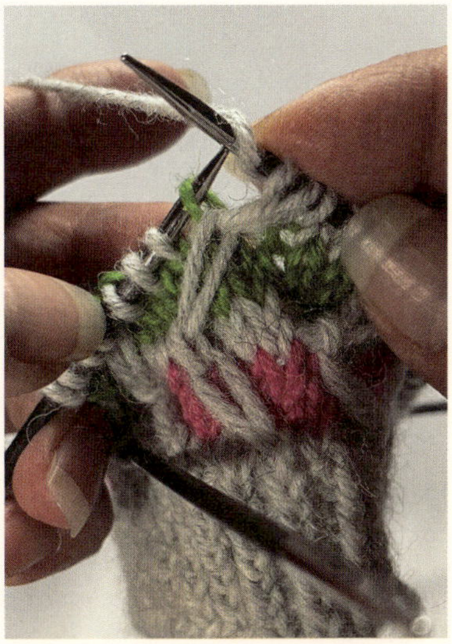

20. Mit der linken Nadel den Kontrastfaden der Vorrunde von der Rückseite der Arbeit vom linken Rand auf die linke Nadel heben und re abstricken. Die Schritte 19–20 bis zum Rd-Ende wiederholen.

KARNEVAL

Bei diesem Modell werden tiefer gestochenen Maschen gearbeitet, die eine interessante Optik am gestreiften Sockenschaft ergeben. Das Muster ist durch fünf teilbar, jedoch so, dass die tiefer gestochenen Maschen die Grenze von 5 Maschen in jedem zweiten Mustersatz überschreiten. Das Muster hat vier »bleibende« Maschen, die tiefer gestochene Masche wird immer in die fünfte, sog. »Mittelmasche«, eingestochen. Die Socke hat eine modifizierte Tomatenferse, wobei die Streifen für den Fußteil bereits an der Ferse beginnen. Nach der Ferse werden keine Zwickelabnahmen gemacht. Die Ferse kann natürlich auch mit einer anderen Technik gestrickt werden.

Die Karnevalssocken können Sie so bunt stricken, wie Sie möchten. Bei den Modellsocken wurde für jeden Mustersatz am Schaft eine andere Farbe genommen und die Hauptfarbe der Ferse bleibt auch am Fuß und an der Spitze die dominierende Farbe.

GARN

- Dickes Sockengarn (100 g/200 m) oder mitteldickes Sockengarn (100 g/260 m)
- Bei den Modellsocken wurden mitteldicke Sockengarne (75 % Wolle, 25 % Polyamid) verwendet. Garnverbrauch insg. 110 g für Größe 38 in 10 verschiedenen Farben. Für die Hauptfarbe (hier: Braun) wurden ca. 40 g und für die anderen Farben jeweils 5–10 g verbraucht. In der Hauptfarbe benötigen Sie ca. 40 g und in den anderen Farben ca. 70 g.

MASCHENPROBE

- 10 cm × 10 cm = mit dickem Garn 22 M und 34 R, mit mitteldickem Garn 26 M und 38 R

NADELN UND SONSTIGES ZUBEHÖR

- Stricknadeln Nr. 3 für dickes Garn und Nr. 2,5 für mitteldickes Garn oder je nach Strickfestigkeit. Wollnadel. Häkelnadel nach Bedarf zum Heben der tiefer gestochenen Maschen.

GRÖSSE

- Unisex. Die Größe lässt sich leicht durch Ändern der Fußlänge anpassen. Der Mustersatz am Schaft besteht aus 5 Maschen, sodass Sie die Länge und den Umfang des Schaftes und des Fußes leicht ändern können.

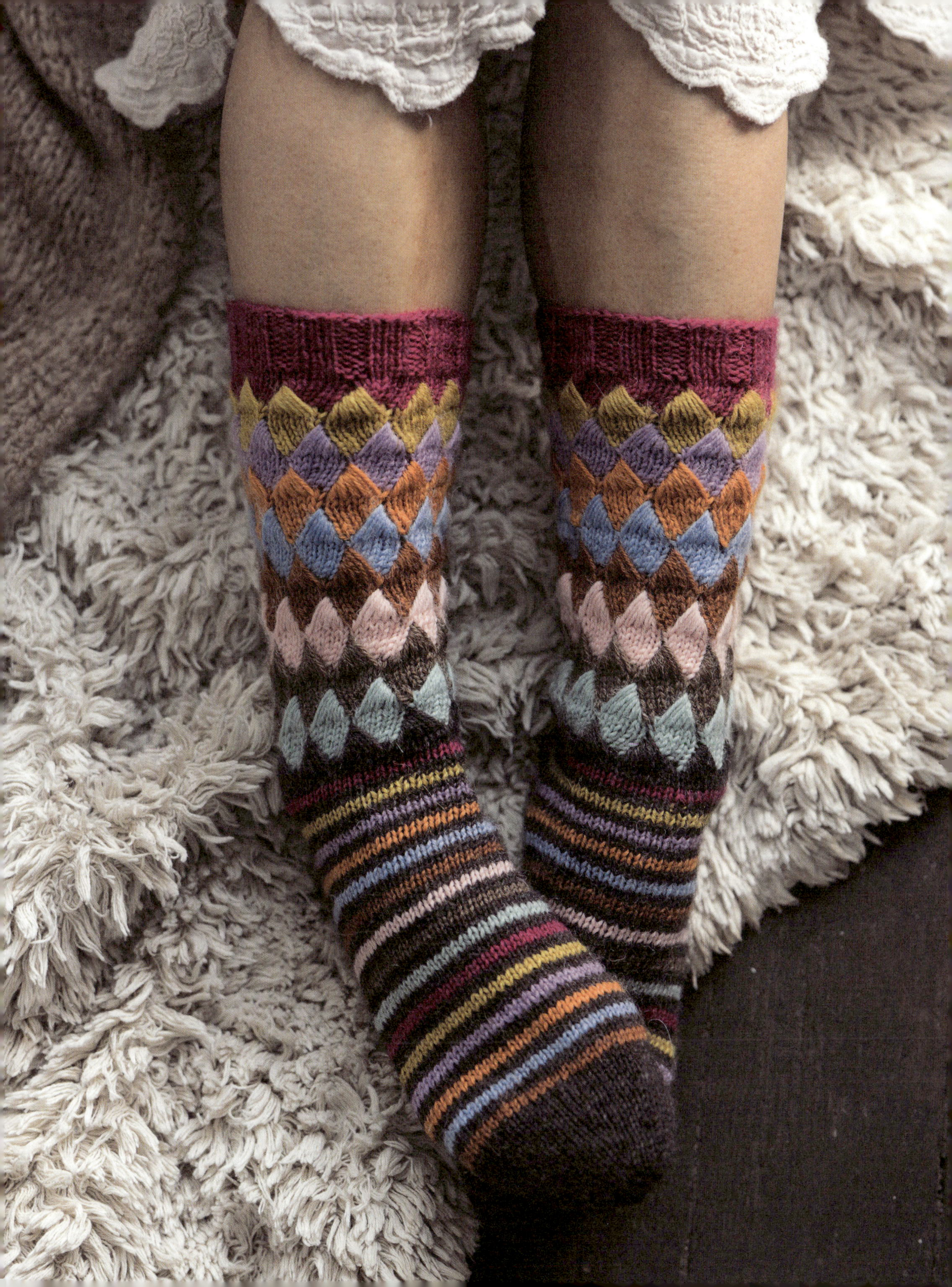

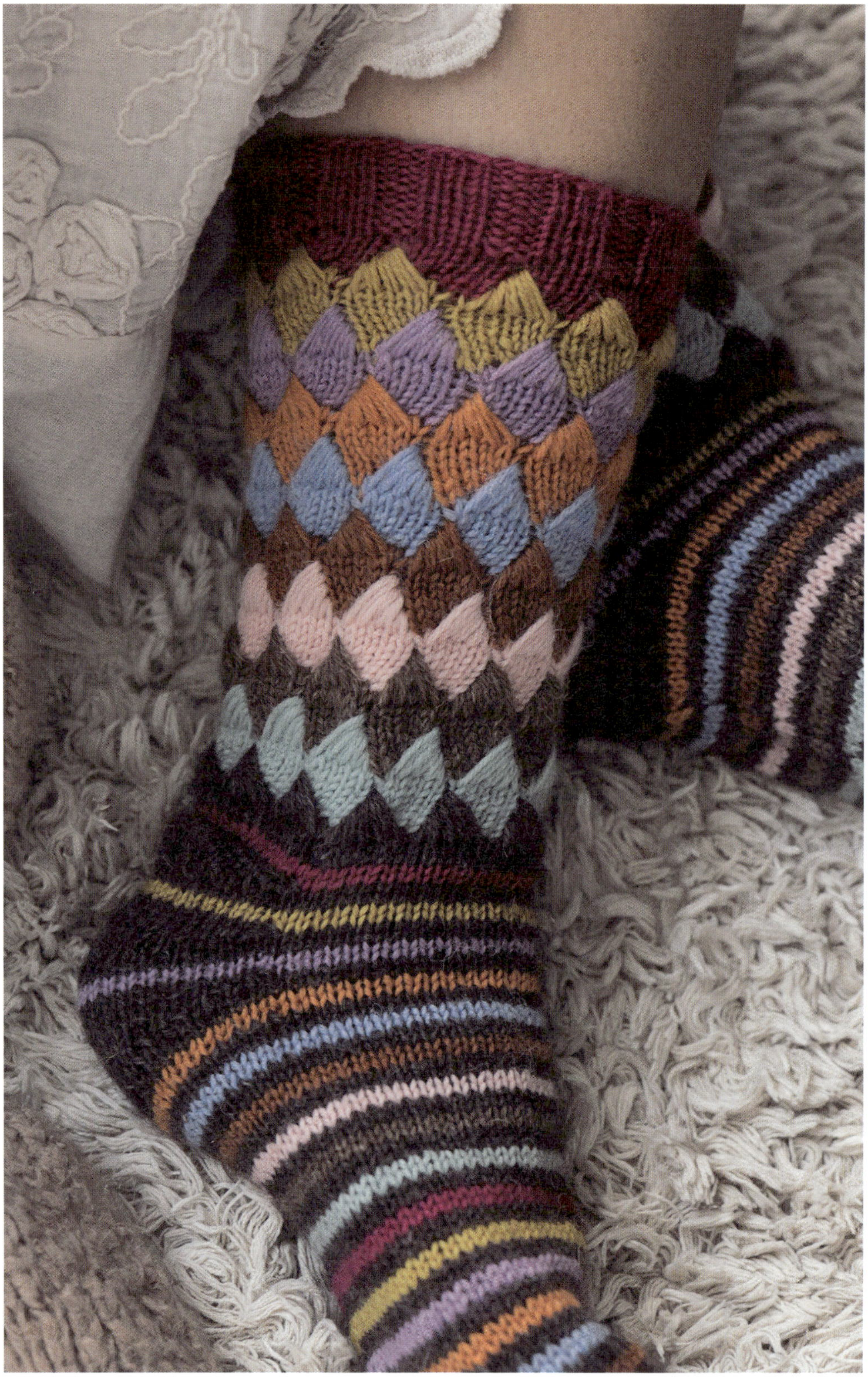

ANLEITUNG

Schaft

50 (55) M in der Hauptfarbe anschlagen und auf vier Nd des Nadelspiels verteilen: 15, 10, 15, 10 (15, 15, 15, 10) M. Der Rd-Wechsel liegt auf der Sockenrückseite zwischen der 1. und der 4. Nd.

Zur Runde schließen, dabei darauf achten, dass sich die M nicht verdrehen. Für das Bündchen 10 Rd im Rippenmuster *1 M li, 3 M re, 1 M li* str, ab * bis Rd-Ende wdh.

Weiter laut Strickschrift stricken. Das Muster wiederholt sich 10 (11)-mal pro Rd. Die Schaftlänge kann durch das Stricken von mehr oder weniger Mustersätzen als angegeben angepasst werden. Bei den Modellsocken wurden 9 Rd mit tiefer gestochenen M gearbeitet. Wie man tiefer gestochene M strickt, wird bei der Strickschrift erklärt.

Die tiefer gestochenen M können entweder mit einer Stricknadel oder einer Häkelnadel durch das Gestrick gezogen werden. Die Häkelnadel erleichtert den Fadenlauf besonders bei tiefer gestochenen M, die von rechts angehoben werden müssen.

Wenn der Schaft lang genug ist, die letzten zwei Rd der Strickschrift in der Hauptfarbe der Ferse str. Jetzt wird die Ferse gestrickt.

Ferse

Die Ferse wird in der Hauptfarbe mit den M der 1. und der 4. Nd gestrickt, dazu die M der 1. Nd auf die 4. Nd heben. Der Rd-Wechsel liegt jetzt am Anfang der 4. Nd.

Bitte beachten: Wenn Sie mit mitteldickem Garn stricken, die M von den Nd der Oberseite auf die Nd der Unterseite heben (= 28 M auf der Oberseite und 27 M auf der Unterseite). Wenn Sie mit dickem Garn stricken, 1 M auf die Unterseite verschieben (= 24 M auf der Oberseite und 26 M auf der Unterseite). Gleichzeitig die M so verteilen, dass das Muster auf der Oberseite symmetrisch ist.

Die Fäden abschneiden und ab Anfang der 4. Nd mit der Ferse beginnen. In der Hauptfarbe über alle M eine Rd re M str. Wenn Sie mit mitteldickem Garn stricken, zwischen der 4. und 1. Nd 1 M zunehmen (= den Querfaden zwischen den M aufnehmen und rechts verschränkt abstricken), sodass auch auf der Sockenunterseite 28 M sind.

Die Ferse hat nun 26 (28) M. Die Hauptfarbe ruhen lassen.

Über alle M 2 Rd re M in einer beliebigen Farbe str.

Tomatenferse

Die verkürzten Reihen der Ferse in Reihen stricken.

1. R (HinR): In der Hauptfarbe 25 (27) M re, die Arbeit wenden.

2. R (RückR): 1 M wie zum Linksstricken abheben, 23 (25) M li, die Arbeit wenden.

3. R (HinR): 1 M wie zum Rechtsstricken abheben, 21 (23) M re, die Arbeit wenden.

4. R (RückR): 1 M wie zum Linksstricken abheben, 19 (21) M li, die Arbeit wenden.

5. R (HinR): 1 M wie zum Rechtsstricken abheben, 17 (19) M re, die Arbeit wenden.

6. R (RückR): 1 M wie zum Linksstricken abheben, 15 (17) M li, die Arbeit wenden.

7. R (HinR): 1 M wie zum Rechtsstricken abheben, 13 (15) M re, die Arbeit wenden.

8. R (RückR): 1 M wie zum Linksstricken abheben, 11 (13) M li, die Arbeit wenden.

9. R (HinR): 1 M wie zum Rechtsstricken abheben, 9 (11) M re, die Arbeit wenden.
10. R (RückR): 1 M wie zum Linksstricken abheben, 7 (9) M li, die Arbeit wenden.

Die Zwischenrunden der Ferse in Runden stricken.
11. R (HinR): 1 M wie zum Rechtsstricken abheben, 6 (8) M re, *die M unter der nächsten M auf die Nd heben und mit der M auf der Nd re zus str, 1 M re*, ab * noch 4-mal wdh. Alle M auf den Nadeln der Oberseite re str.

1 M re, die M unter der nächsten M auf die Nd heben und mit der M auf der Nd re zus str, ab * noch 4-mal wdh und die übrigen M auf der Nd re str.
12. R (HinR): Re M bis zum Anfang der 4. Nd str. Die Hauptfarbe ruhen lassen.
13. R (HinR): Eine beliebige Kontrastfarbe hinzufügen und alle M re str.
14. R (HinR): Re M str. Die Kontrastfarbe abschneiden. Die 1.–14. R noch 2-mal wdh.

Wenn die Tomatenferse fertig gestrickt ist, in der letzten Rd zwischen der 1. und 2. Nd sowie zwischen der 3. und 4. Nd 2 (0) M abnehmen, dazu 2 M re zus str. Die Arbeit hat jetzt 48 (56) M. Die Fäden abschneiden und den Rd-Wechsel an den Anfang der 1. Nd zurückverlegen.

Fußteil

Weiter Streifen zu je 2 Rd abwechselnd in der Hauptfarbe und in den Kontrastfarben stricken, bis noch 5 cm bis zur gewünschten Gesamtlänge fehlen.

Die Kontrastfarbe abschneiden und die Spitze in der Hauptfarbe (oder in einer beliebigen Farbe) str.

Spitzenabnahmen

1 Rd rechts über alle M str.
1. Abnahmerunde: Auf jeder Nd 2 M re zus, 4 (5) M re, 2 M re zus, 4 (5) M re.
Zwischenrunden: Mit dickem Garn 4 Rd und mit dünnem Garn 5 Rd rechts stricken.
Die folgenden Abnahmerunden: Wie die vorherige Abnahmerunde, jedoch mit 1 M re weniger zwischen den Abnahmen.
Die folgenden Zwischenrunden: So viele Runden stricken, wie Maschen zwischen den Abnahmen in der Abnahmerunde vorhanden waren.

So fortfahren, bis auf jeder Nd noch 2 M übrig sind. Den Faden abschneiden, durch alle restlichen M ziehen und festziehen.

Fertigstellen

Die Fäden vernähen. Die Socken bei schwacher Hitze unter einem feuchten Tuch leicht bügeln oder sanft von Hand waschen und liegend trocknen lassen.

Strickschrift

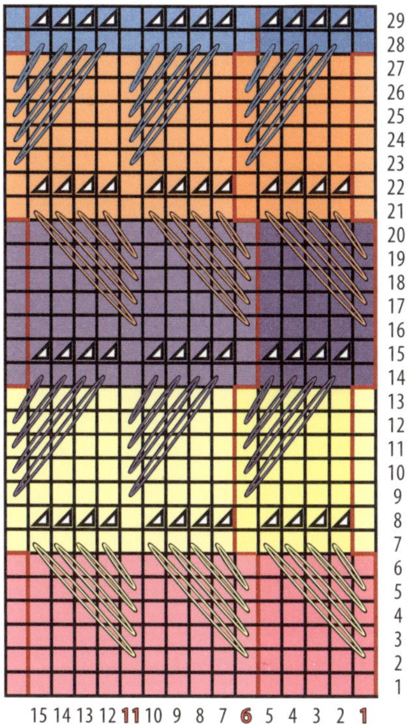

Zeichenerklärung

□	Rechte M	◿	2 M re zus
—	Linke M	|	Musterrapport
■	Fuchsia	■	Kupfer
■	Gebrochenes Gelb	■	Zartes Hellrosa
■	Lila	■	Hellbraun
■	Orange	■	Mint
■	Hellblau	■	Braun

Lesen der Strickschrift

Die Mittel-M des Musters ist rot markiert. Das Muster bestehend aus 5 M fortlaufend wdh.

Rd 1–6: In der ersten Farbe alle M re stricken. Den Faden abschneiden.

Rd 7: Die nächste Farbe ansetzen. Die tiefer gestochenen M wie folgt str:
Mittel-M 1 M re (hier wird für die letzten tiefer gestochenen M der Rd eingestochen), mit Rechtsneigung.
1 M re, die Nd 2 R unterhalb durch die Mittel-M rechts stechen, den Faden von hinten durch die Arbeit nach vorne ziehen und auf die rechte Nd heben.
1 M re, die Nd 3 Rd unterhalb durch die Mittel-M stechen, den Faden wie zuvor auf die Nd heben.
1 M re, die Nd 4 Rd unterhalb durch die Mittel-M stechen, den Faden wie zuvor auf die Nd heben.
1 M re, die Nd 5 Rd unterhalb durch die Mittel-M stechen, den Faden wie zuvor auf die Nd heben.

Rd 8: 1 M re, 2 M re zus, 2 M re zus, 2 M re zus, 2 M re zus.

Rd 9–13: Alle M re stricken. Den Faden abschneiden.

Rd 14: Die nächste Farbe ansetzen. 1 M re, tiefer gestochene M mit Linksneigung.
1 M re, die Nd 5 Rd unterhalb durch die Mittel-M links stechen, den Faden von hinten durch die Arbeit nach vorne ziehen und auf die rechte Nd heben.
1 M re, die Nd 4 Rd unterhalb durch die Mittel-M stechen, den Faden wie zuvor auf die Nd heben.
1 M re, die Nd 3 Rd unterhalb durch die Mittel-M stechen, den Faden wie zuvor auf die Nd heben.
1 M re, die Nd 2 Rd unterhalb durch die Mittel-M stechen, den Faden wie zuvor auf die Nd heben.

Rd 15: 1 M re, 2 M re zus, 2 M re zus, 2 M re zus, 2 M re zus.

WIESENBLUMEN

Diese Socken spielen mit dem traditionellen Hahnentritt-muster, dabei wird die zweite Socke spiegelverkehrt gestrickt. Die Mustersätze sind durch vier teilbar, sodass die Socken auf jede beliebige Größe anpassbar sind. Das Muster ist sowohl für Männer als auch für Frauen geeignet und mit weniger Maschen lassen sich sogar Kindersocken stricken. Der Höhenrapport von vier Runden kann in beliebig vielen Farben gearbeitet werden, ich habe sieben Farben genommen. Die Socken haben eine Bumerangferse. Wenn Sie möchten, können Sie den Fuß weiter im Muster und nur die Spitze einfarbig stricken.

GARN

- Dickes Sockengarn (100 g/200 m) oder mitteldickes Sockengarn (100 g/260 m)
- Bei den Modellsocken wurden mitteldicke Sockengarne (75 % Wolle, 25 % Polyamid) verwendet. Garnverbrauch insg. 130 g für Größe 38 in 7 verschiedenen Farben. Für die Hauptfarbe (hier: Braun) wurden ca. 60 g und für die anderen Farben jeweils 10–20 g verbraucht. In der Hauptfarbe benötigen Sie ca. 60 g und in den anderen Farben ca. 70 g.

MASCHENPROBE

- 10 cm × 10 cm = mit dickem Garn 20 M und 30 R, mit mitteldickem Garn 24 M und 32 R

NADELN UND SONSTIGES ZUBEHÖR

- Stricknadeln Nr. 3,5 für das Einstrickmuster und Nr. 3 für die einfarbigen Abschnitte (bei dickem Garn), Nr. 3 für das Einstrickmuster und Nr. 2,5 für die einfarbigen Abschnitte (bei mitteldickem Garn) oder je nach Strickfestigkeit. Wollnadel.

GRÖSSE

- Unisex. Die Größe lässt sich leicht durch Ändern der Fußlänge anpassen. Der Mustersatz besteht aus 4 Maschen, sodass Sie die Schaftbreite leicht an den gewünschten Umfang anpassen können.

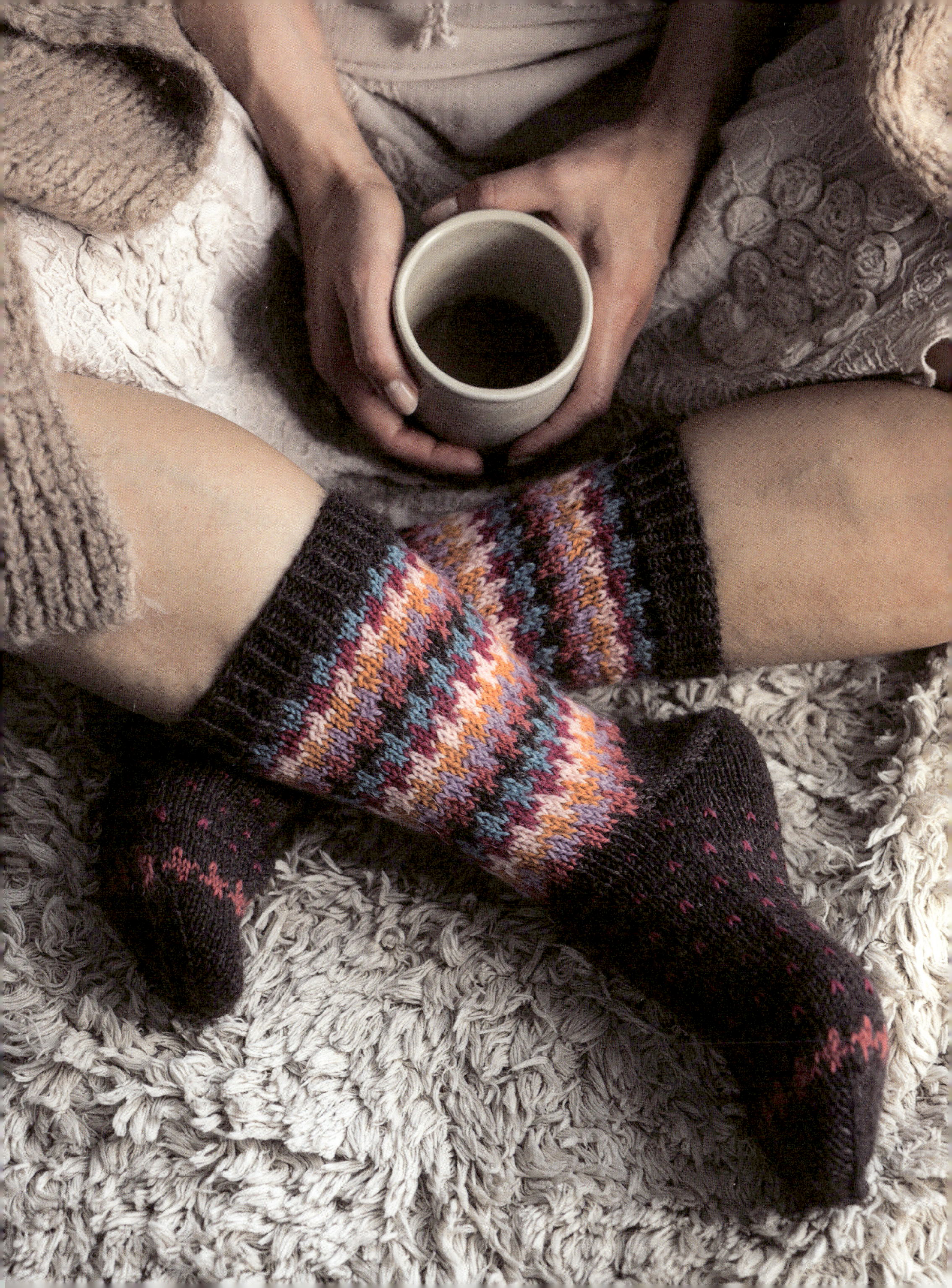

Zählmuster B1

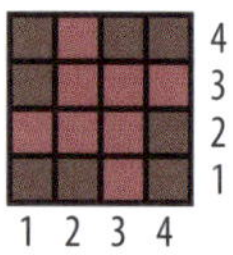

Zählmuster B2

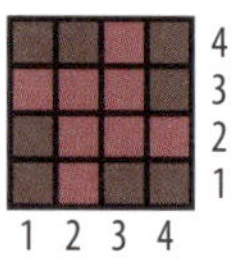

Zeichenerklärung

- rechte M
- Braun
- Türkis
- Magenta
- Zuckerwatte
- Orange
- Helles Lila
- Dunkles Altrosa

Zählmuster A1

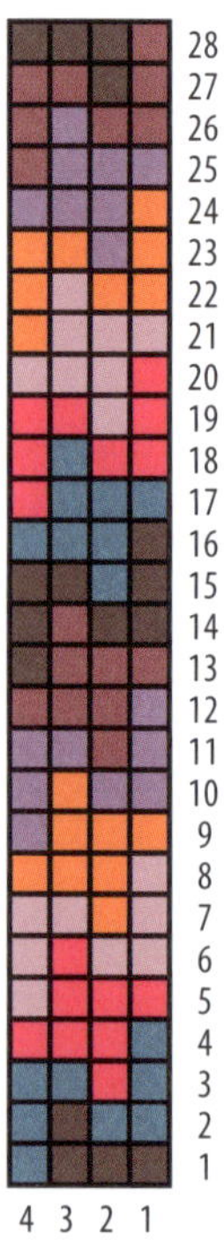

Zählmuster A2

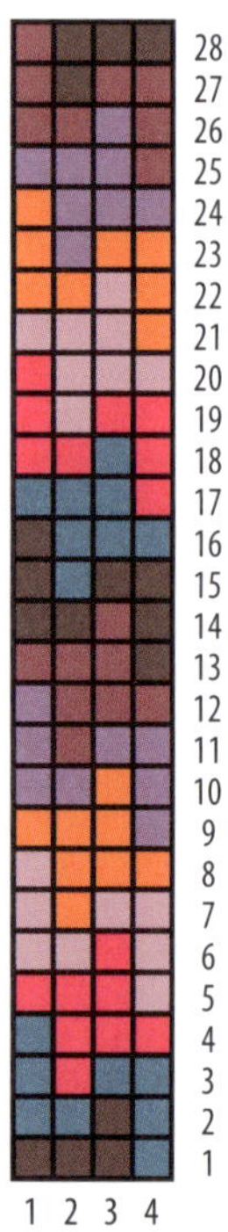

ANLEITUNG

Schaft

48 (56) M in der Hauptfarbe auf den dickeren Nadeln anschlagen und auf vier Nd des Nadelspiels verteilen: 12 (14) M pro Nd. Der Rd-Wechsel liegt auf der Sockenrückseite zwischen der 1. und der 4. Nd.

Zur Runde schließen, dabei darauf achten, dass sich die M nicht verdrehen. Für das Bündchen 10 Rd im Rippenmuster 1 M re verschr, 1 M li im Wechsel str.

Den Schaft laut Zählmuster A1, für die zweite Socke laut Zählmuster A2 str. Der Rapport wiederholt sich in jeder Rd 12 (14)-mal in der Breite. Die 1.–28. Rd einmal und danach die 1.–14. Rd ein zweites Mal str oder bis zur gewünschten Länge arbeiten.

Ferse

Die Bumerangferse wird auf den dünneren Nadeln mit den M der 1. und 4. Nd in der zuletzt hinzugefügten Farbe gestrickt.

Die verkürzten Reihen der Ferse werden auf der rechten Seite der Arbeit mit einer HinR begonnen.

1. R (HinR): Alle M re, die Arbeit wenden.

2. R (RückR): Die 1. M wie zum Linksstricken abheben (Faden vor der Arbeit) und den Faden straff über die Nd nach hinten ziehen, sodass eine Doppel-M entsteht. Die übrigen M li str, die Arbeit wenden.

3. R (HinR): Die 1. M wie zum Linksstricken abheben (Faden vor der Arbeit) und den Faden straff über die Nd nach hinten ziehen, sodass eine Doppel-M entsteht. Rechts str, bis nur noch die Doppel-M der Vor-R übrig ist, die Arbeit wenden.

4. R (RückR): Die 1. M wie zum Linksstricken abheben (Faden vor der Arbeit) und den Faden straff über die Nd nach hinten ziehen, sodass eine Doppel-M entsteht.

Links str, bis nur noch die Doppel-M der Vor-R übrig ist, die Arbeit wenden.

So verringert sich die Anzahl der zu strickenden M und die Anzahl der abgehobenen M an den Kanten nimmt immer mehr zu. Die 3. und 4. R wdh, bis sich 8 (10) M in der Mitte befinden.

Eine Runde (HinR) rechts rundum über alle M bis zur Fersenmitte str, d. h. bis zwischen die 4. und 1. Nd. Dabei die Doppel-M immer als eine Masche abstricken.

Nun die Zunahmereihen der Ferse mit verkürzten Reihen stricken wie folgt:

1. R (HinR): 5 (6) M re. Die Arbeit wenden.

2. R (RückR): Die 1. M wie zum Linksstricken abheben (Faden vor der Arbeit) und den Faden straff über die Nd nach hinten ziehen, sodass eine Doppel-M entsteht. 9 (11) M li. Die Arbeit wenden.

3. R (HinR): Die 1. M wie zum Linksstricken abheben (Faden vor der Arbeit) und den Faden straff über die Nd nach hinten ziehen, sodass eine Doppel-M entsteht.

Re M bis zur Doppel-M der Vor-R str, die Doppel-M re zus str, 1 M re. Die Arbeit wenden.

4. R (RückR): Die 1. M wie zum Linksstricken abheben (Faden vor der Arbeit) und den Faden straff über die Nd nach hinten ziehen, sodass eine Doppel-M entsteht. Li M bis zur Doppel-M der Vor-R str, die Doppel-M li zus str, 1 M li. Die Arbeit wenden.

Die 3. und 4. R wdh, bis die Rand-M aufgebraucht sind. Eine Runde rundum über alle M str. Der Rd-Beginn liegt nun zwischen der 4. und 1. Nd.

Fußteil und Spitzenabnahmen

Eine Runde re M über alle M str.

Musterrunde 1: 1 M re in der Hauptfarbe, *1 M re in der Musterfarbe, 3 M re in der Hauptfarbe*, ab * wdh, bis noch 2 M in der Rd übrig sind, 2 M in der Hauptfarbe.

Zwischenrunden: 4 Rd in der Hauptfarbe.

Musterrunde 2: *3 M re in der Hauptfarbe, 1 M re in der Musterfarbe*, ab * bis Rd-Ende wdh.

Zwischenrunden: 4 Rd in der Hauptfarbe.

Die Musterrunden und die Zwischenrunden in dieser Reihenfolge wiederholen, bis für den Fußteil noch ca. 6 cm bis zur gewünschten Gesamtlänge fehlen.

Eine beliebige Musterfarbe hinzufügen und 4 Rd laut Zählmuster B1 bzw. B2 str. Die Musterfarbe abschneiden, in der Hauptfarbe 1 Rd re M über alle M str und mit den Spitzenabnahmen beginnen.

1. Rd: Mit der 1. und 3. Nd re M str, bis noch 3 M übrig sind, 2 M re zus, 1 M re. Mit der 2. und 4. Nd 1 M re, ssk, re M bis zum Ende str.

2. Rd: Alle M re.

Die 1. und 2. Rd wdh, bis auf jeder Nd noch 7 M übrig sind. Jetzt in jeder Rd abnehmen, bis auf jeder Nd noch 2 M übrig sind. Den Faden abschneiden, durch alle restlichen M ziehen und festziehen.

Fertigstellen

Die Fäden vernähen. Die Socken bei schwacher Hitze unter einem feuchten Tuch leicht bügeln oder sanft von Hand waschen und liegend trocknen lassen.

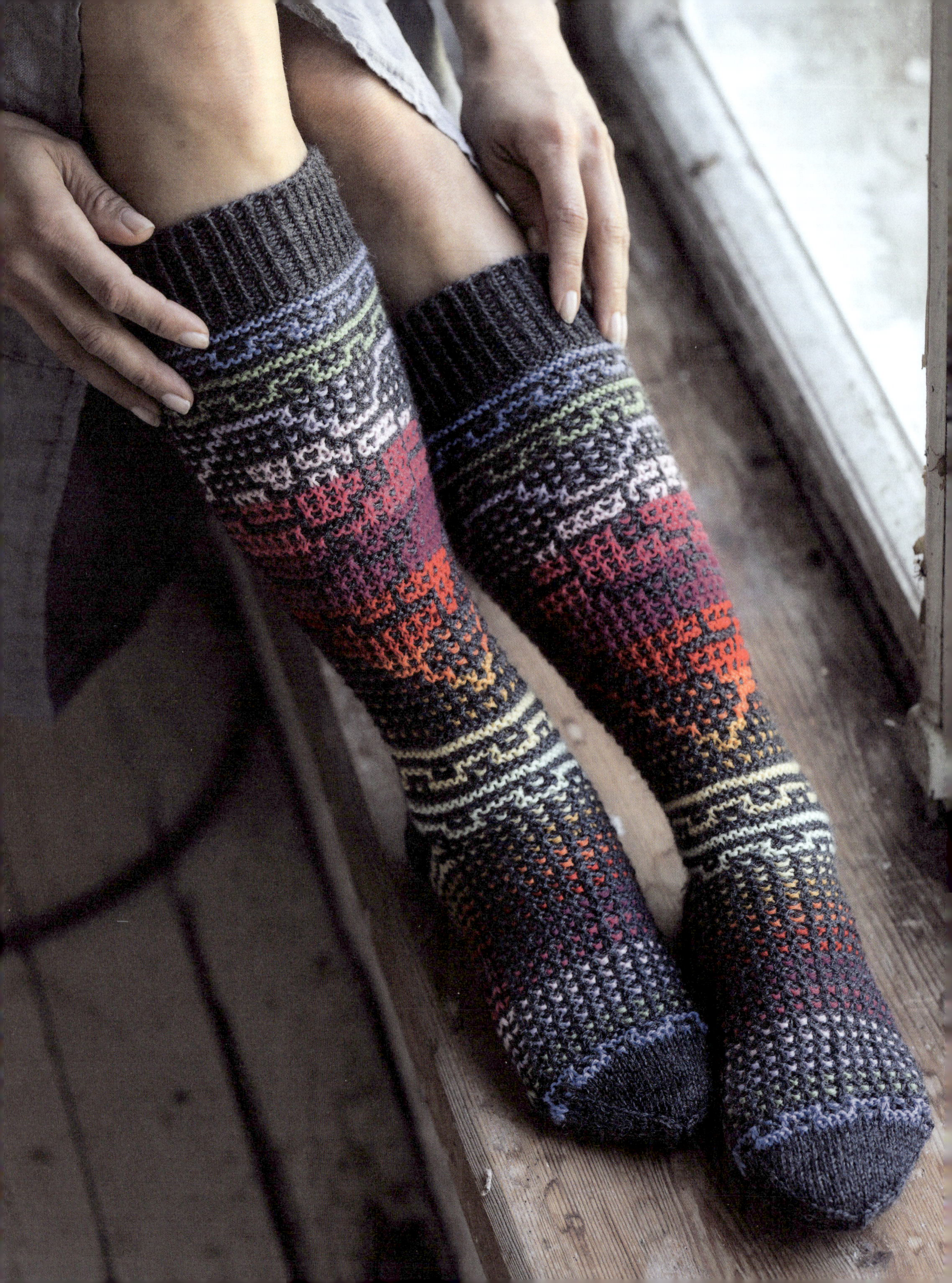

LIEBESLIED

Mosaikstricken hat mir schon immer gefallen. Mit dieser recht einfachen Technik, bei der pro Reihe nur mit einer Farbe gestrickt wird, können sehr unterschiedliche Muster kreiert werden.

Die Hauptfarbe sollte neutral sein oder sich deutlich von den Musterfarben unterscheiden. Verwendet man unterschiedliche Dunkelheitsgrade derselben Hauptfarbe, kann ein Verlaufseffekt erzielt werden. Für die Musterung können beliebig viele Farben gewählt werden, auch wenige Meter lange Fäden. Wenn Sie die Fäden auf der Unterseite des Fußes entgegengesetzt vernähen, werden die am stärksten beanspruchten Sockenbereiche automatisch robuster.

Für breitere Waden kann man mit dickem Garn das Bündchen für mitteldickes Garn stricken und die Maschenzahl für mitteldickes Garn laut Zählmuster A1 und A2 verwenden und für die Waden etwas häufiger abnehmen, sodass man für die Musterung am Ende des Schafts auf die Maschenzahl für dickes Garn kommt.

GARN

- Dickes Sockengarn (100 g/200 m) oder mitteldickes Sockengarn (100 g/260 m)
- Bei den Modellsocken wurden mitteldicke Sockengarne (75 % Wolle, 25 % Polyamid) verwendet. Für das Modell in Größe 38 (durchschnittlicher Wadenumfang) wurde insg. 220 g Garn in 12 verschiedenen Farben verarbeitet. Für die Hauptfarbe (hier: Dunkelgrau) wurden ca. 110 g und für die anderen Farben jeweils ca. 10 g verbraucht.
- In der Hauptfarbe benötigen Sie ca. 110 g und in den anderen Farben ca. 110 g. Im Fußteil können die gleichen Farben wie im Schaft oder auch andere Farbtöne verwendet werden oder jeder Streifen andersfarbig sein. Für einen besseren Überblick ist in den Zählmustern die Hauptfarbe in Weiß dargestellt.

MASCHENPROBE

- 10 cm × 10 cm = mit dickem Garn 20 M und 36 R, mit mitteldickem Garn 24 M und 40 R

NADELN UND SONSTIGES ZUBEHÖR

- Stricknadeln Nr. 3 für dickes Garn und Nr. 2,5 für mitteldickes Garn oder je nach Strickfestigkeit. Wollnadel.

GRÖSSE

- Damengröße 38. Die Größe lässt sich leicht durch Ändern der Fußlänge anpassen.

ANLEITUNG

Bitte beachten: Beim Mosaikstricken sollte der Arbeitsfaden bei den Hebemaschen nicht zu stark angezogen werden.

Schaft

68 (76) M in der Hauptfarbe anschlagen und auf vier Nd des Nadelspiels verteilen. Der Rd-Wechsel liegt auf der Sockenrückseite zwischen der 1. und der 4. Nd.

Zur Runde schließen, dabei darauf achten, dass sich die M nicht verdrehen. Für das Bündchen ca. 5 cm im Rippenmuster 1 M re verschr, 1 M li im Wechsel str.

Nach dem Bündchen den Schaft laut Zählmuster A (rechts oder links) str. Bitte beachten: Jede horizontale Zeile im Zählmuster steht für zwei gestrickte Runden, von denen die erste rechts und die zweite links gestrickt wird. Mit dickem Garn wird nur der mit Türkis markierte Bereich gestrickt, mit mitteldickem Garn das gesamte Zählmuster.

Am Anfang und am Ende der mit schwarzen Dreiecken markierten Rd 65, 73, 77, 85, 89, 97, 101, 109, 113 und 121 jeweils 1 M abnehmen wie folgt: 1 M re, 2 M re zus, re M str, bis noch 3 M übrig sind, ssk, 1 M re. (Falls Sie die Schaftbreite anpassen und die Abnahme auf die Hebemasche fällt, die Hebemasche mit der nächsten M zusammen abheben, sodass die Hebemasche oben liegt.) Wenn alle Rd des Zählmusters gestrickt sind, hat die Arbeit 48 (56) M. Die M gleichmäßig auf den Nd verteilen: 12 (14) M pro Nd.

Ferse und Fersenabnahmen

Die Fersenwand wird mit den M der 1. und der 4. Nd gestrickt. Dazu die M der 1. Nd auf die 4. Nd heben und zunächst eine Vorbereitungs-R wie folgt str (RückR): 1 M li abheben, ohne sie zu stricken, bis R-Ende li str.

Die Fersenwand verstärkt str wie folgt:

1. R (HinR): *1 M re abheben, ohne sie zu stricken, 1 M re*, ab * bis R-Ende wdh.

2. R (RückR): 1 M li abheben, ohne sie zu stricken, die übrigen M li str.

Diese beiden R wdh, bis insg. 24 (28) R gestrickt sind.

Die Käppchenabnahmen wie folgt str:

1. R (HinR): 1 M re abheben, ohne sie zu stricken, verstärkt str wie zuvor, bis noch 8 (10) M auf der Nd sind, ssk (= nach links geneigte Abnahme: 2 M nacheinander wie zum Rechtsstricken abheben, wieder zurück auf die li Nd heben, sodass sich die Ausrichtung der M ändert, und re verschr zus str), die Arb wenden.

2. R (RückR): 1 M li abheben, ohne sie zu stricken, 8 M li, 2 M li zus, die Arb wenden.

3. R (HinR): 1 M re abheben, ohne sie zu stricken, 8 M verstärkt str, ssk, die Arb wenden.

Die 2. und 3. R entsprechend wdh, bis die äußeren M an beiden Seiten aufgebraucht sind.

Die Fersen-M gleichmäßig auf zwei Nd verteilen: 5, 5. In der Hauptfarbe die M der 4. und 1. Nd re stricken. 12 (14) M aus beiden Seiten des Fersenrandes sowie eine weitere M zwischen den Nd auffassen (um zu vermeiden, dass seitlich ein Loch entsteht). Auf der 1. und 4. Nd liegen jetzt 18 (20) M. Jetzt wurde die erste Runde des Fußteils gestrickt.

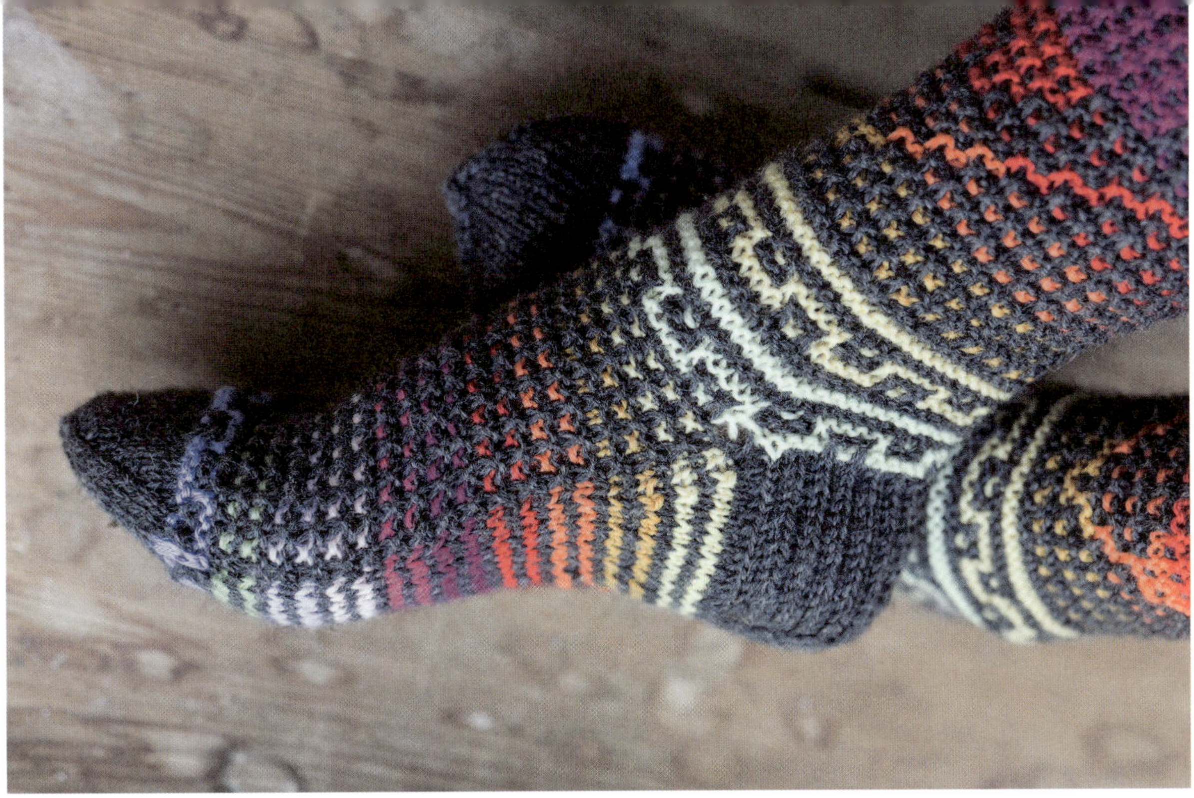

Fußteil und Zwickelabnahmen

Laut Zählmuster B1 oder B2 weiterstricken, beginnend mit der zweiten Rd des Zählmusters (bitte beachten: In den Zählmustern B1 und B2 ist jede Rd einzeln dargestellt). Nach den Zwickelabnahmen liegen 12 (14) M auf jeder Nd. Den Fuß weiter gemäß Rd 15–18 des Zählmusters B1 oder B2 (mit wechselnder Kontrastfarbe) str, bis noch ca. 6 cm bis zur gewünschten Gesamtlänge fehlen. Nun Rd 1–6 laut Zählmuster C1 oder C2 in der gewünschten Kontrastfarbe arbeiten, dabei das Zählmuster 6 (7)-mal wiederholen. Bitte beachten: In Zählmuster C stellt eine horizontale Zeile zwei gestrickte Rd dar. Auf der Unterseite des Fußes mit der 4. und 1. Nd beide Rd re und auf der Oberseite mit der 2. und 3. Nd die erste Rd re und die zweite Rd li str.

Spitzenabnahmen

Nach Zählmuster C eine Runde in der Hauptfarbe über alle M str und mit den Spitzenabnahmen beginnen.

1. Rd: Mit der 1. und 3. Nd re M str, bis noch 3 M übrig sind, 2 M re zus, 1 M re. Mit der 2. und 4. Nd 1 M re, ssk, bis Rd-Ende re M str.

2. Rd: Alle M re str.

Die 1. und 2. Rd wdh, bis auf jeder Nd noch 7 M übrig sind. Jetzt in jeder Rd abnehmen, bis auf jeder Nd noch 2 M übrig sind. Den Faden abschneiden und durch alle restlichen M ziehen.

Fertigstellen

Die Fäden vernähen. Falls durch die Zwickelabnahmen störende Löcher entstanden sind, diese mit Nadel und Faden schließen. Die Socken bei schwacher Hitze unter einem feuchten Tuch leicht bügeln oder sanft von Hand waschen und liegend trocknen lassen.

Zählmuster A links

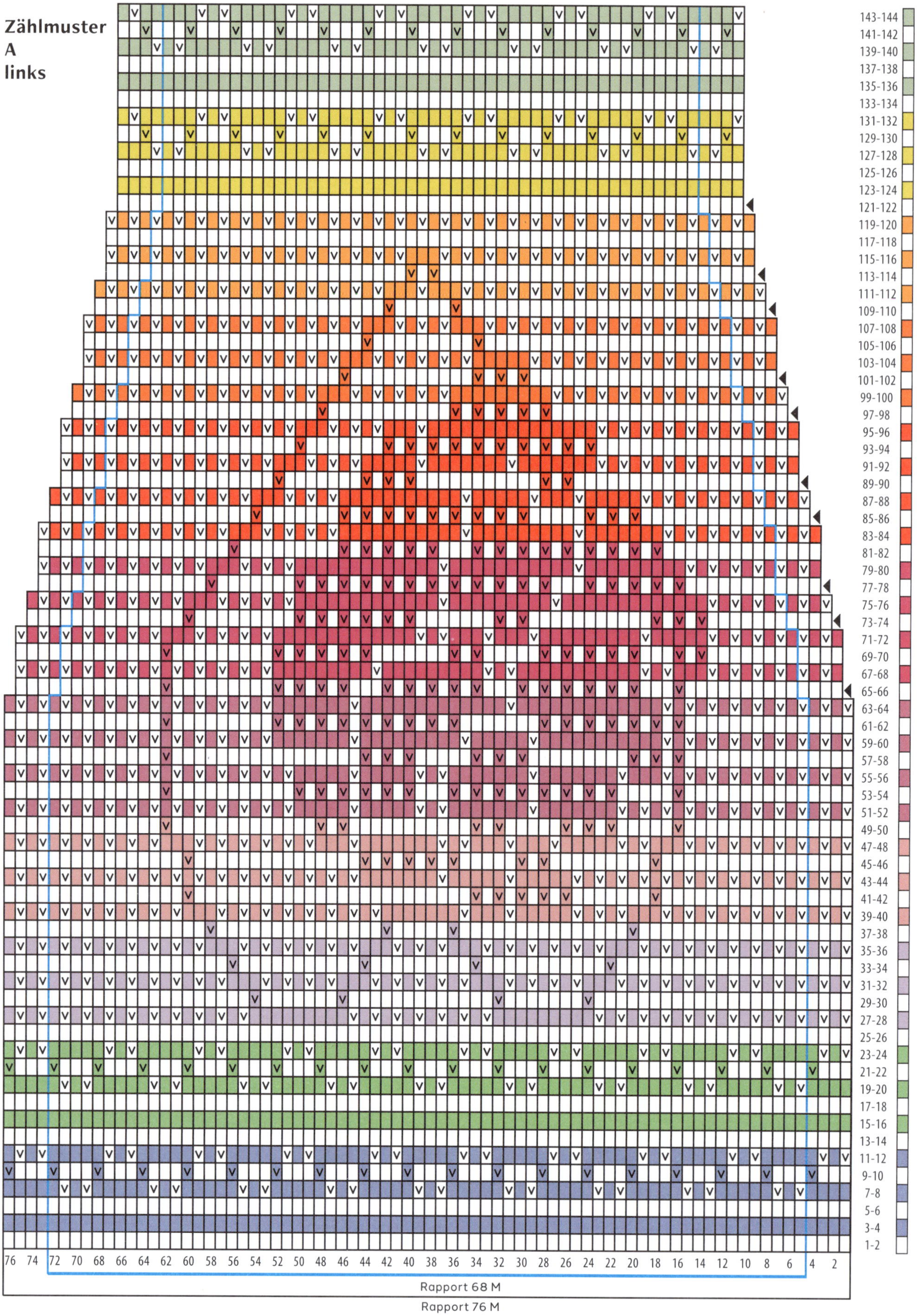

Zählmuster A rechts

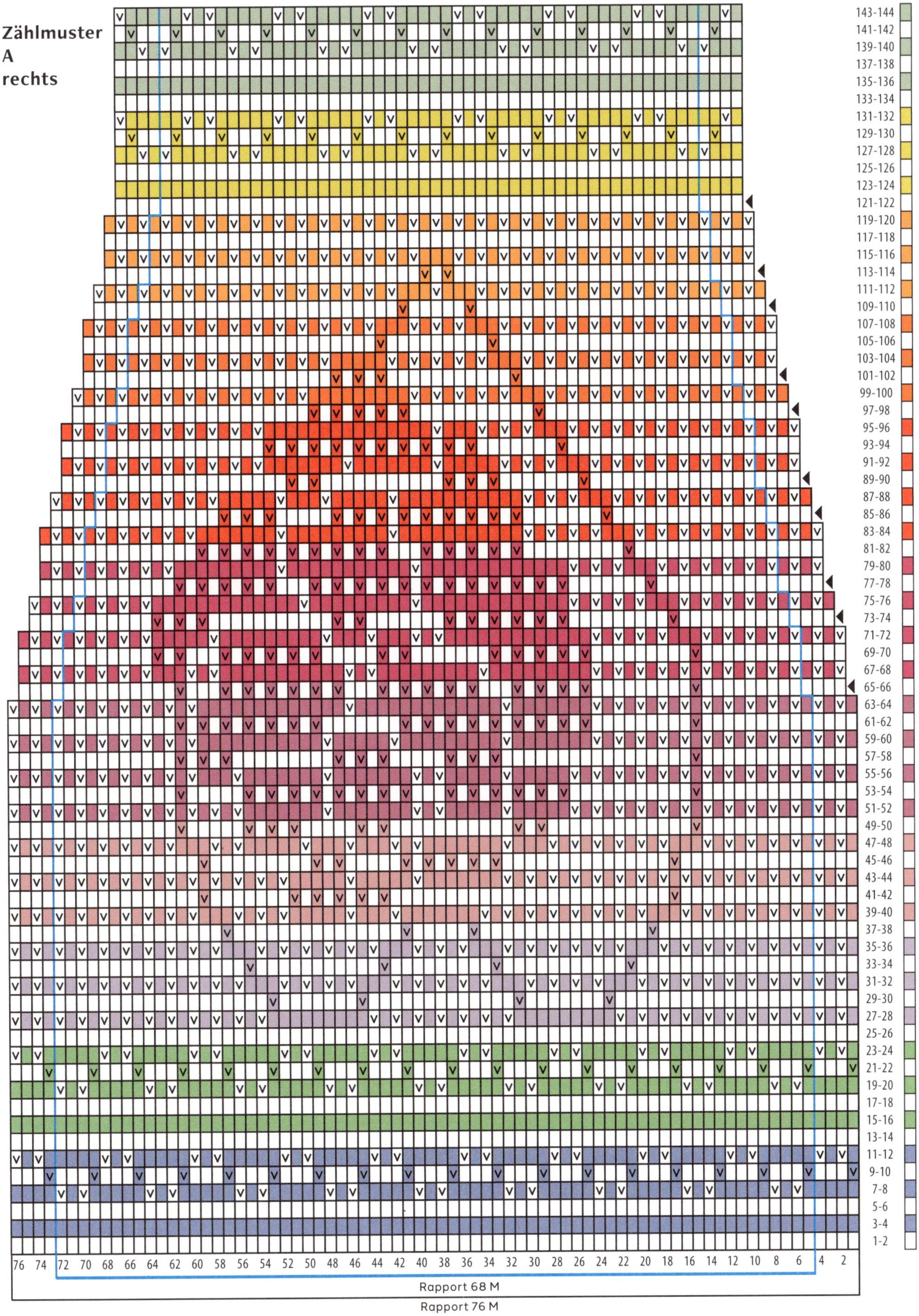

Zeichenerklärung

- ☐ Am Schaft in jeder Farbe die 1. Rd re, die 2. Rd li str
- V Abheben, ohne zu stricken, Faden hinter der Arbeit
- ◀ In der 1. Rd abnehmen
- – Linke M, nur im Zählmuster für den Fußteil dargestellt
- ◿ 2 M re zus
- ◺ ssk
- ▭ Grenze für dickes Garn bei Zählmuster A1 und A2

- Hauptfarbe
- Mittelblau
- Hellgrün
- Lila
- Rosa
- Pink
- Fuchsia
- Rot
- Orange
- Goldgelb
- Hellgelb
- Blassgrün

Zählmuster B1 rechts (für dickes Garn)

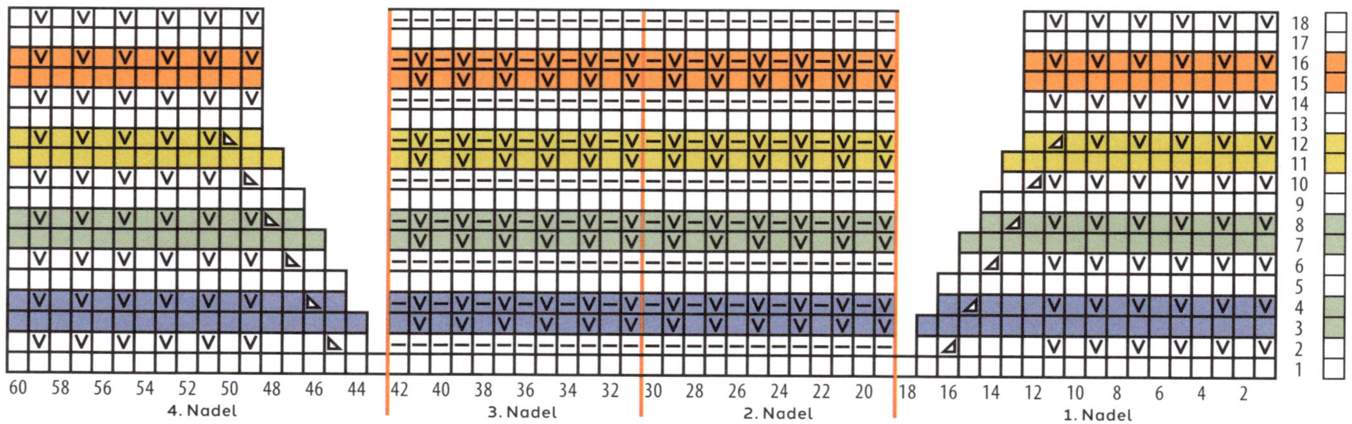

Zählmuster B1 links

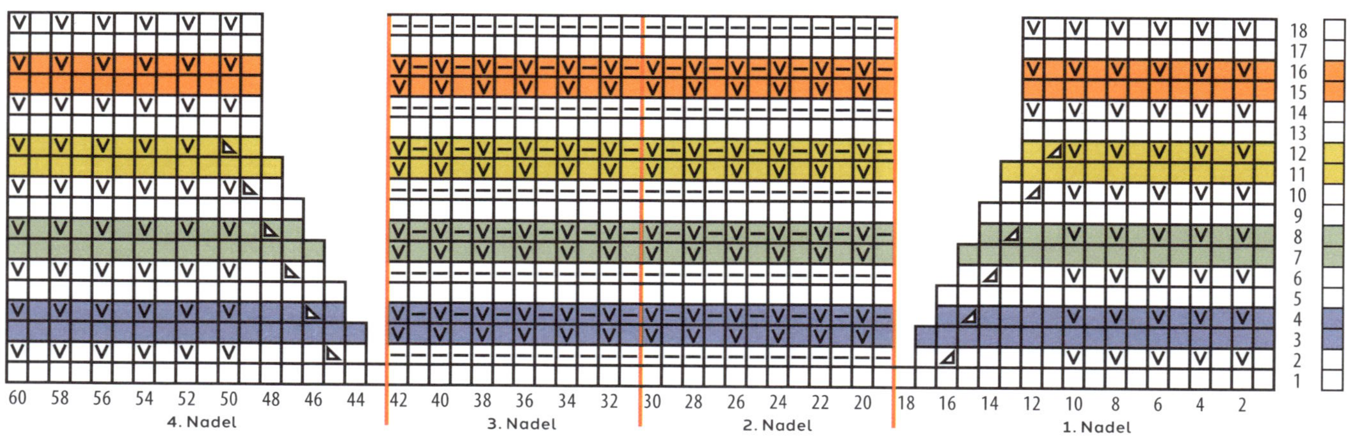

Zählmuster B2 rechts (für mitteldickes Garn)

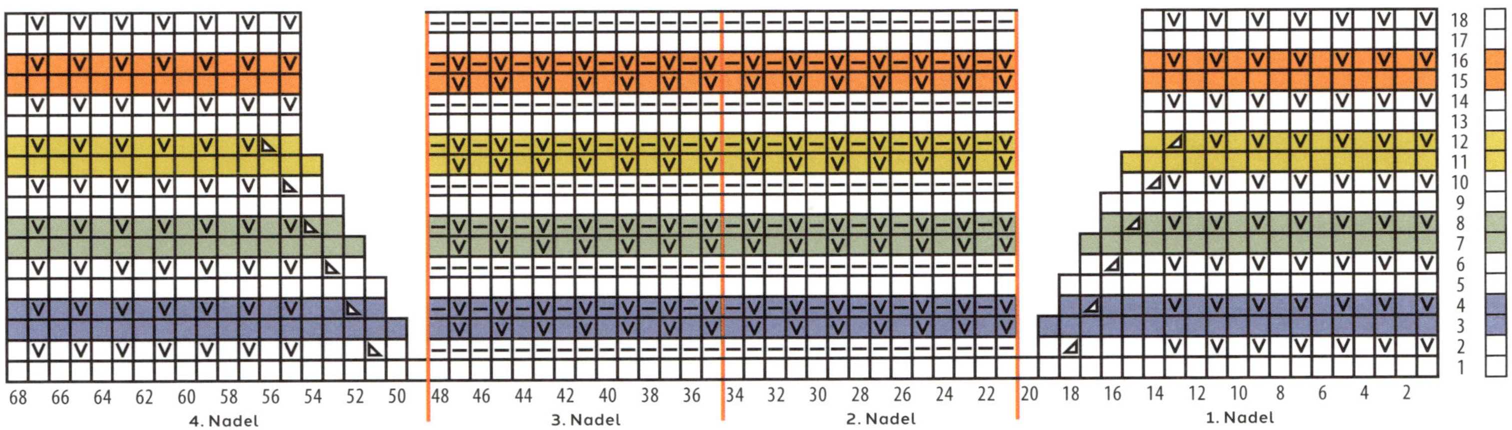

Zählmuster B2 links

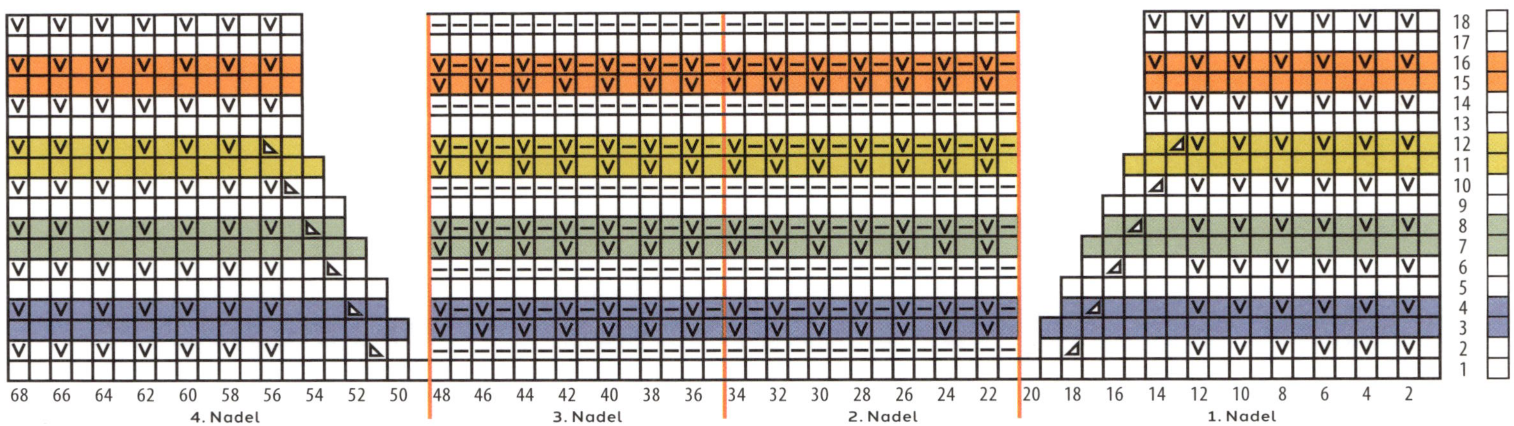

Zählmuster C1 (für dickes Garn)

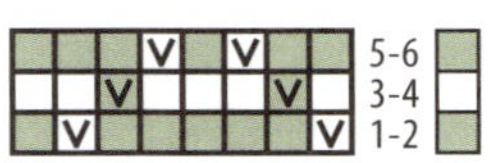

Zählmuster C2 (für mitteldickes Garn)

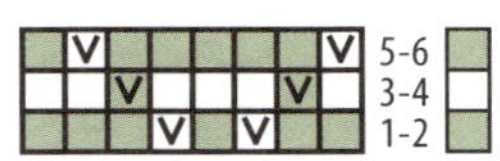

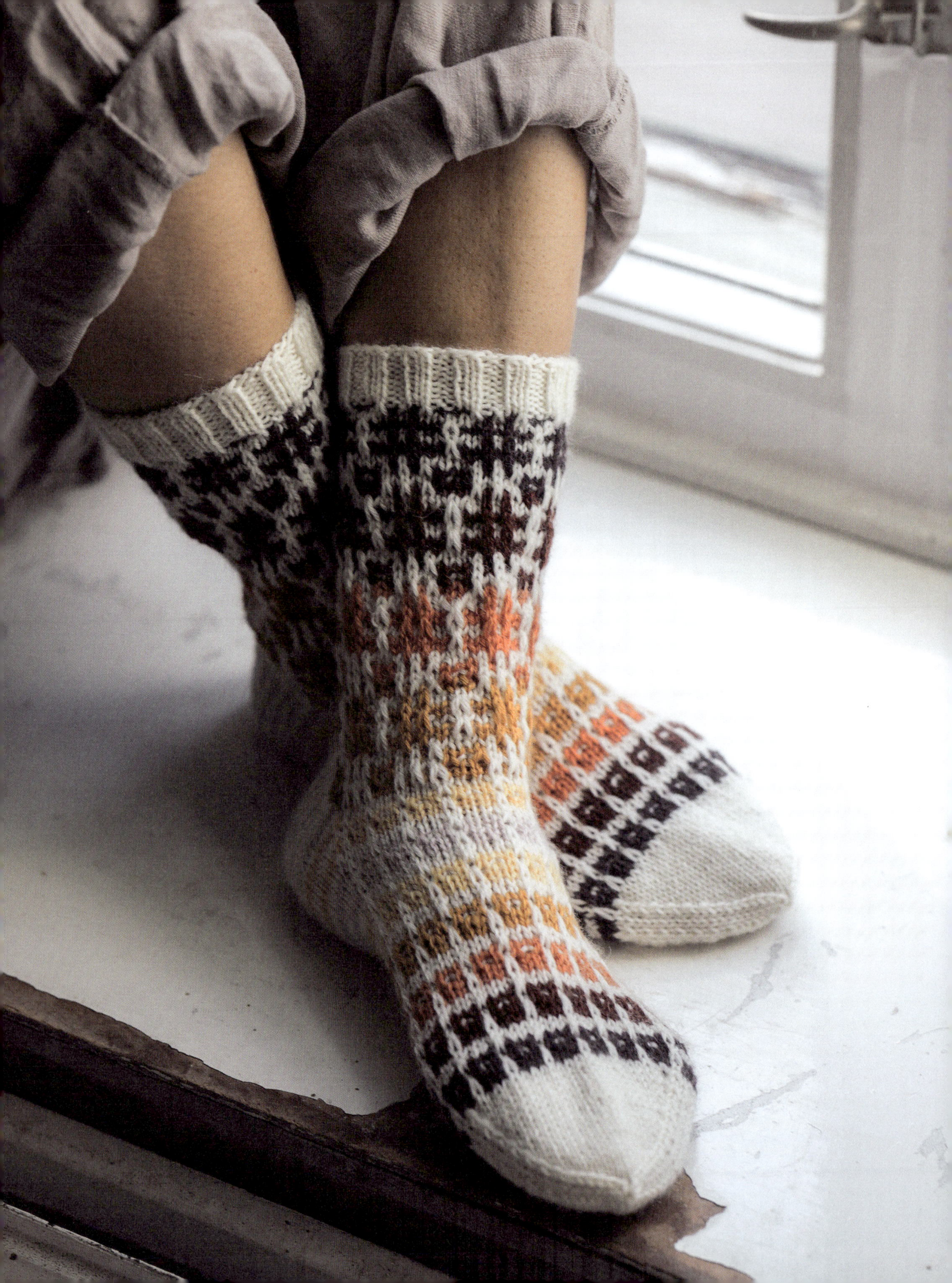

REISIGZAUN

Das in der Mosaiktechnik gestrickte Modell passt sowohl für Damen als auch für Herren. Hier werden immer zwei Runden mit einer Farbe gestrickt und das Muster entsteht durch Hebemaschen. Zur besseren Lesbarkeit ist die Grundfarbe im Zählmuster weiß dargestellt. Eine Zeile im Zählmuster stellt zwei Runden dar, die auf die gleiche Weise gestrickt werden. Die Hebemaschen sind mit einem V-Symbol gekennzeichnet. Die farbigen Kästchen neben den Rundennummern am rechten Rand des Zählmusters stellen die Farbe dar, mit der die Runden gestrickt werden.

GARN

- Dickes Sockengarn (100 g/200 m) oder mitteldickes Sockengarn (100 g/260 m)
- Bei den Modellsocken wurden mitteldicke Sockengarne (75 % Wolle, 25 % Polyamid) verwendet. Für das Modell in Größe 38 wurde insg. 110 g Garn in 7 verschiedenen Farben verarbeitet. Für die Hauptfarbe (hier: Weiß) wurden ca. 70 g und für die anderen Farben jeweils 5–10 g verbraucht. In der Hauptfarbe benötigen Sie ca. 70 g und in den anderen Farben ca. 50 g.

MASCHENPROBE

- 10 cm × 10 cm = mit dickem Garn 22 M und 34 R, mit mitteldickem Garn 26 M und 38 R

NADELN UND SONSTIGES ZUBEHÖR

- Stricknadeln Nr. 3 für dickes Garn und Nr. 2,5 für mitteldickes Garn oder je nach Strickfestigkeit. Wollnadel.

GRÖSSE

- Unisex. Die Größe lässt sich leicht durch Ändern der Fußlänge anpassen. Der Mustersatz besteht am Schaft aus 8 M und am Fußteil aus 4 M, sodass Sie die Länge und den Umfang des Schaftes und des Fußes leicht ändern können.

Zählmuster A

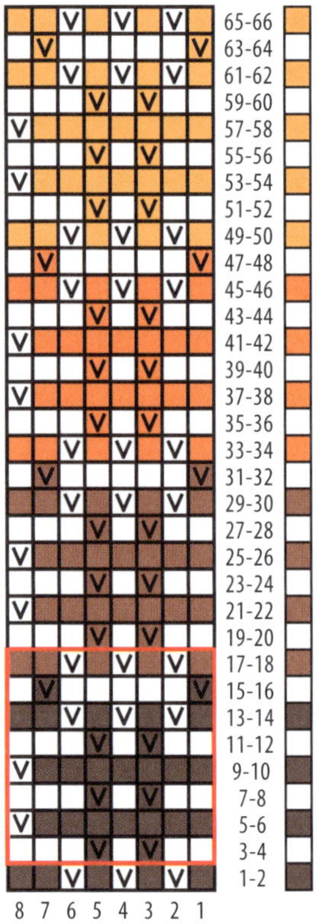

Zeichenerklärung

- Hauptfarbe re M
- V Abheben, ohne zu stricken
- Mittelbraun
- Rotbraun
- Rotorange
- Goldgelb
- Hellgelb
- Beige
- Mustersatz

Zählmuster B1 (für dickes Garn)

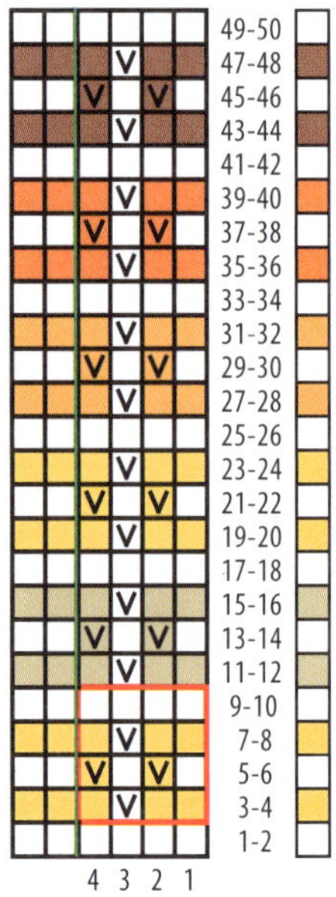

Zählmuster B1 (für mitteldickes Garn)

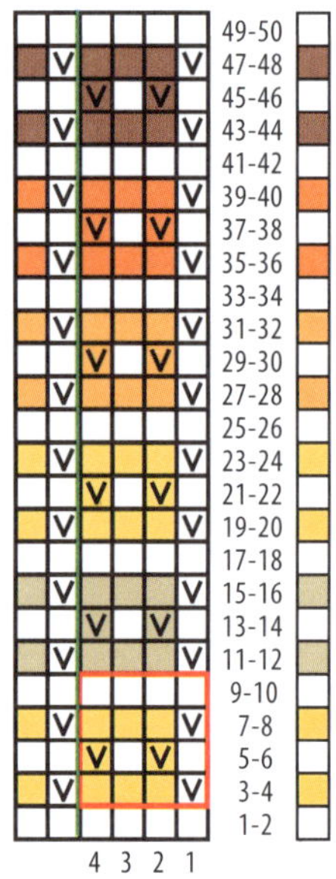

ANLEITUNG

Schaft

56 (64) M in der Hauptfarbe anschlagen und auf vier Nd des Nadelspiels verteilen: 14 (16) M pro Nd. Der Rd-Wechsel liegt auf der Sockenrückseite zwischen der 1. und der 4. Nd.

Zur Runde schließen, dabei darauf achten, dass sich die M nicht verdrehen. Für das Bündchen 10 Rd im Rippenmuster 2 M re, 2 M li im Wechsel str. Weiter laut Zählmuster A stricken, dabei das Zählmuster 7 (8)-mal pro Rd wiederholen. Die Schaftlänge kann durch mehr oder weniger Mustersätze, als im Zählmuster A gezeichnet sind, angepasst werden.

Wenn der Schaft die gewünschte Länge hat, wird die Ferse gestrickt.

Ferse und Fersenabnahmen

Die Fersenwand wird in der Hauptfarbe mit den M der 1. und der 4. Nd gestrickt. Dazu die M der 1. Nd auf die 4. Nd str (= insg. 28 (32) M) und zunächst eine Vorbereitungs-R wie folgt str (RückR): 1 M li abheben, ohne sie zu stricken, bis R-Ende li str.

Die Fersenwand verstärkt str wie folgt:

1. R (HinR): *1 M re abheben, ohne sie zu stricken, 1 M re*, ab * bis R-Ende wdh.

2. R (RückR): 1 M li abheben, ohne sie zu stricken, die übrigen M li str.

Diese beiden R wdh, bis insg. 26 (28) R gestrickt sind.

Die Käppchenabnahmen wie folgt str:

1. R (HinR): 1 M re abheben, ohne sie zu stricken, verstärkt str wie zuvor, bis noch 10 (11) M auf der Nd sind, ssk (= nach links geneigte Abnahme: 2 M nacheinander wie zum Rechtsstricken abheben, wieder zurück auf die li Nd heben, sodass sich die Ausrichtung der M ändert, und re verschr zus str), die Arb wenden.

2. R (RückR): 1 M li abheben, ohne sie zu stricken, 8 (10) M li, 2 M li zus, die Arb wenden.

3. R (HinR): 1 M re abheben, ohne sie zu stricken, 8 (10) M verstärkt str, ssk, die Arb wenden.

Die 2. und 3. R entsprechend wdh, bis die äußeren M an beiden Seiten aufgebraucht sind.

Die Fersen-M gleichmäßig auf zwei Nd verteilen: 5, 5 (6, 6) und mit der Hauptfarbe vom Anfang des Fersenkäppchens bis zum Rd-Wechsel str. 13 (14) M aus beiden Seiten des Fersenrandes auffassen und auf dieselbe Nd heben, dabei die äußersten M von den oberen Nd (2. und 3. Nd) auf die 1. und 4. Nd heben (um zu vermeiden, dass seitlich ein Loch entsteht). Auf der 1. und 4. Nd liegen jetzt 19 (21) M.

Fußteil und Zwickelabnahmen

Die Unterseite des Fußes mit der 1. und 4. Nd in Streifen laut Zählmuster B und auf der Oberseite mit der 2. und 3. Nd, insg. 26 (30) M, das Muster bestehend aus 4 M laut Zählmuster B1 (B2) 5 (6)-mal str, mit den letzten 2 M im Zählmuster enden (durch eine grüne Linie abgeteilt). So befindet sich das Muster nur auf der Sockenoberseite.

Für die Zwickelabnahmen in jeder 2. Rd am Ende der 1. Nd 2 M re zus und am Anfang der 4. Nd ein ssk str. In jeder 2. Rd alle M re str. Mit den Zwickelabnahmen fortfahren, bis noch 13 (15) M auf jeder Nd übrig sind. Soll der Fußteil schmaler werden, mehr Zwickelabnahmen arbeiten, dabei jedoch darauf achten, dass das Muster auf der Oberseite mit dem Muster auf dem Schaft übereinstimmt. Laut Zählmuster mit wechselnden Musterfarben weiterstricken, bis noch ca. 5 cm bis zur gewünschten Gesamtlänge fehlen. Die Musterfarbe abschneiden und die Socke in der Hauptfarbe zu Ende stricken.

Spitzenabnahmen

1. Rd: Mit der 1. und 3. Nd re M str, bis noch 3 M übrig sind, 2 M re zus, 1 M re. Mit der 2. und 4. Nd 1 M re, ssk, bis Rd-Ende re M str.

2. Rd: Alle M re str.

Die 1. und 2. Rd wdh, bis auf jeder Nd noch 7 M übrig sind. Jetzt in jeder Rd abnehmen, bis auf jeder Nd noch 2 M übrig sind. Den Faden abschneiden, durch alle restlichen M ziehen und festziehen.

Fertigstellen

Die Fäden vernähen. Falls durch die Zwickelabnahmen störende Löcher entstanden sind, diese mit Nadel und Faden schließen. Die Socken bei schwacher Hitze unter einem feuchten Tuch leicht bügeln oder sanft von Hand waschen und liegend trocknen lassen.

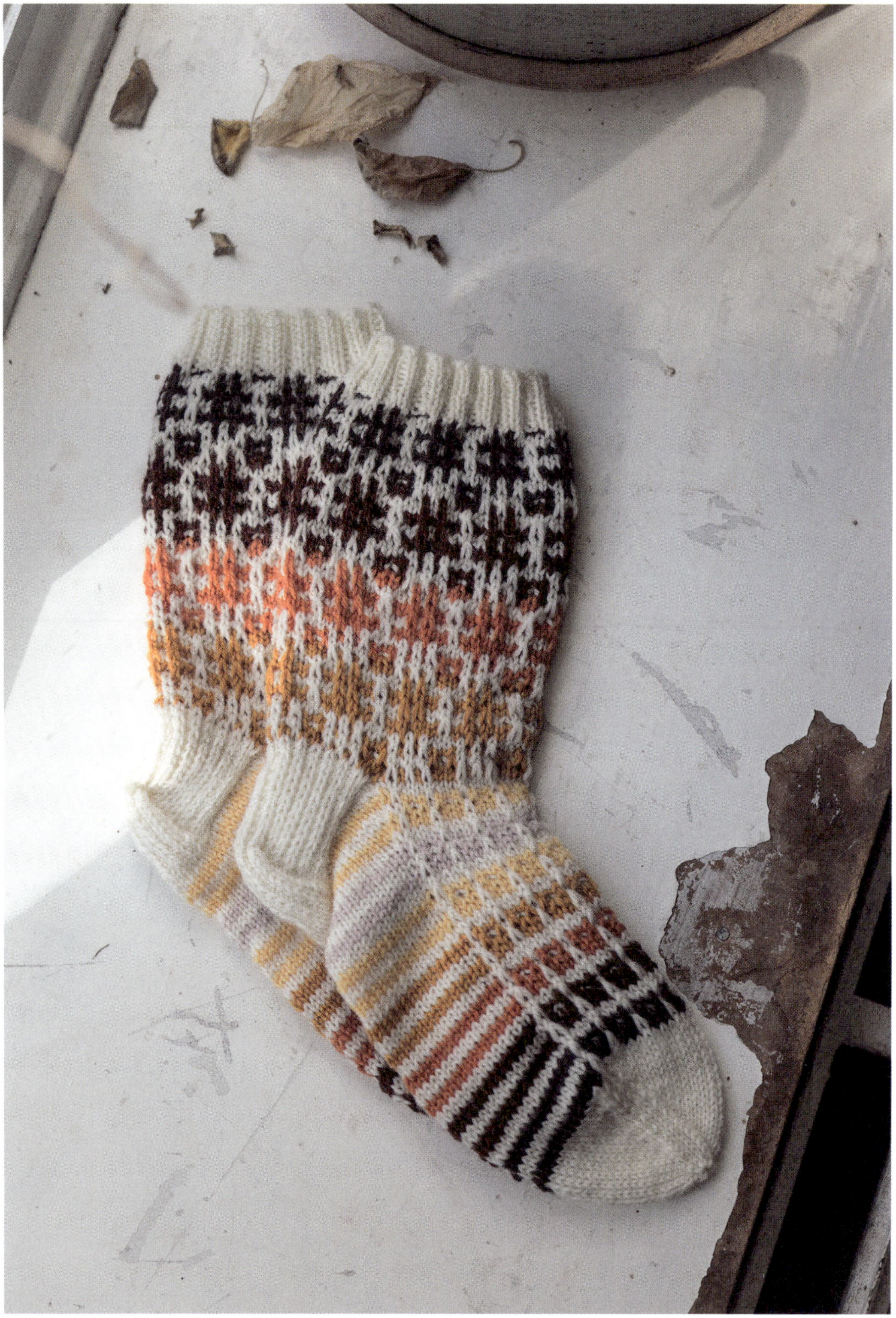

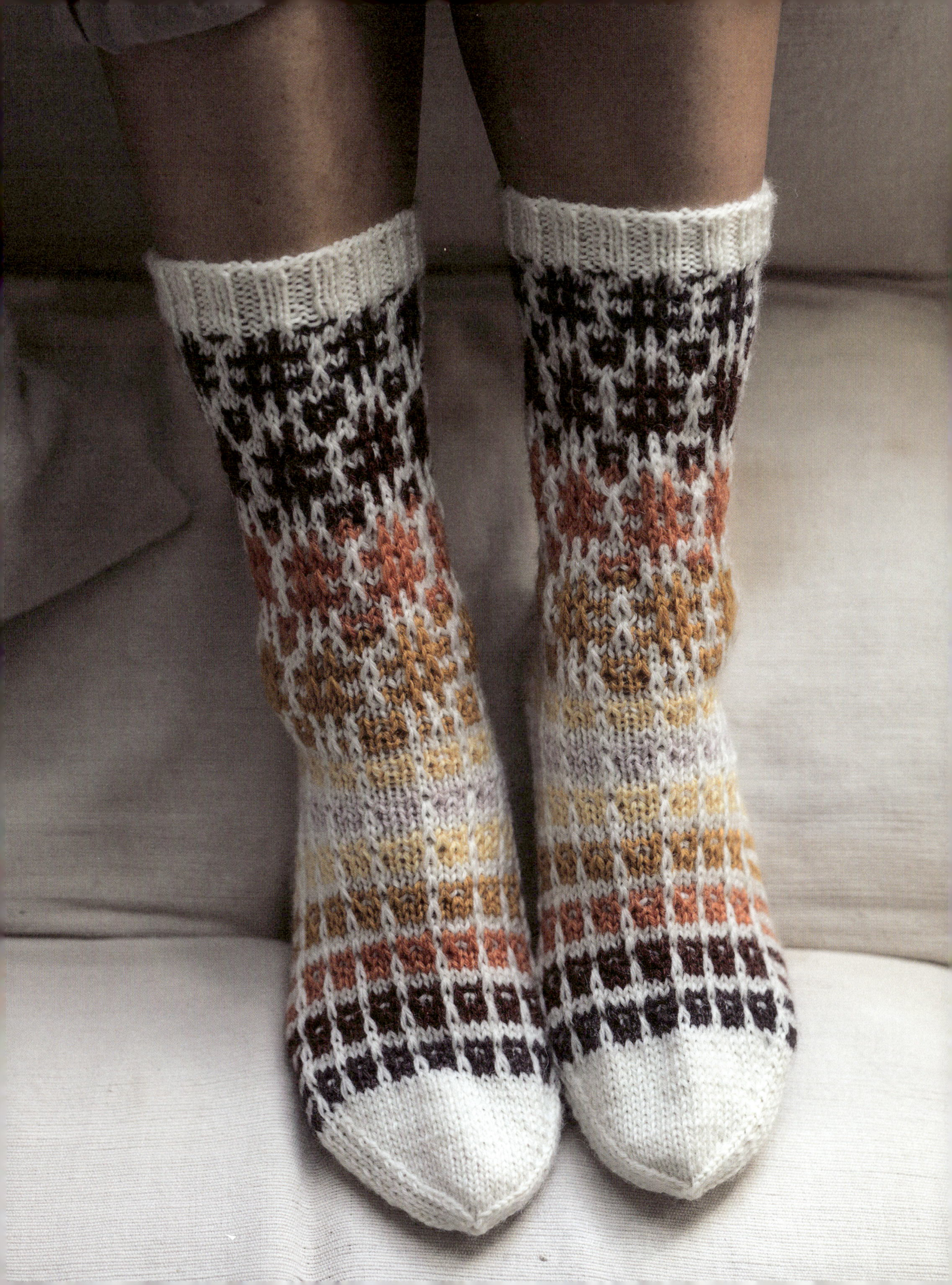

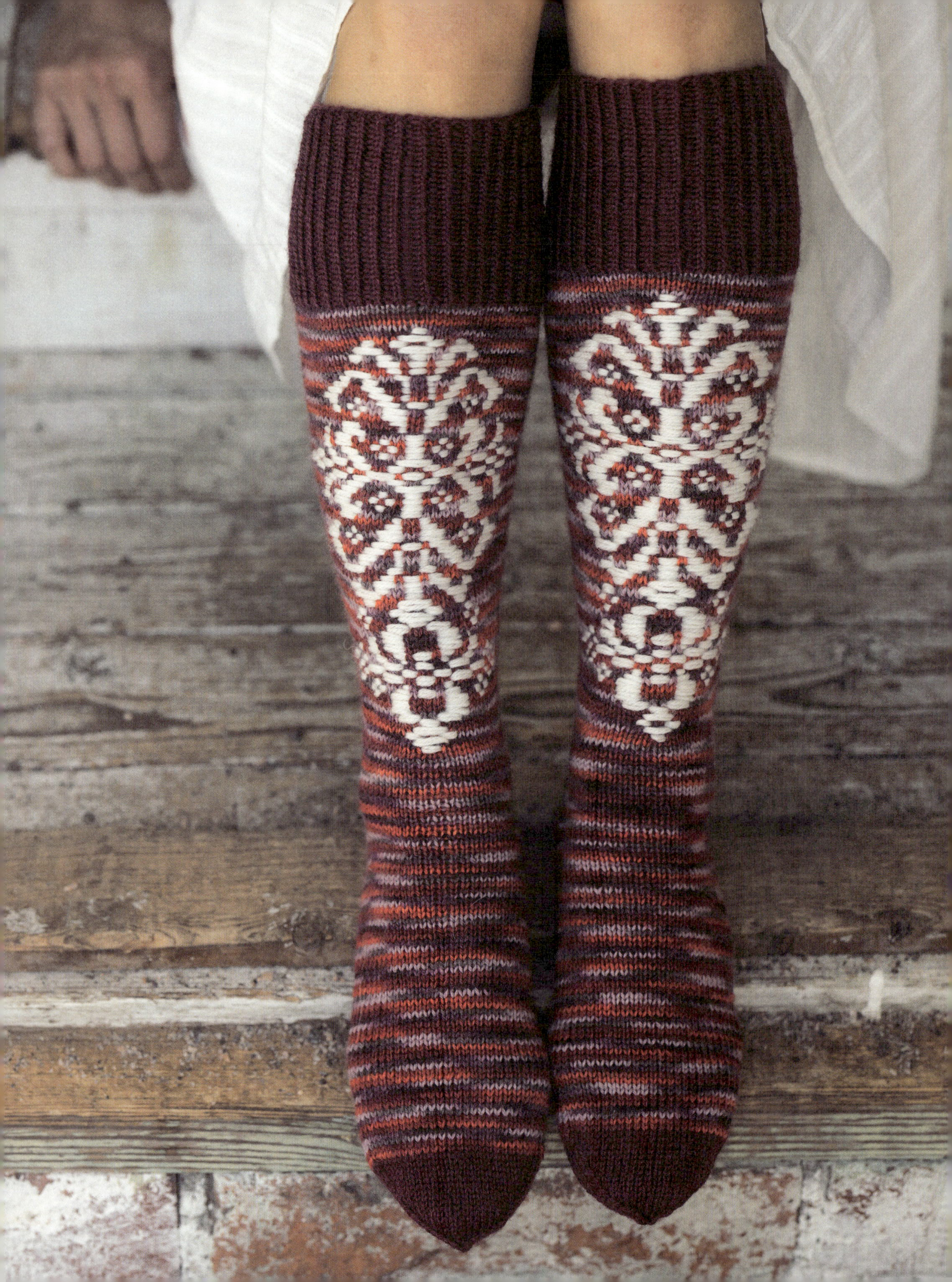

FLICKENTEPPICH

Die in der Flickenteppich-Technik gestrickten Socken werden noch dekorativer, wenn der vordere Teil mit einem prächtigen Roosimine-Muster, einer estnischen Inlay-Technik, verziert wird. Das Roosimine-Muster wird während des Strickens mit einem doppelt gelegten Musterfaden von der Rückseite der Arbeit zwischen den Maschen in der Grundfarbe nach vorne und hinten an den im Zählmuster markierten Stellen eingewebt. Bei den weißen Kästchen im Zählmuster verläuft der Musterfaden auf der Vorderseite der Arbeit, bei den Kästchen in der Grundfarbe verläuft er hinter der Arbeit.

Bei der Flickenteppichtechnik werden Streifen zu je zwei Runden gestrickt, z. B. mit Garnen mit langen oder kurzen Farbverläufen oder mehrfarbigen Garnen. Diese Technik eignet sich auch für einfarbige Garne und kurze, miteinander verbundene Fäden.

GARN

- Dickes Sockengarn (100 g/200 m) oder mitteldickes Sockengarn (100 g/260 m)
- Bei den Modellsocken wurden mitteldicke Sockengarne (75 % Wolle, 25 % Polyamid) verwendet. Für das Modell in Größe 38 wurde insg. 190 g Garn in 4 verschiedenen Farben verarbeitet. Für die Musterfarbe (hier: Weiß) wurden ca. 30 g und für die anderen Farben jeweils 50–65 g verbraucht. Bündchen, Ferse und Spitze wurden einfarbig in einem passenden Burgunderrot gestrickt. Zum Stricken benötigen Sie ca. 160 g und für das Roosimine-Muster ca. 30 g Garn.

MASCHENPROBE

- 10 cm × 10 cm = mit dickem Garn 20 M und 30 R, mit mitteldickem Garn 24 M und 32 R

NADELN UND SONSTIGES ZUBEHÖR

- Stricknadeln Nr. 3 für dickes Garn und Nr. 2,5 für mitteldickes Garn oder je nach Strickfestigkeit. Wollnadel.

GRÖSSE

- Damengröße 38. Die Größe lässt sich leicht durch Ändern der Fußlänge anpassen. Da das Muster nur auf dem vorderen Teil der Socke eingewebt wird, kann auch die Schaftbreite nach Belieben angepasst werden.

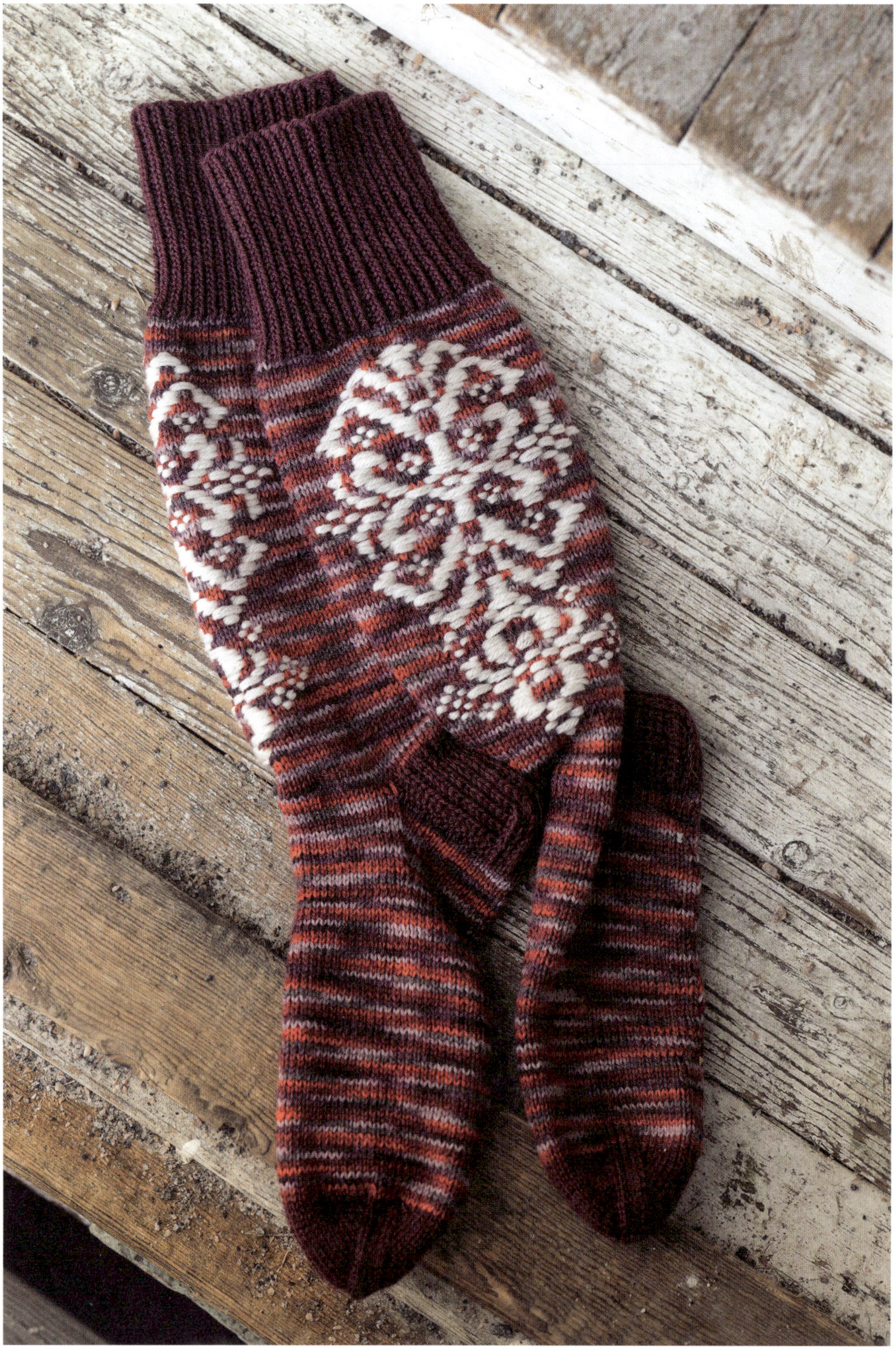

ANLEITUNG

Schaft

68 (76) M in einer beliebigen Farbe anschlagen und auf vier Nd des Nadelspiels verteilen: 17 (19) M pro Nd. Der Rd-Wechsel liegt auf der Sockenrückseite zwischen der 1. und der 4. Nd.

Zur Runde schließen, dabei darauf achten, dass sich die M nicht verdrehen. Für das Bündchen ca. 5 (10) cm im Rippenmuster 1 M re verschr, 1 M li im Wechsel str. Weiterstricken, dabei die Grundfarbe laut Zählmuster wechseln. Das Roosimine-Muster beginnt in der 7. Rd. Bitte beachten: Alle M werden in der Grundfarbe gestrickt. Den doppelt gelegten Musterfaden vor dem ersten weiß markierten Kästchen im Zählmuster von hinten nach vorn führen und beide weiß markierten M str. Dann vor dem Abstricken der nächsten M den Musterfaden wieder hinter die Arbeit führen und weiterstricken. In jeder Rd bleibt der Musterfaden am Ende des Musters hinter der Arbeit liegen.

In der 8. Rd im Zählmuster (und in allen folgenden geraden Rd) bleibt der Musterfaden am linken Rand des Musters. Wenn in der geraden Rd die Stelle erreicht wird, wo das Muster beginnt, den Musterfaden von oben zur Vorderseite der Arbeit und vor dem ersten Musterkästchen zwischen den Maschen hinter die Arbeit führen, sodass der Faden in einer lockeren Schlaufe vor der Arbeit liegen bleibt. Das Muster mit dem Musterfaden in der Schlaufe fortsetzen, dazu den Faden wie zuvor laut Zählmuster hinter und vor die Arbeit führen und die M in der Grundfarbe stricken. Wenn das Muster in der Rd fertig ist, am Musterfaden ziehen, sodass die restliche Schlaufe verschwindet.

Bebilderte Anleitungen zur Roosimine-Technik finden Sie im technischen Teil des Buches auf Seite 27. Auch im Internet gibt es gute Video-Tutorials unter den Suchbegriffen *roosimine* und *roositud.*

In den Rd 33, 37, 41, 45, 49, 53, 57, 61, 65 und 69 in der rückwärtigen Sockenmitte abnehmen, dazu am Rd-Anfang jeweils 1 M re, ssk und am Rd-Ende, wenn noch 3 M übrig sind, 2 M re zus, 1 M re str.

Das Zählmuster fertig stricken. Bei mitteldickem Garn die Rd 77–80 noch 3-mal stricken. Die M gleichmäßig auf den Nd verteilen: 12 (14) M pro Nd. Die Fäden abschneiden, mit denen die Streifen für den Schaft gestrickt wurde.

Ferse und Fersenabnahmen

Die Fersenwand wird in einer beliebigen Farbe mit den M der 1. und der 4. Nd gestrickt. Dazu die M der 1. Nd auf die 4. Nd heben (= insg. 24 (28) M) und ab Anfang der 4. Nd str.

1. Fersen-R (HinR): alle M re.

2. Fersen-R (RückR): 1 M re abheben, ohne sie zu stricken, 2 M re, li M str, bis noch 3 M übrig sind, 3 M re.

Die Fersenwand verstärkt str wie folgt:

1. R (HinR): 1 M re abheben, ohne sie zu stricken, 2 M re, *1 M re abheben, ohne sie zu stricken, 1 M re*, ab * wdh, bis noch 3 M übrig sind, 3 M re.

2. R (RückR): 1 M re abheben, ohne sie zu stricken, 2 M re, li M str, bis noch 3 M übrig sind, 3 M re.

Diese beiden R wdh, bis insg. 24 (28) R gestrickt sind.

Die Käppchenabnahmen wie folgt str:

1. R (HinR): 1 M re abheben, ohne sie zu stricken, verstärkt str wie zuvor, bis noch 8 (10) M auf der Nd sind, ssk (= nach links geneigte Abnahme: 2 M nacheinander wie zum Rechtsstricken abheben, wieder zurück auf die li Nd heben, sodass sich die Ausrichtung der M ändert, und re verschr zus str), die Arb wenden.

2. R (RückR): 1 M li abheben, ohne sie zu stricken, li str, bis noch 8 (10) M übrig sind, 2 M li zus, die Arb wenden.

3. R (HinR): 1 M re abheben, ohne sie zu stricken, verstärkt str, bis noch 7 (9) M übrig sind, ssk, die Arb wenden.

4. R (RückR): 1 M li abheben, ohne sie zu stricken, li str, bis noch 7 (9) M übrig sind, 2 M li zus, die Arb wenden.

So fortfahren, dabei die äußeren M in jeder R reduzieren, bis die äußeren M an beiden Seiten aufgebraucht sind.

Die Fersen-M gleichmäßig auf zwei Nd verteilen: 5, 5 (5, 5). Den Faden abschneiden und in der Flickenteppichtechnik weiterstricken. Am Anfang der 1. Nd 5 M re str, aus dem Fersenrand die Knötchen, die durch die linken M entstanden sind, auf die freie Nd nehmen (= 12 (14) M) und re str, 1 M zwischen den Nd aufnehmen, dazu den Querfaden re verschr abstricken. Mit der 3. und 4. Nd re str. 1 M zwischen den Nd aufnehmen, dazu den Querfaden re verschr abstricken. Aus dem anderen Fersenrand die Knötchen, die durch die linken M entstanden sind, auf die 4. Nd nehmen (= 12 (14) M) und re str, dazu die 5 Fersen-M re str. Auf der 1. und 4. Nd liegen jetzt 18 (20) M und der Faden liegt zwischen der 4. und 1. Nd.

Hinweis

Falls Ihnen die Roosimine-Technik zu knifflig ist, können Sie das Ornament auch durch Aufsticken im Maschenstich nachbilden.

Fußteil und Zwickelabnahmen

Jetzt wieder Streifen mit jeweils 2 Rd str, gleichzeitig für die Zwickelabnahmen in jeder 2. Rd am Ende der 1. Nd 2 M re zus und am Anfang der 4. Nd ein ssk str. In jeder 2. Rd alle M re str. Mit den Zwickelabnahmen fortfahren, bis noch 12 (14) M auf jeder Nd übrig sind. Den Fuß weiterstr, bis noch 4 cm zur gewünschten Gesamtlänge fehlen. Sie müssen sich jetzt am Rd-Wechsel befinden. Nun die Farbe auswählen, mit der die Sockenspitze gestrickt werden soll. Die anderen Fäden abschneiden. Eine Rd in der gewählten Farbe stricken.

Spitzenabnahmen

1. Rd: Mit der 1. und 3. Nd re M str, bis noch 3 M übrig sind, 2 M re zus, 1 M re. Mit der 2. und 4. Nd 1 M re, ssk, bis Rd-Ende re M str.

2. Rd: Alle M re str.

Die 1. und 2. Rd wdh, bis auf jeder Nd noch 7 M übrig sind. Jetzt in jeder Rd abnehmen, bis auf jeder Nd noch 2 M übrig sind. Den Faden abschneiden, durch alle restlichen M ziehen und festziehen.

Fertigstellen

Die Fäden vernähen. Falls durch die Zwickelabnahmen störende Löcher entstanden sind, diese mit Nadel und Faden schließen. Die Socken bei schwacher Hitze unter einem feuchten Tuch leicht bügeln oder sanft von Hand waschen und liegend trocknen lassen.

Zeichenerklärung

- ☐ Fadenführung beim Roosimine-Muster
- | Mustergrenze für dickeres Garn
- ■ Lila bunt
- ■ Rot bunt
- ☐ Musterfarbe

Zählmuster A

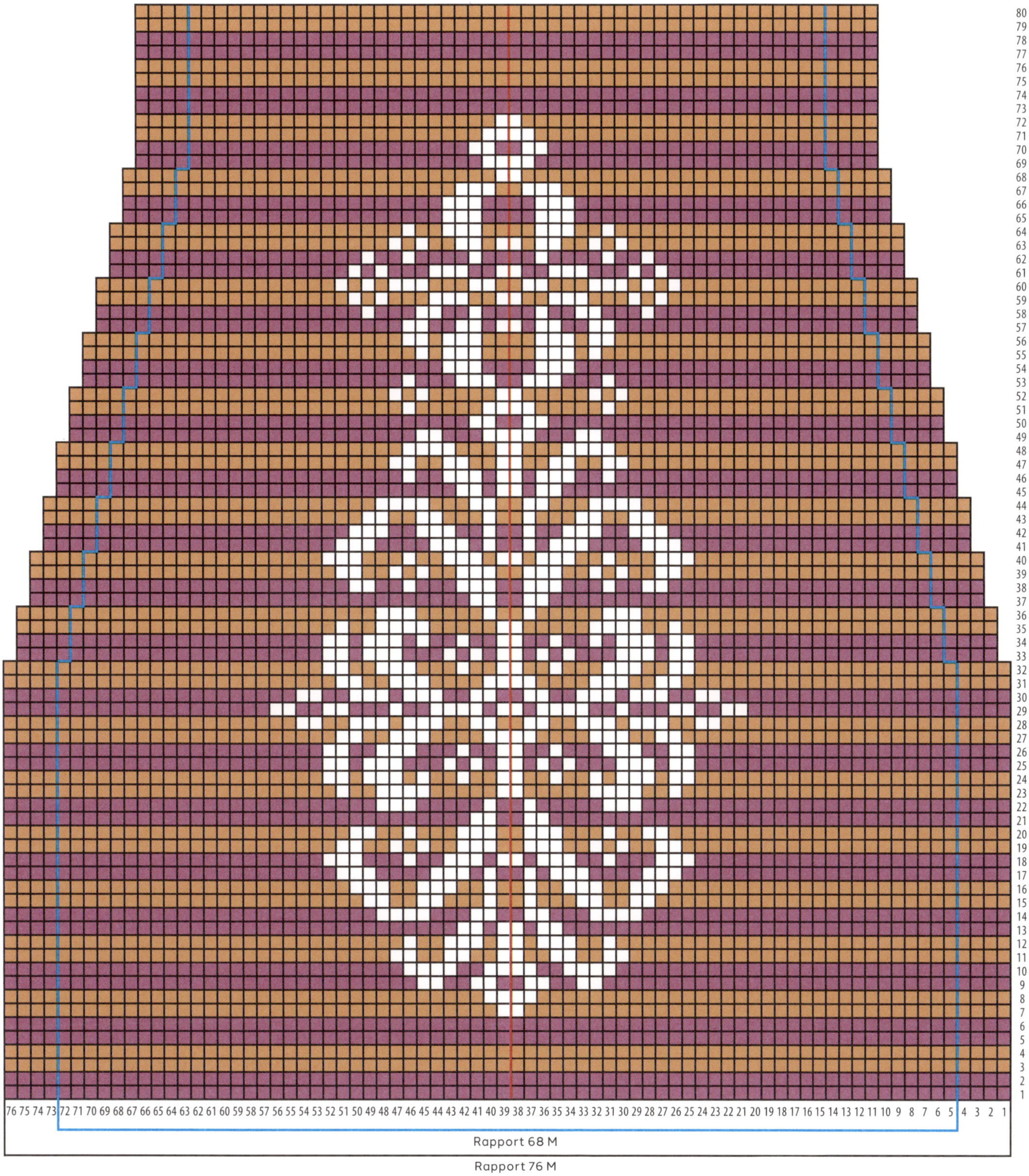

BLAUE STUNDE

Bei diesem Modell spielen wir mit Farben, die gut miteinander harmonieren und in jeder Runde mit Verzopfungen gewechselt werden.

Das Muster sieht in kontrastierenden Farbtönen sehr schick aus, kann aber auch in anderen Farben und mit einem beliebig langen Schaft gearbeitet werden. Ich persönlich wollte die Garnreste verschiedener Partien in Jeansblau und die dazu passenden Farbtöne verwenden, um einen Effekt zu erzeugen, der an Dip-Dye erinnert. Das leichte Flechtmuster ist sehr elastisch und wird am Schaft, an der Ferse und auf der Fußoberseite gestrickt.

GARN

- Dickes Sockengarn (100 g/200 m) oder mitteldickes Sockengarn (100 g/260 m)
- Bei den Modellsocken wurden dicke Sockengarne (75 % Wolle, 25 % Polyamid) verwendet. Für das Modell in Größe 38 wurde insg. 90 g Garn in 14 verschiedenen Farben verarbeitet, ca. 10–25 g pro Farbe.

MASCHENPROBE

- 10 cm × 10 cm = mit dickem Garn 20 M und 30 R, mit mitteldickem Garn 24 M und 32 R

NADELN UND SONSTIGES ZUBEHÖR

- Stricknadeln Nr. 3 für dickes Garn und Nr. 2,5 für mitteldickes Garn oder je nach Strickfestigkeit. Wollnadel.

GRÖSSE

- Unisex. Die Größe lässt sich leicht durch Ändern der Fußlänge anpassen. Der Mustersatz besteht aus 4 Maschen, sodass Sie die Schaftbreite leicht an den gewünschten Umfang anpassen können.

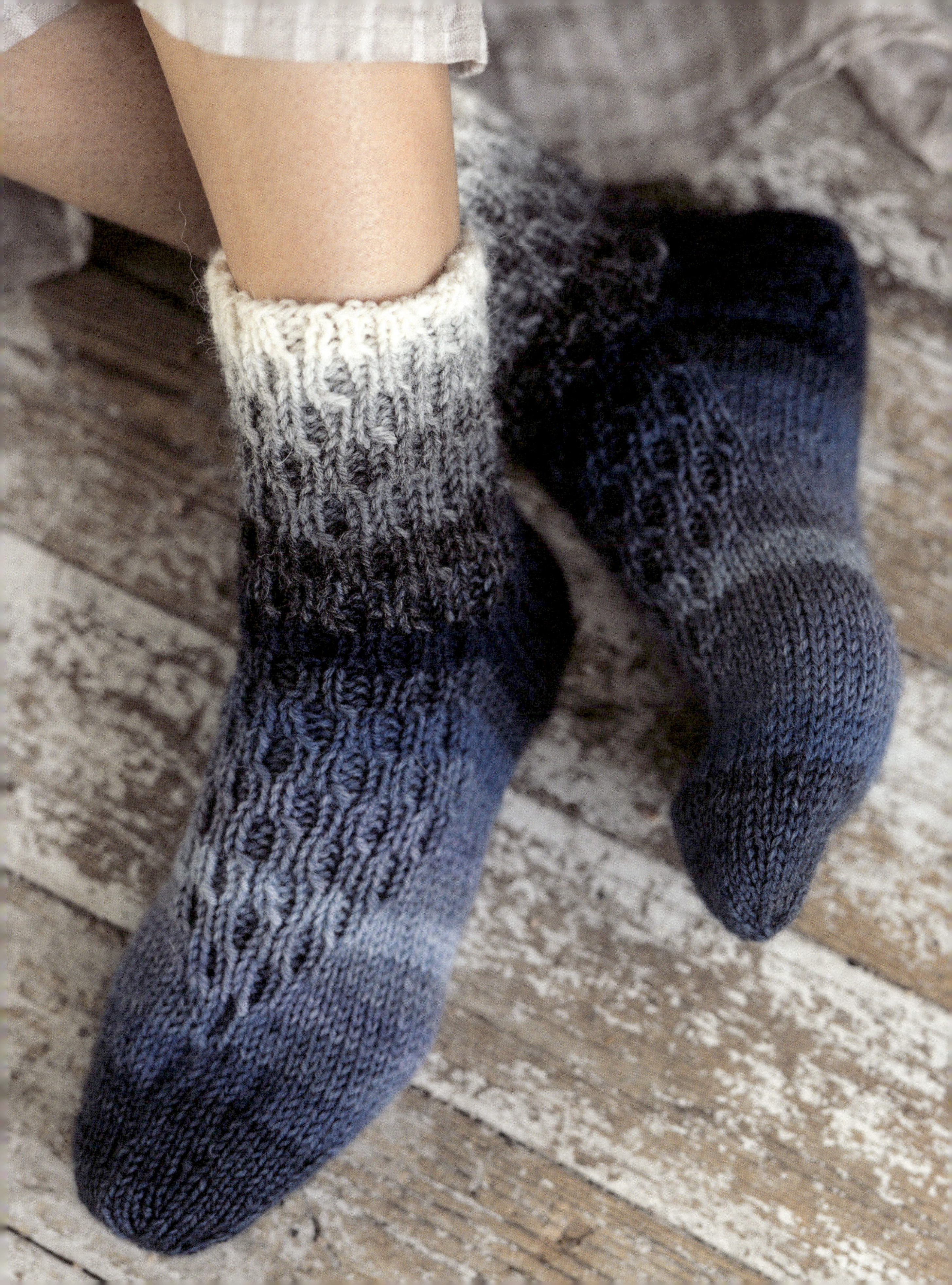

ANLEITUNG

Schaft

48 (56) M in der ersten Farbe anschlagen und auf vier Nd des Nadelspiels verteilen: 12 (14) M pro Nd. Der Rd-Wechsel liegt auf der Sockenrückseite zwischen der 1. und der 4. Nd.

Zur Runde schließen, dabei darauf achten, dass sich die M nicht verdrehen.

In den gewählten Farben laut Strickschrift A1 (A2) arbeiten. Die Schaftlänge ist anpassbar, dazu die 1.–8. Runde beliebig oft stricken. Den Schaft bis zur gewünschten Länge str, jedoch so, dass der Schaft mit der 2. Rd des Musters in der Farbe endet, in der die Ferse gestrickt werden soll. Achtung: Vor der Ferse werden in den letzten zwei Runden am Ende der 1. Nd und am Anfang der 4. Nd die Verzopfungen etwas anders ausgeführt als sonst (siehe Strickschrift). Vor der Ferse die 24. Rd zuletzt stricken und den Faden abschneiden.

Ferse und Fersenabnahmen

Die Fersenwand wird mit den M der 1. und der 4. Nd gestrickt. Dazu die M der 1. Nd auf die 4. Nd heben (= 24 (28) M). Die Ferse wird laut Strickschrift B1 (B2) gearbeitet und mit einer HinR begonnen. Die R-Nummern stehen in der Strickschrift am Rand am R-Anfang. Die letzte Fersen-R über alle M links stricken. Die Arbeit wenden und mit den Käppchenabnahmen beginnen.

Die Käppchenabnahmen wie folgt str:

1. R (HinR): 1 M re abheben, ohne sie zu stricken, 13 (15) M re, ssk (= nach links geneigte Abnahme: 2 M nacheinander wie zum Rechtsstricken abheben, wieder zurück auf die li Nd heben, sodass sich die Ausrichtung der M ändert, und re verschr zus str), 1 M re, die Arb wenden.

2. R (RückR): 1 M li abheben, ohne sie zu stricken, Faden vor der Arbeit, 5 M li, 2 M li zus, 1 M li, die Arb wenden.

3. R (HinR): 1 M re abheben, ohne sie zu stricken, 6 M re, ssk, 1 M re, die Arb wenden.

4. R (RückR): 1 M li abheben, ohne sie zu stricken, Faden vor der Arbeit, 7 M li, 2 M li zus, 1 M li, die Arb wenden.

So fortfahren, dabei erhöht sich die Anzahl der Mittel-M in jeder R um 1, bis die äußeren M an beiden Seiten aufgebraucht sind. Jetzt liegen 14 (16) M auf der Nd.

Die Fersen-M gleichmäßig auf zwei Nd (1. und 4. Nd) verteilen: 7, 7 (8, 8). 12 (14) M aus beiden Seiten des Fersenrandes auffassen und auf dieselbe Nd heben. Auf der 1. und 4. Nd liegen jetzt 19 (22) M.

Fußteil und Zwickelabnahmen

Mit der 1. und 4. Nd glatt rechts und mit der 2. und 3. Nd laut Strickschrift A1 (A2) arbeiten, dabei mit der 25. Rd beginnen. Gleichzeitig für die Zwickelabnahmen in jeder 2. Rd am Ende der 1. Nd 2 M re zus und am Anfang der 4. Nd ein ssk str. In jeder 2. Rd alle M re str. Mit den Zwickelabnahmen fortfahren, bis noch 12 (14) M auf jeder Nd übrig sind. Nach dem Flechtmuster den Fuß weiter in Streifen zu je 4 Rd str, bis noch 5 cm zur gewünschten Gesamtlänge fehlen. Sie müssen sich jetzt am Rd-Wechsel befinden. Nun die Farbe auswählen, mit der die Sockenspitze gestrickt werden soll. Die anderen Fäden abschneiden und beim Stricken einweben; 1 Rd in einer beliebigen Farbe stricken.

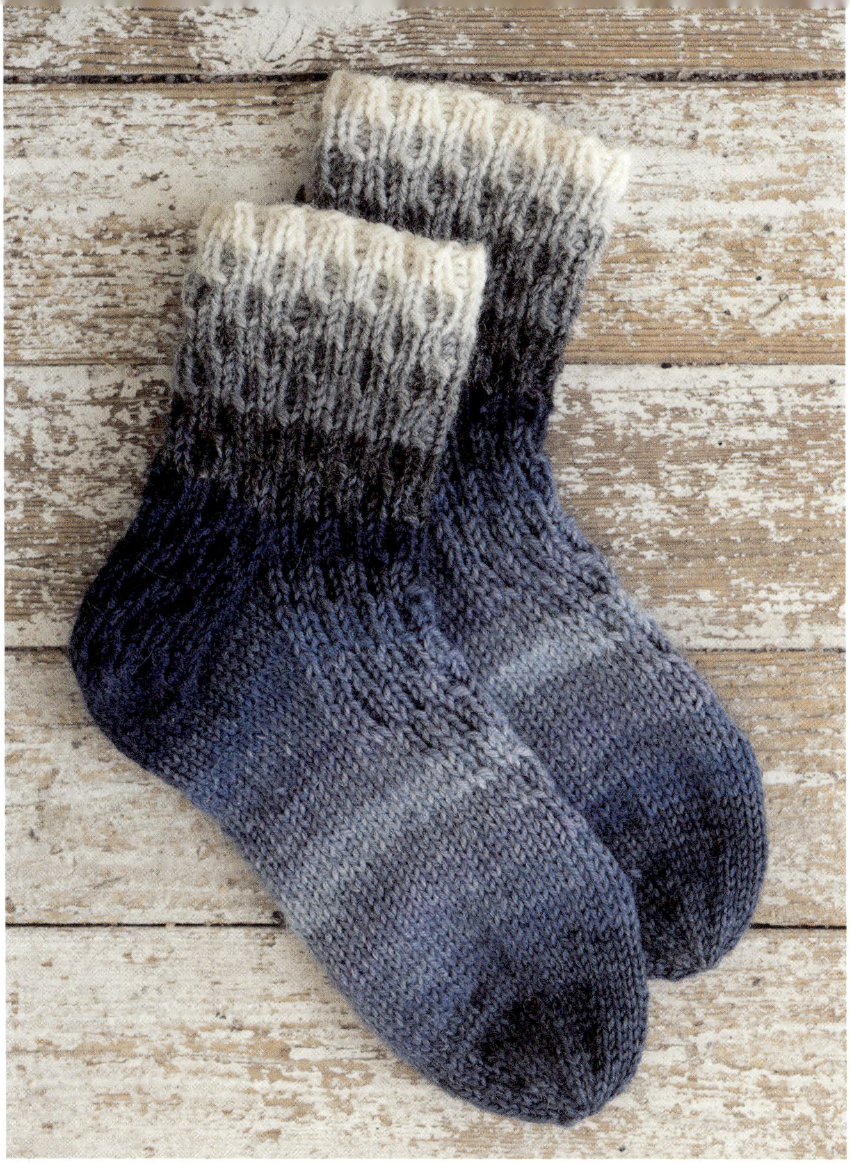

Spitzenabnahmen

Diese Socke hat eine Sternchenspitze. In der Mitte und am Ende jeder Nd 2 M re zus, die M dazwischen re str. So viele Zwischenrunden str, wie M zwischen den Abnahmen vorhanden sind. In der Mitte und am Ende jeder Nd wieder 2 M re zus, die M dazwischen re str. So viele Zwischenrunden str, wie M zwischen den Abnahmen vorhanden sind. So fortfahren, bis auf jeder Nd noch 2 M übrig sind. Den Faden abschneiden, durch alle restlichen M ziehen und festziehen.

Fertigstellen

Die Fäden vernähen. Falls durch die Zwickelabnahmen störende Löcher entstanden sind, diese mit Nadel und Faden schließen. Die Socken bei schwacher Hitze unter einem feuchten Tuch leicht bügeln oder sanft von Hand waschen und liegend trocknen lassen.

Bitte beachten:

Immer in einer Verzopfungsrunde die Farbe wechseln.

Strickschrift A1 (für dickes Garn)

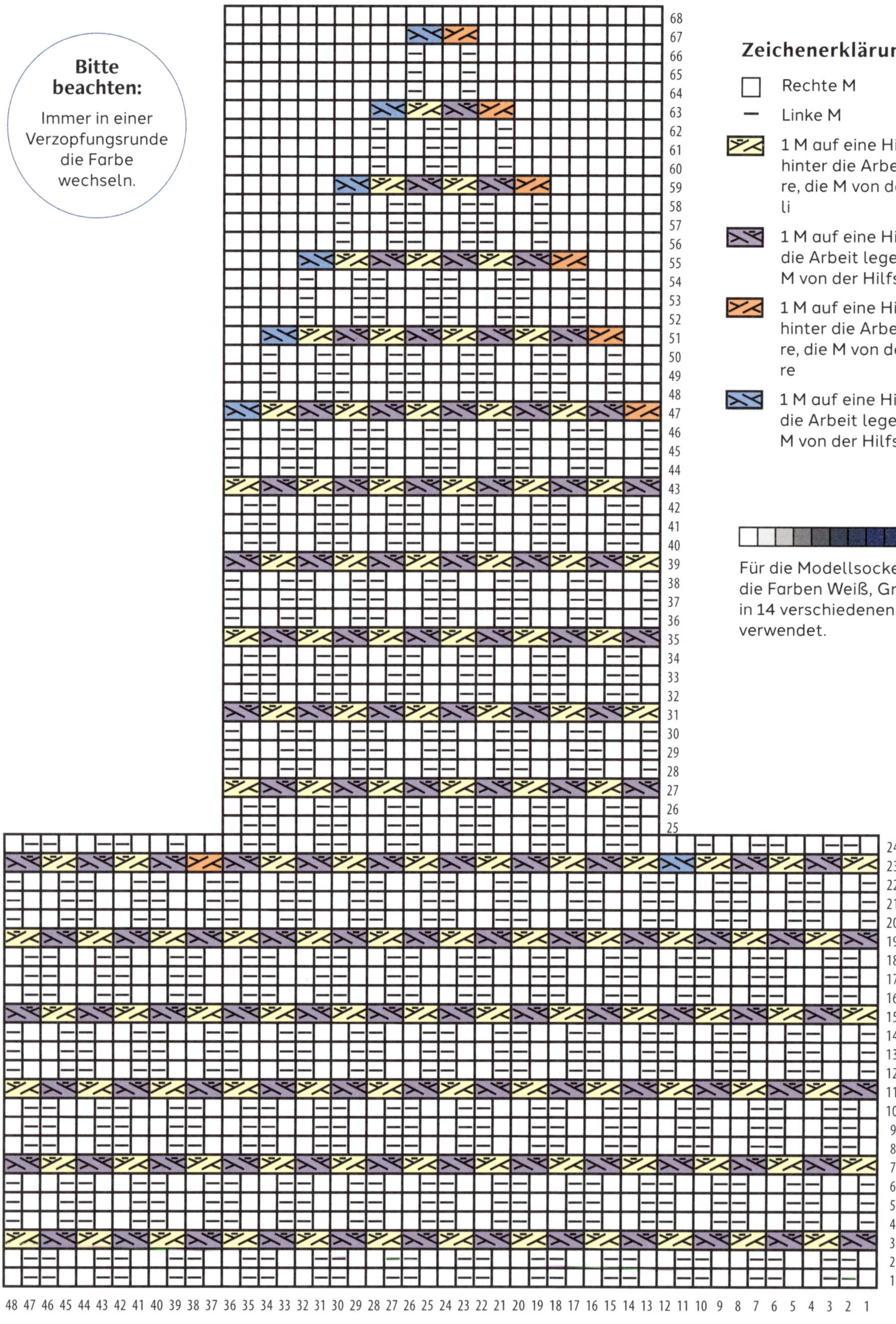

Zeichenerklärung

- Rechte M
- Linke M
- 1 M auf eine Hilfsnadel hinter die Arbeit legen, 1 M re, die M von der Hilfsnadel li
- 1 M auf eine Hilfsnadel vor die Arbeit legen, 1 M li, die M von der Hilfsnadel re
- 1 M auf eine Hilfsnadel hinter die Arbeit legen, 1 M re, die M von der Hilfsnadel re
- 1 M auf eine Hilfsnadel vor die Arbeit legen, 1 M re, die M von der Hilfsnadel re

Für die Modellsocken wurden die Farben Weiß, Grau und Blau in 14 verschiedenen Farbtönen verwendet.

Strickschrift A2
(für mitteldickes Garn)

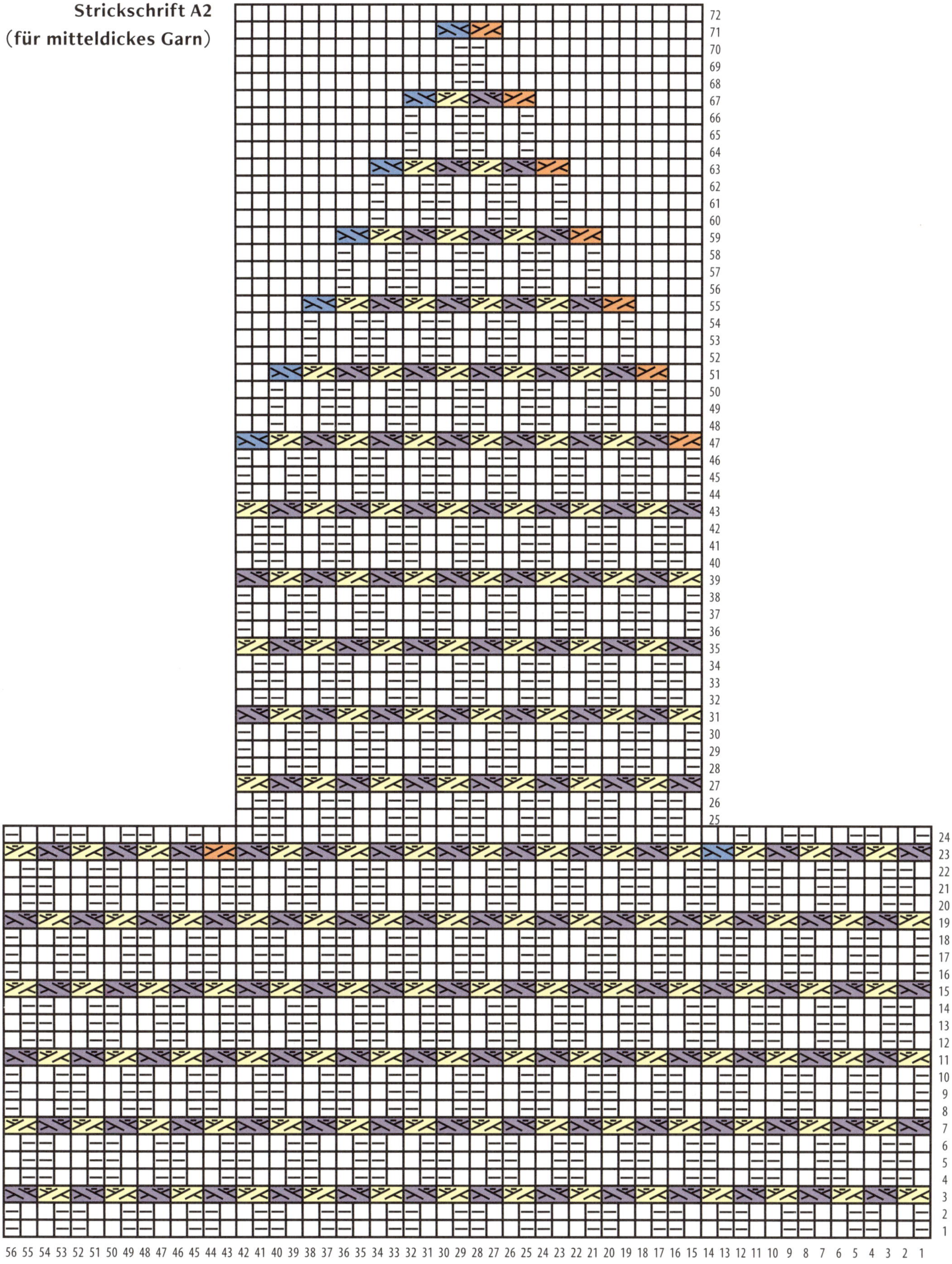

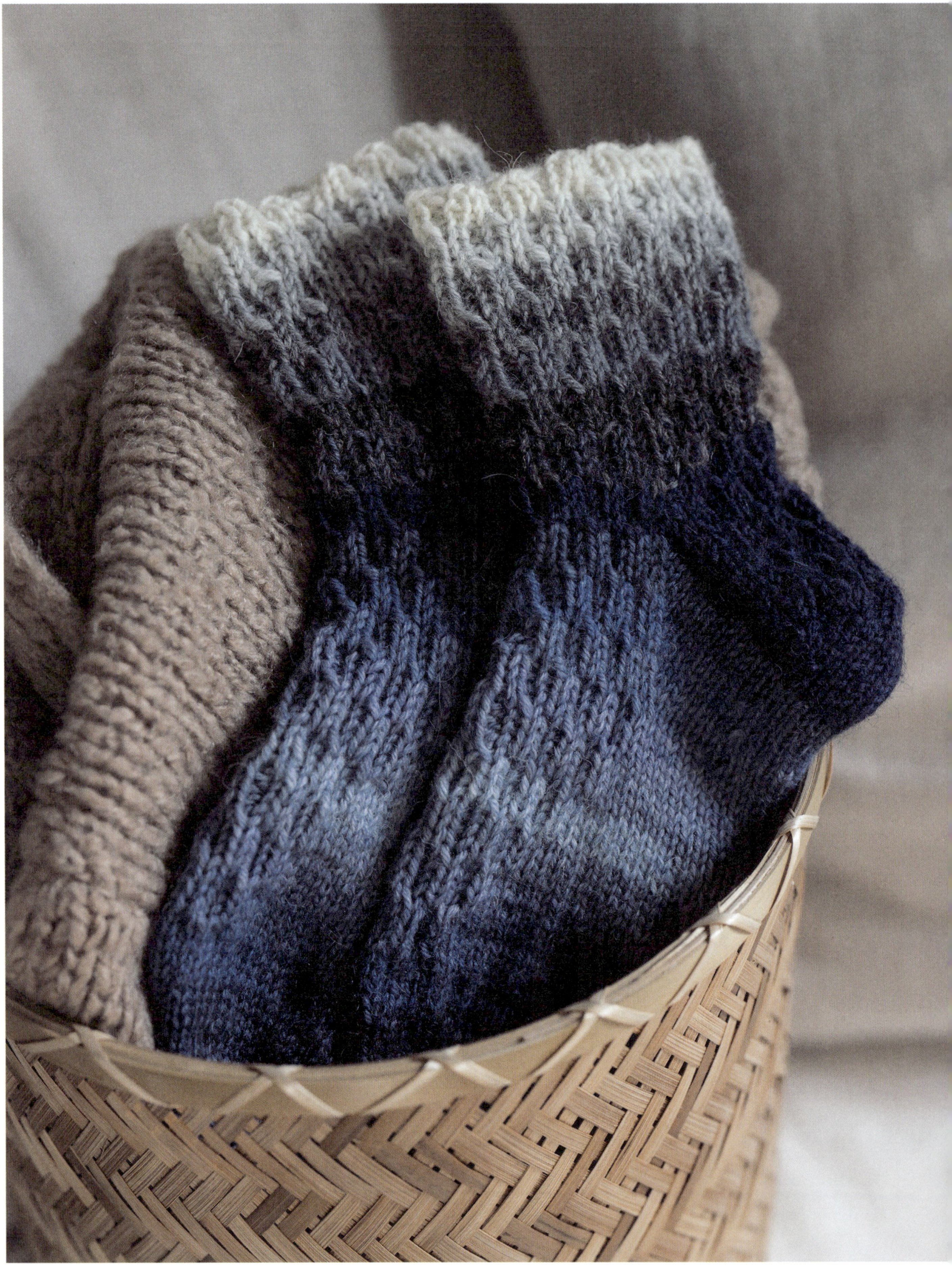

Strickschrift B1 (für dickes Garn)

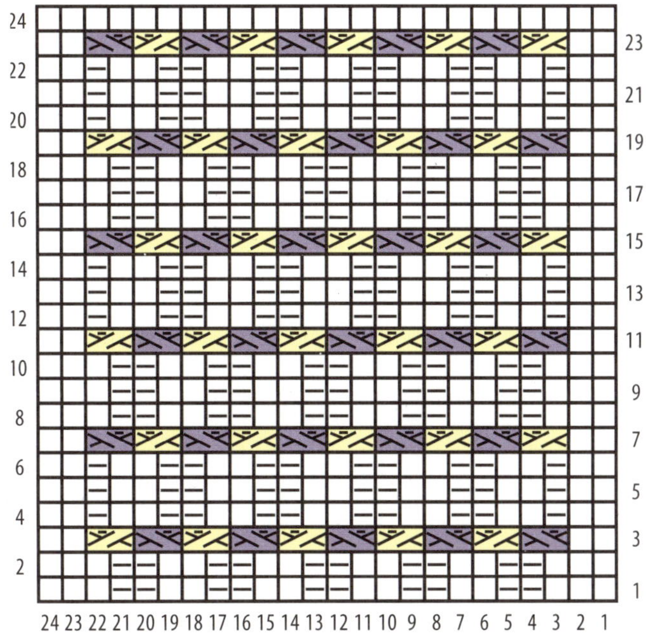

Strickschrift B2 (für mitteldickes Garn)

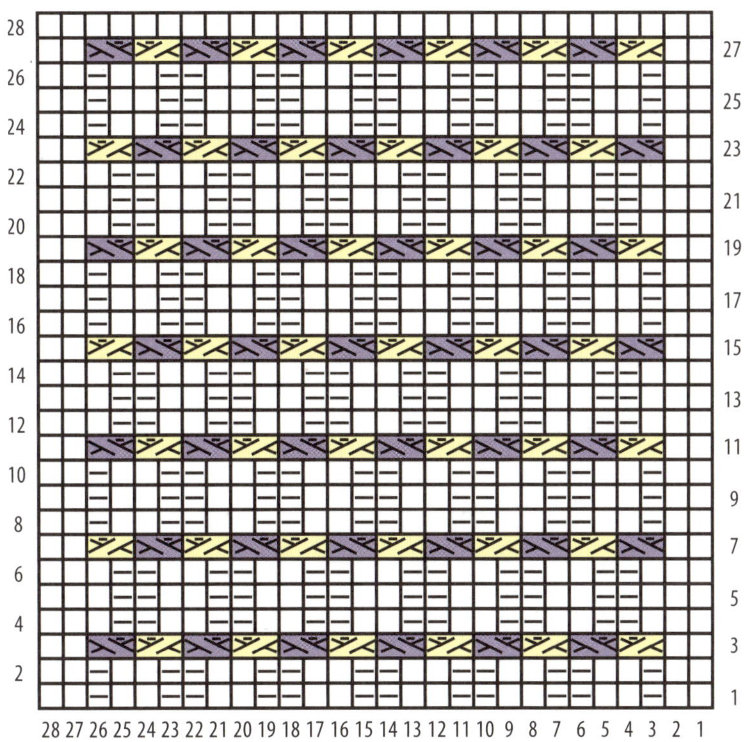

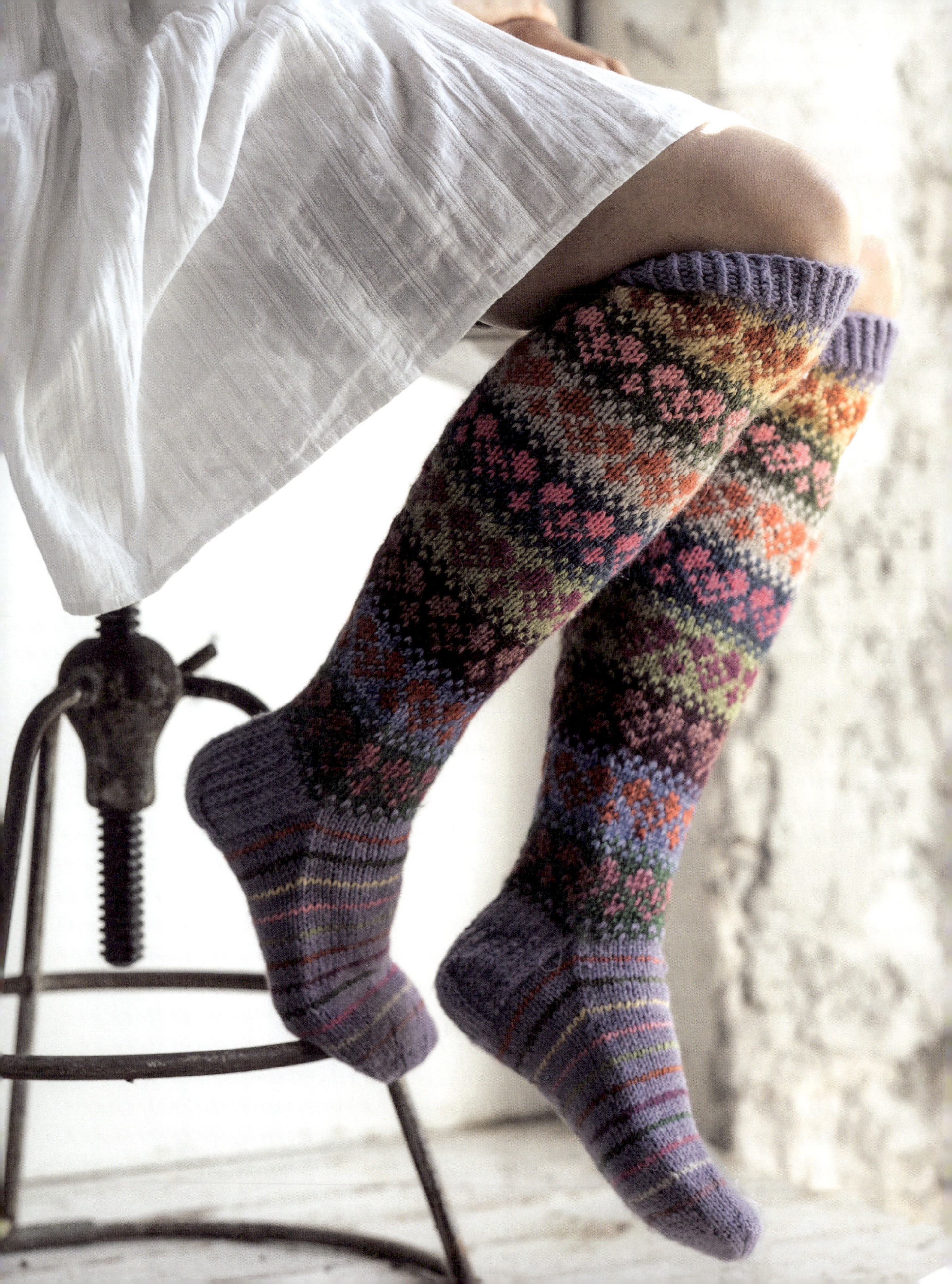

WEGE DES HERZENS

Unser Leben ist voll von Erfahrungen und Ereignissen und immer ist auch unser Herz auf der Reise dabei. Manchmal schlägt es kräftig mit hellen, freudigen Tönen, manchmal ist es betrübt vor lauter Traurigkeit. Bei diesem Modell wollte ich die Farbnuancen meiner Wollreste verarbeiten, mit denen mein Herz gerade im Einklang ist. Wählen Sie die Farben aus Ihrem Garnvorrat aus, die für Ihren eigenen Herzensweg stimmig sind.

GARN

- Dickes Sockengarn (100 g/200 m) oder mitteldickes Sockengarn (100 g/260 m)
- Bei den Modellsocken wurden dicke Sockengarne (75 % Wolle, 25 % Polyamid) verwendet. Für das Modell in Größe 38 (durchschnittlicher Wadenumfang) wurde insg. 240 g Garn in 17 verschiedenen Farben verarbeitet. Für die Hauptfarbe (hier: Lila) wurden ca. 80 g und für die anderen Farben jeweils ca. 20 g verbraucht.
- In der Hauptfarbe benötigen Sie ca. 80 g und in den anderen Farben ca. 160 g. Das Modell kann auch ohne Hauptfarbe gestrickt werden. Bündchen, Ferse, Fußteil und Spitze benötigen das meiste Garn, falls sie in einer Farbe gestrickt werden.

MASCHENPROBE

- 10 cm × 10 cm = mit dickem Garn 20 M und 30 R, mit mitteldickem Garn 24 M und 32 R

NADELN UND SONSTIGES ZUBEHÖR

- Stricknadeln Nr. 3,5 für das Einstrickmuster und Nr. 3 für die einfarbigen Abschnitte (bei dickem Garn), Nr. 3 für das Einstrickmuster und Nr. 2,5 für die einfarbigen Abschnitte (bei mitteldickem Garn) oder je nach Strickfestigkeit. Wollnadel.

GRÖSSE

- Damengröße 38. Die Größe lässt sich leicht durch Ändern der Fußlänge anpassen.

ANLEITUNG

Schaft

68 (76) M in der Hauptfarbe auf den dünneren Nadeln anschlagen und auf vier Nd des Nadelspiels verteilen: 18, 16, 16, 18 (19, 19, 19, 19) M. Der Rd-Wechsel liegt zwischen der 1. und der 4. Nd.

Zur Runde schließen, dabei darauf achten, dass sich die M nicht verdrehen. Für das Bündchen 10 (20) Rd im Rippenmuster 1 M re verschr, 2 M li im Wechsel str.

Nach dem Bündchen 1 Rd rechts über alle M str, dabei gleichmäßig verteilt 2 (4) M zunehmen, dazu den Querfaden zwischen den M aufnehmen und re verschr abstricken. Den Schaft auf den dickeren Nd laut Zählmuster weiterstr. In Rd 44, 48, 52, 56, 60, 64, 68, 72, 76 (80) jeweils am Rd-Anfang und am Rd-Ende 1 M abnehmen, dabei am Rd-Anfang 2 M re zus und am Rd-Ende ein ssk str. Wenn alle 90 Rd des Zählmusters gestrickt sind, hat die Arbeit 52 (60) M. Die M gleichmäßig auf den Nd verteilen: 13 (15) M pro Nd. Zu den dünneren Nd wechseln und damit die Socken fertig stricken.

Ferse und Fersenabnahmen

Die Fersenwand wird in der Hauptfarbe (oder in der Farbe, die als zweite Farbe für die 89. und 90. Rd ausgewählt wurde) mit den M der 1. und der 4. Nd gestrickt. Dazu die M der 1. Nd auf die 4. Nd str und zunächst eine Vorbereitungs-R wie folgt str (RückR): 1 M li abheben, ohne sie zu stricken, bis R-Ende li str.

Die Fersenwand verstärkt str wie folgt:

1. R (HinR): *1 M re abheben, ohne sie zu stricken, 1 M re*, ab * bis R-Ende wdh.

2. R (RückR): 1 M li abheben, ohne sie zu stricken, die übrigen M li str.

Diese beiden R wdh, bis insg. 26 (28) R gestrickt sind.

Die Käppchenabnahmen wie folgt str:

1. R (HinR): 1 M re abheben, ohne sie zu stricken, verstärkt str wie zuvor, bis noch 9 (11) M auf der Nd sind, ssk (= nach links geneigte Abnahme: 2 M nacheinander wie zum Rechtsstricken abheben, wieder zurück auf die li Nd heben, sodass sich die Ausrichtung der M ändert, und re verschr zus str), die Arb wenden.

2. R (RückR): 1 M li abheben, ohne sie zu stricken, 8 M li, 2 M li zus, die Arb wenden.

3. R (HinR): 1 M re abheben, ohne sie zu stricken, 8 M verstärkt str, ssk, die Arb wenden.

Die 2. und 3. R entsprechend wdh, bis die äußeren M an beiden Seiten aufgebraucht sind.

Die Fersen-M gleichmäßig auf zwei Nd verteilen: 5, 5. Aus beiden Seiten des Fersenrandes 13 (14) M auffassen und dazu je 1 M an beiden Seiten von der 2. und 3. Nd der Oberseite auf die 1. und 4. Nd heben. Auf der 1. und 4. Nd liegen jetzt 19 (20) M und auf der 2. und 3. Nd liegen jetzt 12 (14) M.

Fußteil und Zwickelabnahmen

Weiter in Streifen zu je 3 Rd mit der Hauptfarbe und 1 Rd mit einer beliebigen Kontrastfarbe str, gleichzeitig für die Zwickelabnahmen in jeder 2. Rd am Ende der 1. Nd 2 M re zus und am Anfang der 4. Nd ein ssk str. In jeder 2. Rd alle M re str. Mit den Zwickelabnahmen fortfahren, bis auf der 1. und 4. Nd noch 12 (14) M übrig sind.

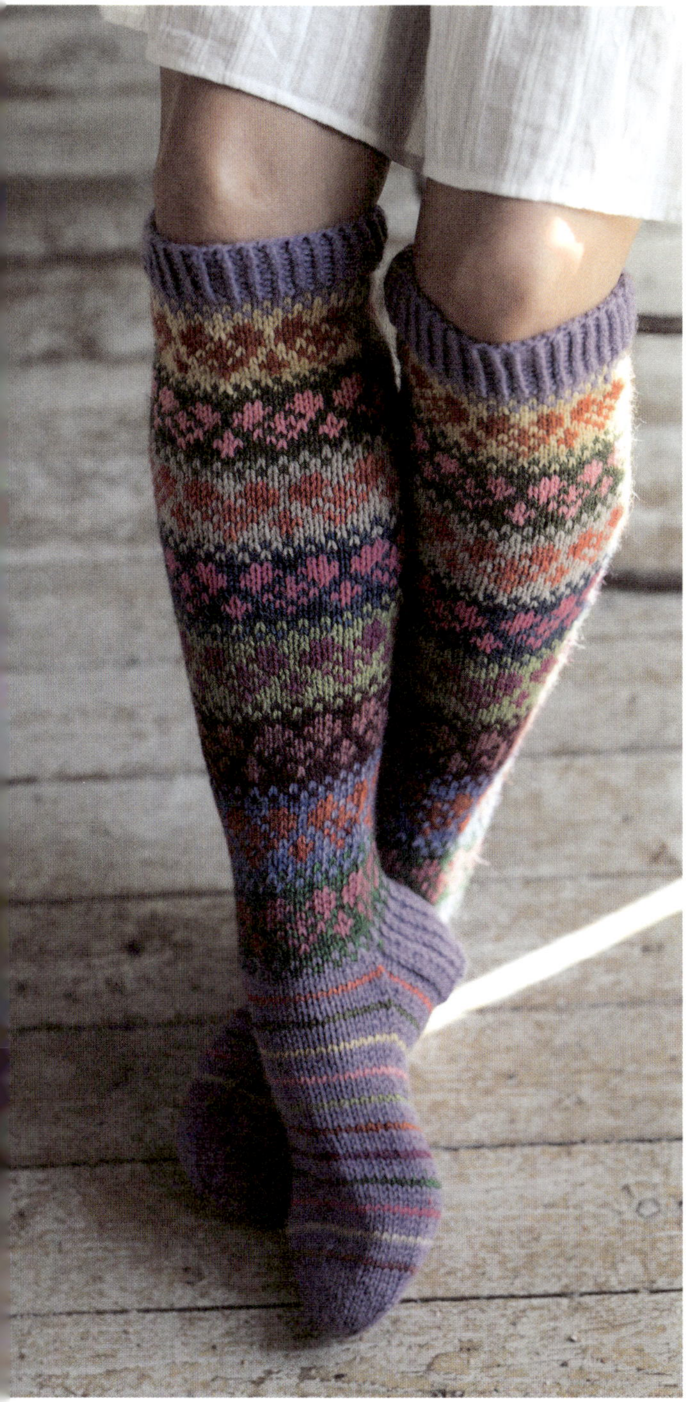

Spitzenabnahmen

Wenn noch 5 cm bis zur gewünschten Gesamtlänge fehlen, mit den Abnahmen für die Sternchenspitze beginnen und die Socke in der Hauptfarbe fertig stricken:

1. Abnahmerunde: In der Mitte und am Ende jeder Nd 2 M re zus = 40 (48) M.

Zwischenrunden: 4 (5) Rd re M.

2. Abnahmerunde: In der Mitte und am Ende jeder Nd 2 M re zus = 32 (40) M.

Zwischenrunden: 3 (4) Rd re M.

Die Abnahme- und die Zwischenrunden wiederholen, dabei nach jeder Abnahmerunde immer 1 Zwischenrunde weniger stricken. So weiter abnehmen, bis auf jeder Nd noch 2 M übrig sind. Den Faden abschneiden, durch alle restlichen M ziehen und festziehen.

Fertigstellen

Die Fäden vernähen. Falls durch die Zwickelabnahmen störende Löcher entstanden sind, diese mit Nadel und Faden schließen. Die Socken bei schwacher Hitze unter einem feuchten Tuch leicht bügeln oder sanft von Hand waschen und liegend trocknen lassen.

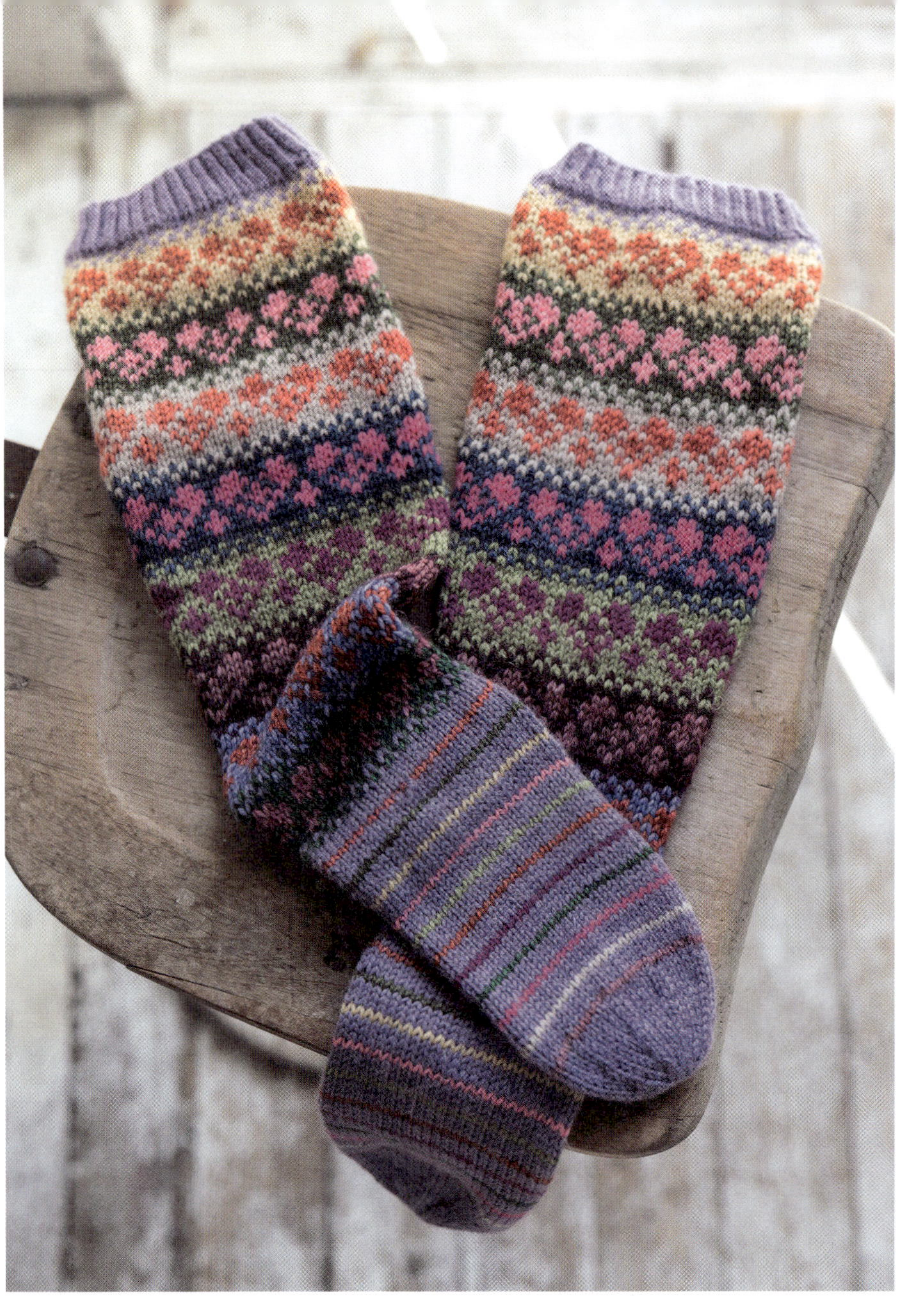

Zeichenerklärung

- Rechte M
- Mustergrenze für dickeres Garn
- Lila
- Gebrochenes Gelb
- Terrakotta
- Blaugrün
- Rosa
- Beige
- Gebrochenes Orange
- Jeansblau
- Pink
- Helles Moosgrün
- Rotviolett
- Dunkelviolett
- Dunkles Altrosa
- Blauviolett
- Gebrochenes Orange
- Grün
- Altrosa

Zählmuster

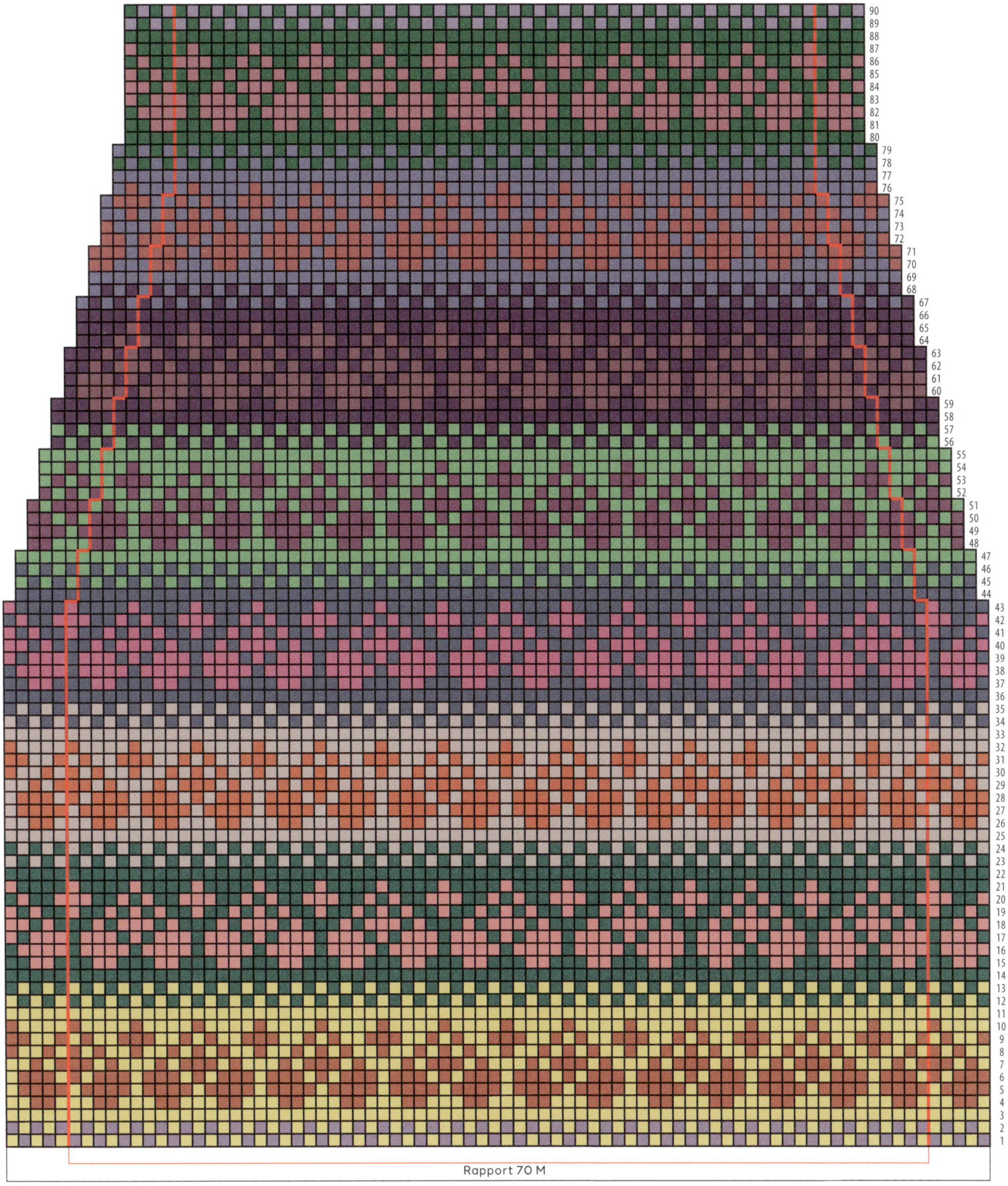
90
89
88
87
86
85
84
83
82
81
80
79
78
77
76
75
74
73
72
71
70
69
68
67
66
65
64
63
62
61
60
59
58
57
56
55
54
53
52
51
50
49
48
47
46
45
44
43
42
41
40
39
38
37
36
35
34
33
32
31
30
29
28
27
26
25
24
23
22
21
20
19
18
17
16
15
14
13
12
11
10
9
8
7
6
5
4
3
2
1
Rapport 70 M
Rapport 80 M

KAMINFEUER

Kaminfeuer ist ein Modell für Frauen und Männer gleichermaßen. Das dezente Design am Schaft und das in der Gum-Gum- oder Spiraltechnik gestrickte Fußteil machen das Modell zeitlos. Je nach den gewählten Farben sehen die Socken immer anders aus. Sie können das Modell mit 10 Runden im Muster entweder so stricken, dass sich eine Farbe immer 2-mal wiederholt, oder beide Musterfarben alle 10 Runden wechseln.

GARN

- Dickes Sockengarn (100 g/200 m) oder mitteldickes Sockengarn (100 g/260 m)
- Bei den Modellsocken wurden dicke Sockengarne (75 % Wolle, 25 % Polyamid) verwendet. Für das Modell in Größe 38 wurde insg. 130 g Garn in 9 verschiedenen Farben verarbeitet. Für die Hauptfarbe (hier: Schwarz) wurden ca. 60 g und für die anderen Farben jeweils 5–30 g verbraucht. In der Hauptfarbe benötigen Sie ca. 60 g und in den anderen Farben ca. 70 g.

MASCHENPROBE

- 10 cm × 10 cm = mit dickem Garn 20 M und 30 R, mit mitteldickem Garn 24 M und 32 R

NADELN UND SONSTIGES ZUBEHÖR

- Stricknadeln Nr. 3,5 für das Einstrickmuster und Nr. 3 für die einfarbigen Abschnitte (bei dickem Garn), Nr. 3 für das Einstrickmuster und Nr. 2,5 für die einfarbigen Abschnitte (bei mitteldickem Garn) oder je nach Strickfestigkeit. Wollnadel.

GRÖSSE

- Unisex. Die Größe lässt sich leicht durch Ändern der Fußlänge anpassen. Der Mustersatz besteht aus 6 Maschen, sodass Sie die Schaftbreite leicht an den gewünschten Umfang anpassen können.

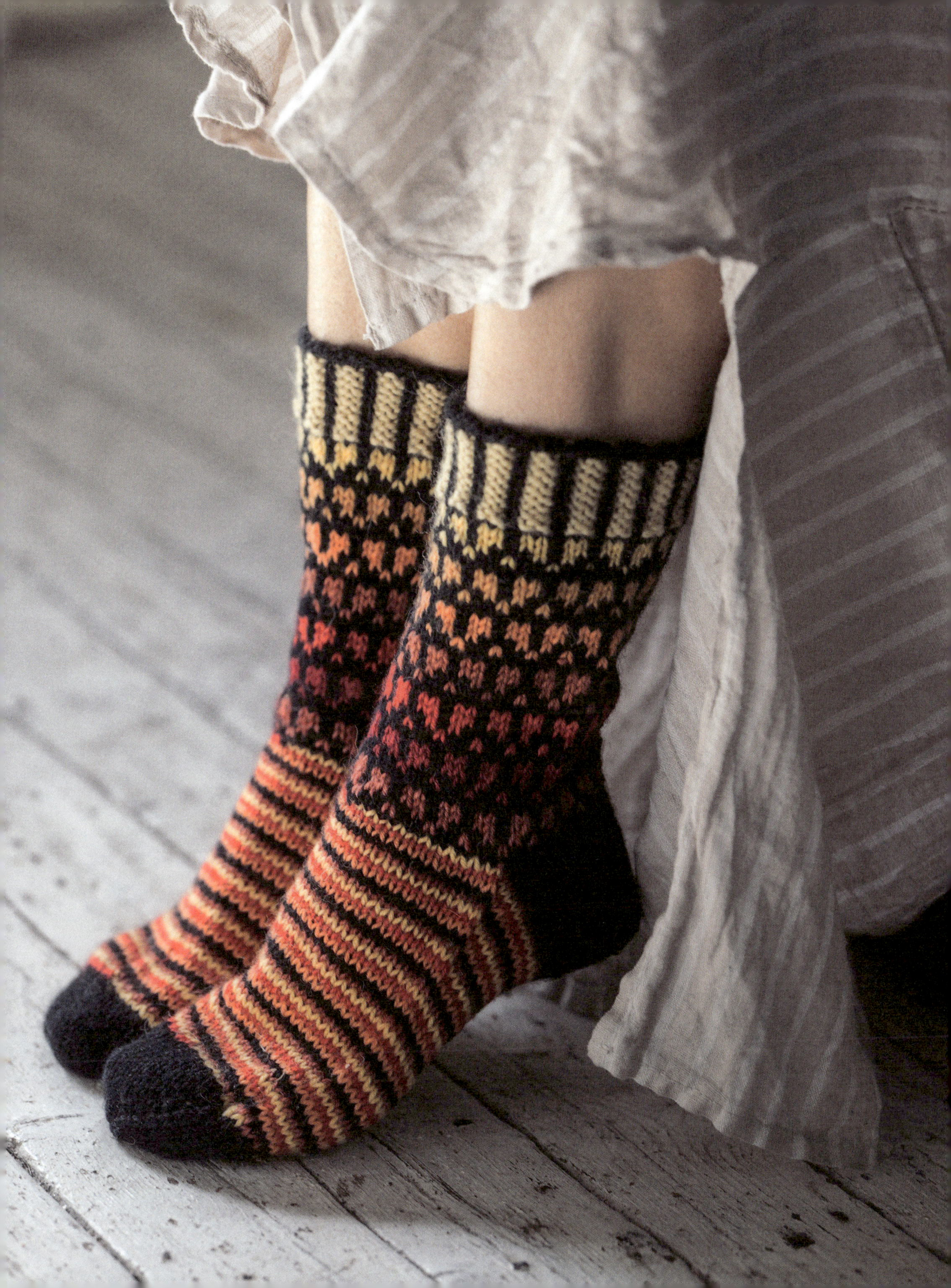

ANLEITUNG

Schaft

54 (60) M in der Hauptfarbe auf den dickeren Nadeln anschlagen und auf vier Nd des Nadelspiels verteilen: 14, 13, 13, 14 (15, 15, 15, 15) M. Der Rd-Wechsel liegt zwischen der 1. und der 4. Nd.

Zur Runde schließen, dabei darauf achten, dass sich die M nicht verdrehen. Den Schaft laut Zählmuster str, der Rapport wiederholt sich 9 (10)-mal in der Rd. Zur besseren Lesbarkeit ist die Hauptfarbe im Zählmuster mit hellgrauen Kästchen gekennzeichnet.

Ferse und Fersenabnahmen

Die Fersenwand wird mit den dünneren Nd mit den M der 1. und der 4. Nd gestrickt. Dazu die M der 1. Nd auf die 4. Nd str (= 28 (30) M) und zunächst eine Vorbereitungs-R wie folgt str (RückR): 1 M li abheben, ohne sie zu stricken, bis R-Ende li str.

Die Fersenwand verstärkt str wie folgt:

1. R (HinR): *1 M re abheben, ohne sie zu stricken, 1 M re*, ab * bis R-Ende wdh.

2. R (RückR): 1 M li abheben, ohne sie zu stricken, die übrigen M li str.

Diese beiden R wdh, bis insg. 26 (28) R gestrickt sind.

Die Käppchenabnahmen wie folgt str:

1. R (HinR): 1 M re abheben, ohne sie zu stricken, verstärkt str wie zuvor, bis noch 10 (10) M auf der Nd sind, ssk (= nach links geneigte Abnahme: 2 M nacheinander wie zum Rechtsstricken abheben, wieder zurück auf die li Nd heben, sodass sich die Ausrichtung der M ändert, und re verschr zus str), die Arb wenden.

2. R (RückR): 1 M li abheben, ohne sie zu stricken, 8 (10) M li, 2 M li zus, die Arb wenden.

3. R (HinR): 1 M re abheben, ohne sie zu stricken, 8 (10) M verstärkt str, ssk, die Arb wenden.

Die 2. und 3. R entsprechend wdh, bis die äußeren M an beiden Seiten aufgebraucht sind.

Die Fersen-M gleichmäßig auf zwei Nd verteilen: 5, 5 (6, 6). Aus beiden Seiten des Fersenrandes 13 (14) M auffassen und dazu je 1 M an beiden Seiten von der 2. und 3. Nd der Oberseite auf die 1. und 4. Nd heben (um zu vermeiden, dass seitlich ein Loch entsteht). Auf der 1. und 4. Nd liegen jetzt 19 (21) M.

Fußteil und Zwickelabnahmen

Spiralförmig mit fünf Farben weiterarbeiten, dabei die 1. Rd in der gleichen Farbe wie das Fersenkäppchen str.

Spiraltechnik (Gum-Gum) in fünf Farben:

1. Runde:

Die Hauptfarbe am Rd-Wechsel ruhen lassen.

Die 1. Nd mit der 1. Musterfarbe str, den Faden ruhen lassen.

Die 2. Nd mit der 2. Musterfarbe str, den Faden ruhen lassen.

Die 3. Nd mit der 3. Musterfarbe str, den Faden ruhen lassen.

Die 4. Nd mit der 4. Musterfarbe str, den Faden ruhen lassen.

2. Runde:

Die 1. Nd mit der aus der Vorrunde ruhenden Hauptfarbe str.

Die 2. Nd mit der aus der Vorrunde ruhenden 1. Musterfarbe str.

Die 3. Nd mit der aus der Vorrunde ruhenden 2. Musterfarbe str.

Die 4. Nd mit der aus der Vorrunde ruhenden 3. Musterfarbe str.

So den gesamten Fußteil stricken (dabei jede Nd mit dem ruhenden Faden aus der Vorrunde abstricken und den Faden der vorherigen Nd ruhen lassen), gleichzeitig für die Zwickelabnahmen in jeder 2. Rd am Ende der 1. Nd 2 M re zus und am Anfang der 4. Nd ein ssk str.

In jeder 2. Rd alle M re str. Mit den Zwickelabnahmen fortfahren, bis noch 12 (14) M auf jeder Nd übrig sind. Den Fuß weiter in Spiralstreifen str, bis noch 4 cm zur gewünschten Gesamtlänge fehlen. Sie müssen sich jetzt am Rd-Wechsel befinden. Nun die Farbe auswählen, mit der die Sockenspitze gestrickt werden soll. Die anderen Fäden abschneiden und beim Stricken einweben, dabei in der gewählten Farbe stricken, bis eine Runde über alle Nadeln gestrickt wurde.

Spitzenabnahmen

1. Rd: Mit der 1. und 3. Nd re M str, bis noch 3 M übrig sind, 2 M re zus, 1 M re. Mit der 2. und 4. Nd 1 M re, ssk, bis Rd-Ende re M str.

2. Rd: Alle M re str.

Die 1. und 2. Rd wdh, bis auf jeder Nd noch 7 M übrig sind. Jetzt in jeder Rd abnehmen, bis auf jeder Nd noch 2 M übrig sind. Den Faden abschneiden, durch alle restlichen M ziehen und festziehen.

Fertigstellen

Die Fäden vernähen. Falls durch die Zwickelabnahmen störende Löcher entstanden sind, diese mit Nadel und Faden schließen. Die Socken bei schwacher Hitze unter einem feuchten Tuch leicht bügeln oder sanft von Hand waschen und liegend trocknen lassen.

Zeichenerklärung

- Rechte M
- Linke M
- Schwarz
- Hellgelb
- Gelb
- Helles Orange
- Orange
- Rost
- Rot
- Burgund
- Altrosa

Zählmuster

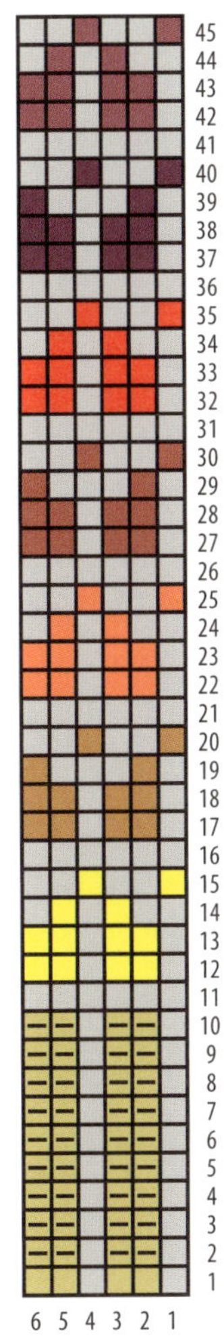

PATCHWORK

Diese Socken verdanken ihren Namen dem patchworkartigen Karomuster am Schaft, der in der Intarsientechnik in Hin- und Rückreihen gestrickt wird, wodurch die Karos gut zur Geltung kommen. Dazu können alle ca. 1,5 m langen Fäden verarbeitet werden, während die Rundenanzahl der Streifen am Fußteil je nach den verwendeten Garnresten frei variieren kann. Das Modell ist für Männer und Frauen gleichermaßen geeignet und lässt sich auch problemlos an Kindergrößen anpassen.

GARN

- Dickes Sockengarn (100 g/200 m) oder mitteldickes Sockengarn (100 g/260 m)
- Bei den Modellsocken wurden mitteldicke Sockengarne (75 % Wolle, 25 % Polyamid) verwendet. Für das Modell in Größe 38 wurde insg. 100 g Garn in über 10 verschiedenen Farben verarbeitet. Für die Hauptfarbe (hier: Hellgrau) wurden ca. 25 g und für die anderen Farben jeweils 2–6 g verbraucht. In der Hauptfarbe benötigen Sie ca. 25 g und in den anderen Farben ca. 65 g. Für ein Quadrat reicht ein ca. 1,5 m langer Faden.

MASCHENPROBE

- 10 cm × 10 cm = mit dickem Garn 20 M und 30 R, mit mitteldickem Garn 24 M und 32 R

NADELN UND SONSTIGES ZUBEHÖR

- Stricknadeln Nr. 3 für dickes Garn und Nr. 2,5 für mitteldickes Garn oder je nach Strickfestigkeit. Wollnadel.

GRÖSSE

- Unisex. Die Größe lässt sich leicht durch Ändern der Fußlänge anpassen.

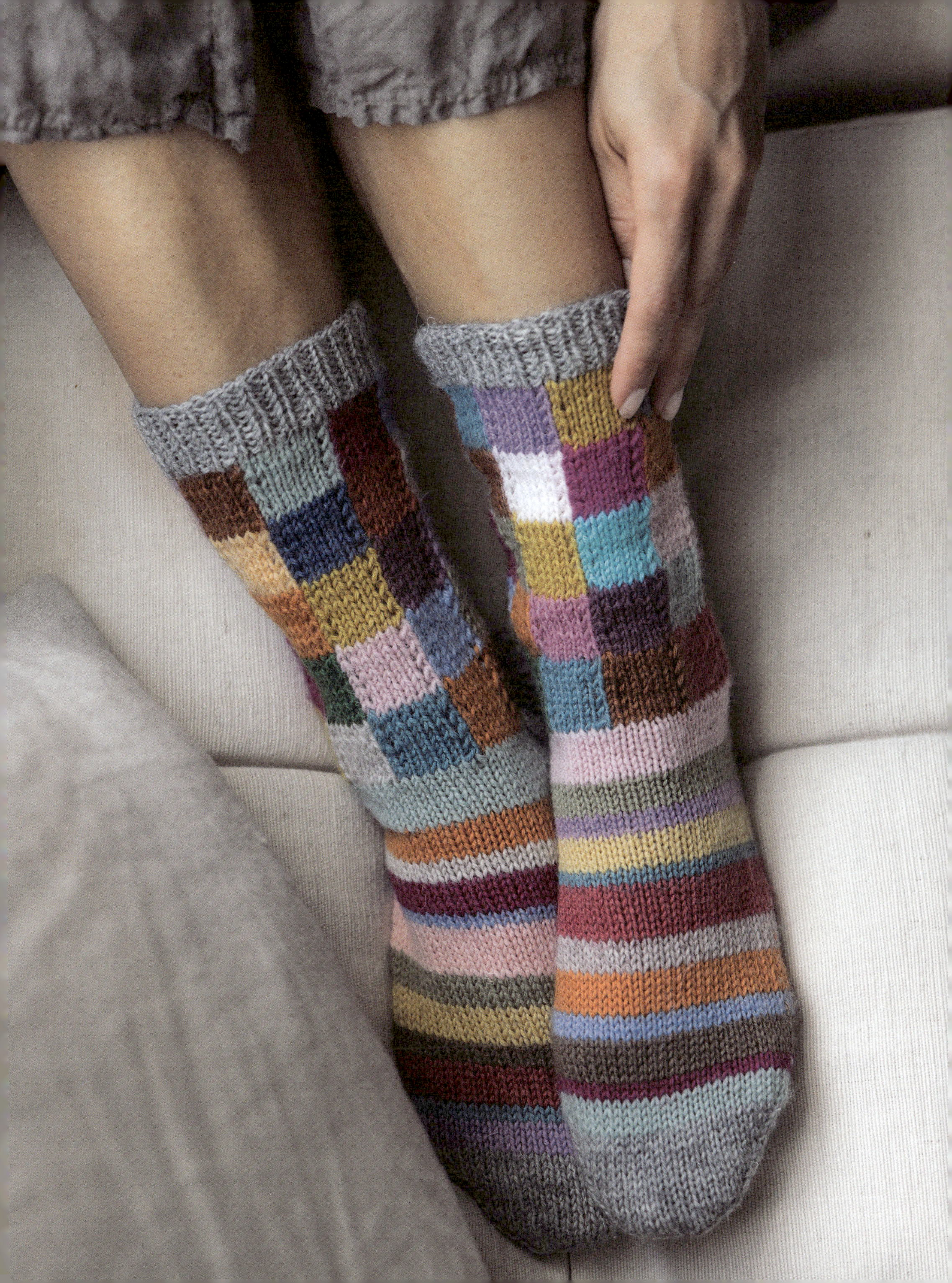

ANLEITUNG

Schaft

48 (56) M in der Hauptfarbe anschlagen und auf vier Nd des Nadelspiels verteilen: 12 (14) M pro Nd. Der Rd-Wechsel liegt an der Sockenseite zwischen der 1. und der 4. Nd.

Zur Runde schließen, dabei darauf achten, dass sich die M nicht verdrehen. Für das Bündchen 10 Rd im Rippenmuster 1 M re, 1 M li im Wechsel str. Den Faden abschneiden.

Acht Garne in verschiedenen Farben, jeweils ca. 1,5 m lang, auswählen und die Quadrate str, Nadelverteilung 6, 18, 12, 12 (7, 21, 14, 14) M.

Die 1. Nd mit den M nur eines Quadrats ist die sog. Wendenadel, wo sich die Strickrichtung zwischen den Reihen ändert. Im Zählmuster A1 (A2) ist der R-Beginn in der Hin- und RückR gekennzeichnet.

Bitte beachten: Alle Verkreuzungen der Fäden beim Farbwechsel und Einweben der Fadenenden erfolgen stets auf der Rückseite der Arbeit, d. h. in der HinR hinter der Arbeit und in der RückR vor der Arbeit. Die ersten Quadrate wie folgt str:

1. R (HinR): Die erste Farbe nehmen, 1 M re und den Arbeitsfaden mit dem Bündchenfaden im Uhrzeigersinn umeinanderlegen (hinter der Arbeit). Die nächste M re und den Arbeitsfaden im Uhrzeigersinn mit seinem eigenen Anfangsende verkreuzen. So bis zum Nd-Ende fortfahren, dabei die gleichen Fäden nach jeder M umeinanderlegen und so den Anfangsfaden einweben. Die 1. Farbe ruhen lassen.

Die zweite Farbe nehmen, 1 M re und den Faden mit der 1. Farbe im Uhrzeigersinn hinter der Arbeit verkreuzen. Mit der neuen Farbe 5 (6) M re und den Fadenanfang einweben, dazu den Faden mit dem Arbeitsfaden nach jeder M im Uhrzeigersinn hinter der Arbeit verkreuzen. Die 2. Farbe ruhen lassen.

So fortfahren, dabei weitere Farben hinzufügen und die Anfangsfäden einweben, bis alle 8 Quadrate gestrickt sind und das Ende der 4. Nd erreicht ist. Bitte beachten: In der nächsten R wird von einer anderen Stelle aus weitergestrickt.

2. R (RückR): Wenden, sodass die linke Seite der Arbeit nach außen zeigt (quasi von der Innenseite der Arbeit aus stricken). Mit der 1. Nd beginnen. Die M der 1. Nd li str, die Fäden der 1. Farbe und der nächsten Farbe im Uhrzeigersinn (auf der linken Seite der Arbeit) umeinanderlegen, die Farbe wechseln, 1 M li und die Fäden gegen den Uhrzeigersinn umeinanderlegen. Das Quadrat zu Ende str und die Farbe wechseln wie zuvor. So fortfahren, bis alle Quadrate der R links gestrickt wurden. Die Arbeit wenden.

3. R (HinR): Die M der 1. Nd re str. Die Fäden auf der linken Seite der Arbeit im Uhrzeigersinn umeinanderlegen, mit der nächsten Farbe 1 M re, die Fäden auf der linken Seite der Arbeit gegen den Uhrzeigersinn umeinanderlegen und das Quadrat zu Ende str. So fortfahren, bis alle Quadrate der R gestrickt wurden. Die Arbeit wenden.

4. R (RückR): Wenden, sodass die linke Seite der Arbeit nach außen zeigt, und wie die 2. R str. Die Arbeit wenden.

Die 3. und 4. R laut Zählmuster wiederholen. Wenn ein Quadrat fertig ist, den Faden abschneiden.

Die nächste Quadratreihe stricken:

1. R (HinR): Die erste Farbe der neuen Quadratreihe nehmen, 1 M re und den Arbeitsfaden im

Uhrzeigersinn (hinter der Arbeit) um das Fadenende des darunterliegenden Quadrats legen, 1 M re und die gleichen Fäden gegen den Uhrzeigersinn umeinanderlegen.

Noch 4 (5) M re mit der ersten Farbe str, dabei das Fadenende des unteren Quadrats einweben, d. h. nach jeder Masche im Uhrzeigersinn mit dem Arbeitsfaden verkreuzen. Den Faden des 1. Quadrats ruhen lassen.

Die nächste Farbe nehmen, 1 M re und den Arbeitsfaden mit der Farbe des vorherigen Quadrats und dem Fadenende des darunterliegenden Quadrats im Uhrzeigersinn (hinter der Arbeit) verkreuzen, 5 (6) M re, dabei das Fadenende des unteren Quadrats einweben, d. h. nach jeder Masche im Uhrzeigersinn mit dem Arbeitsfaden verkreuzen. Den Faden des 2. Quadrats ruhen lassen

So fortfahren, bis alle 8 Quadrate gestrickt und die Fadenenden der 1. Quadratreihe eingewebt sind. Jetzt ist das Ende der 4. Nd erreicht.

2. R (RückR): Wenden, sodass die linke Seite der Arbeit nach außen zeigt. Mit der 1. Nd beginnen. Die M der 1. Nd li str. Die Fäden des 1. Quadrats und der nächsten Farbe im Uhrzeigersinn (auf der linken Seite der Arbeit) umeinanderlegen, mit der nächsten Farbe 1 M li und die Fäden gegen den Uhrzeigersinn umeinanderlegen. Das Quadrat zu Ende str. So fortfahren, dabei die Farbe wechseln wie zuvor, bis alle Quadrate der R links gestrickt wurden. Die Arbeit wenden.

3. R (HinR): Mit der 1. Nd beginnen. 1 M str und den Arbeitsfaden mit seinem Anfangsende im Uhrzeigersinn verkreuzen (hinter der Arbeit). Die restlichen M auf der 1. Nd str, dabei den Anfangsfaden des Quadrats einweben. Am Anfang der nächsten Nd die Fäden auf der linken Seite der Arbeit im Uhrzeigersinn umeinanderlegen, mit der nächsten Farbe 1 M re, die Fäden auf der linken Seite der Arbeit gegen den Uhrzeigersinn umeinanderlegen und mit der Farbe des Quadrats 5 (6) M str, dabei den Anfangsfaden des Quadrats einweben. So fortfahren, bis alle Quadrate der R gestrickt und die Anfangsfäden eingewebt wurden. Die Arbeit wenden.

4. R (RückR): Wenden, sodass die linke Seite der Arbeit nach außen zeigt, und wie die 2. R str. Die Arbeit wenden.

Die Hin- und RückR laut Zählmuster A1 (A2) wiederholen, dabei die Farbe wechseln wie zuvor. Wenn ein Quadrat fertig ist, den Faden abschneiden.

Die nächsten Quadratreihen genauso str. Die Fadenenden der vorherigen Quadratreihe stets in der 1. R der nächsten Quadratreihe und die Anfangsfäden in der 3. R jedes Quadrats einweben.

Wenn die im Zählmuster A1 (A2) angegebene Anzahl an Quadratreihen gestrickt ist oder der Schaft die gewünschte Länge hat, die Arbeitsfäden abschneiden und mit der Fersenwand in der Hauptfarbe beginnen.

Ferse und Fersenabnahmen

Die Fersenwand wird mit den M der 1. und 2. Nd in Hin- und Rückreihen gestrickt, dazu die M auf eine Nd heben (= 24 (28) M) und zunächst eine RückR als Vorbereitungs-R str, dabei alle M li str. Die Arbeit wenden und die Fersenwand verstärkt str wie folgt:

1. R (HinR): *1 M re abheben, ohne sie zu stricken, 1 M re*, ab * bis R-Ende wdh.

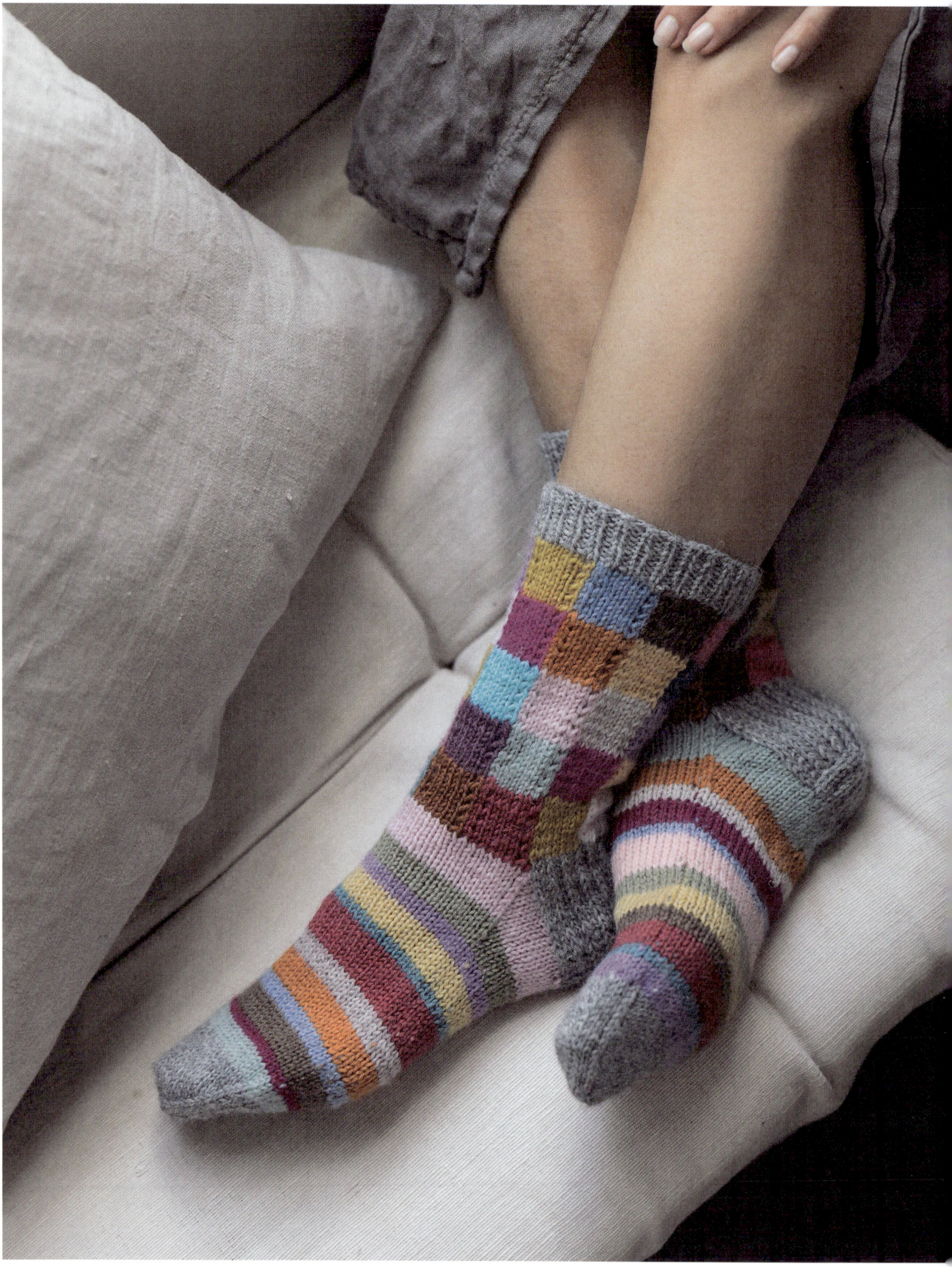

2. R (RückR): 1 M li abheben, ohne sie zu stricken, die übrigen M li str.

Diese beiden R wdh, bis insg. 24 (28) R gestrickt sind.

Die Käppchenabnahmen wie folgt str:

1. R (HinR): 1 M re abheben, ohne sie zu stricken, verstärkt str wie zuvor, bis noch 8 (9) M auf der Nd sind, ssk (= nach links geneigte Abnahme: 2 M nacheinander wie zum Rechtsstricken abheben, wieder zurück auf die li Nd heben, sodass sich die Ausrichtung der M ändert, und re verschr zus str), die Arb wenden.

2. R (RückR): 1 M li abheben, ohne sie zu stricken, 8 (10) M li, 2 M li zus, die Arb wenden.

3. R (HinR): 1 M re abheben, ohne sie zu stricken, 8 (10) M verstärkt str, ssk, die Arb wenden.

Die 2. und 3. R entsprechend wdh, bis die äußeren M an beiden Seiten aufgebraucht sind. Den Faden abschneiden.

Die Fersen-M gleichmäßig auf zwei Nd verteilen: 5, 5 (6, 6). Aus beiden Seiten des Fersenrandes 12 (14) M auffassen und auf dieselbe Nd heben. Auf der 1. und 2. Nd liegen jetzt 17 (20) M.

Nun den Rd-Wechsel zwischen die 1. und die 4. Nd legen, dazu die Nadeln so benennen, dass die 5 (6) M am Anfang der Ferse auf der 4. Nd liegen, die 5 (6) M am Ende der Ferse auf der 1. Nd und auf der Fußoberseite zuerst die M der 2. Nd und danach die M der 3. Nd liegen. So befindet sich der Rd-Wechsel an der Sockenunterseite. Das Fußteil wird in Runden gestrickt.

Fußteil und Zwickelabnahmen

Den Fuß in beliebigen Farben ab der Fersenmitte auf der 1. Nd str, dabei pro Farbe 2–8 R str. Gleichzeitig für die Zwickelabnahmen in jeder 2. Rd am Ende der 1. Nd 2 M re zus und am Anfang der 4. Nd ein ssk str. In jeder 2. Rd alle M re str. Mit den Zwickelabnahmen fortfahren, bis noch 12 (14) M auf jeder Nd übrig sind. Den Fuß weiter in Streifen str, bis noch 5 cm zur gewünschten Gesamtlänge fehlen. Die Musterfarbe abschneiden und die Socken in der Hauptfarbe fertigstricken.

Spitzenabnahmen

1. Rd: Mit der 1. und 3. Nd re M str, bis noch 3 M übrig sind, 2 M re zus, 1 M re. Mit der 2. und 4. Nd 1 M re, ssk, bis Rd-Ende re M str.

2. Rd: Alle M re str.

Die 1. und 2. Rd wdh, bis auf jeder Nd noch 7 M übrig sind. Jetzt in jeder Rd abnehmen, bis auf jeder Nd noch 2 M übrig sind. Den Faden abschneiden, durch alle restlichen M ziehen und festziehen.

Fertigstellen

Die Fäden vernähen. Falls durch die Zwickelabnahmen störende Löcher entstanden sind, diese mit Nadel und Faden schließen. Die Socken bei schwacher Hitze unter einem feuchten Tuch leicht bügeln oder sanft von Hand waschen und liegend trocknen lassen.

Zählmuster A1 (für dickes Garn)

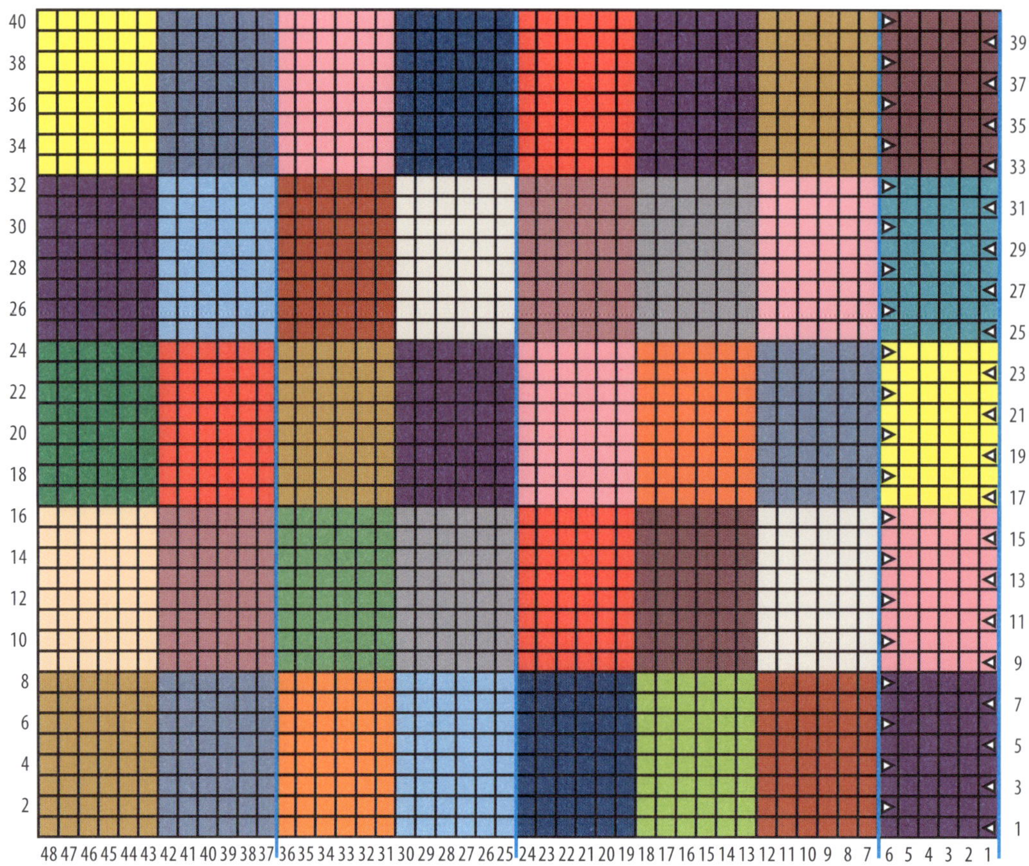

Zeichenerklärung

- □ Re M in der HinR, li M in der RückR
- ◁ R-Beginn der 1. Nd in der HinR
- ▷ R-Beginn der 1. Nd in der RückR
- | Nadelverteilung
- Hellblau
- Rot
- Hellgelb
- Helles Gelbgrün
- Violett
- Kupferbraun
- Puder
- Türkis
- Helles Blaugrün
- Altrosa
- Orange
- Pink
- Goldgelb
- Jeansblau
- Naturweiß
- Braun

Zählmuster A2 (für mitteldickes Garn)

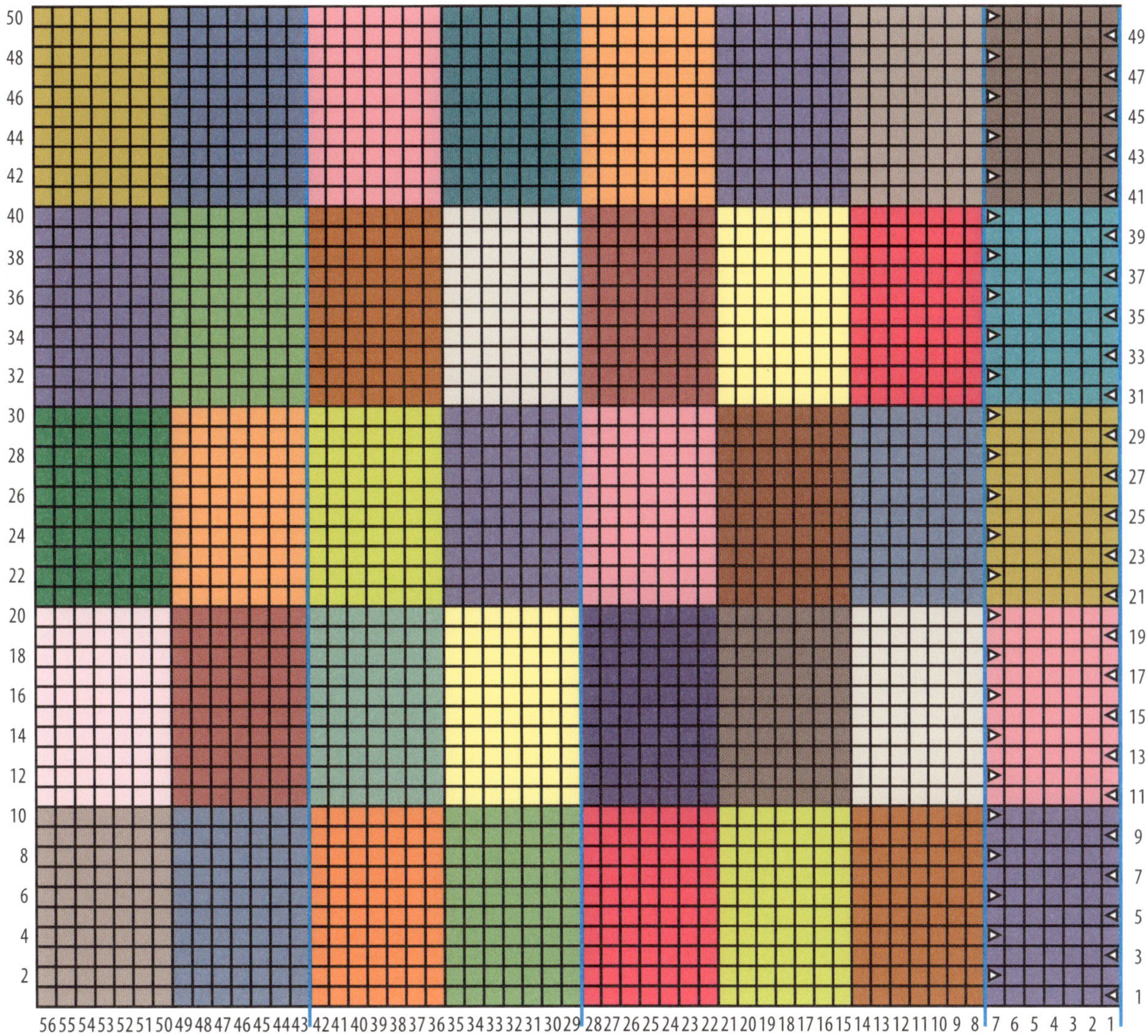

PANTOFFELN

Kuschelige Pantoffeln entweder für sich selbst oder für Gäste. Dieses Modell wird doppelfädig gearbeitet, wobei die Farben fließend ineinander übergehen, da beide Fäden ca. 15 cm vor dem Farbwechsel gespleißt und zusammen verstrickt werden. So erspart man sich das Vernähen von Fäden beim Farbwechsel. Zu Beginn wird ein kleiner Henkel zum praktischen Aufhängen der Pantoffeln gehäkelt.

Für dieses Modell lassen sich alle Garnreste verarbeiten, die Sie anderswo nicht verwenden können. Nehmen Sie als zweiten Faden zum Beispiel einen Faden, der nirgendwo anders zu passen scheint und für den Sie sich keine andere Verwendung vorstellen können.

Die Pantoffeln sind sowohl für Männer als auch für Frauen geeignet und in der Größe leicht anpassbar. Damen- und Herrenmodelle werden mit der gleichen Maschenzahl, jedoch in unterschiedlichen Garnstärken gestrickt. Für Damengrößen wird mit mitteldicken Garnen gearbeitet, für Herrengrößen mit dicken Garnen. Sollen die Pantoffeln genau gleich werden, stricken Sie sie gleichzeitig.

GARN

- Dickes Sockengarn (100 g/200 m) oder mitteldickes Sockengarn (100 g/260 m)
- Bei den Modellsocken wurden mitteldicke Sockengarne (75 % Wolle, 25 % Polyamid) verwendet. Für das Modell in Größe 38 wurde insg. 95 g Garn in verschiedenen Farben verarbeitet.

MASCHENPROBE

- 10 cm × 10 cm = mit dickem Garn 16 M und 20 R, mit mitteldickem Garn 18 M und 22 R

NADELN UND SONSTIGES ZUBEHÖR

- Stricknadeln Nr. 5 für dickes Garn und Nr. 4 für mitteldickes Garn oder je nach Strickfestigkeit. Häkelnadel Nr. 5 (4). Wollnadel.

GRÖSSE

- Unisex. Die Größe lässt sich leicht durch Ändern der Fußlänge anpassen.

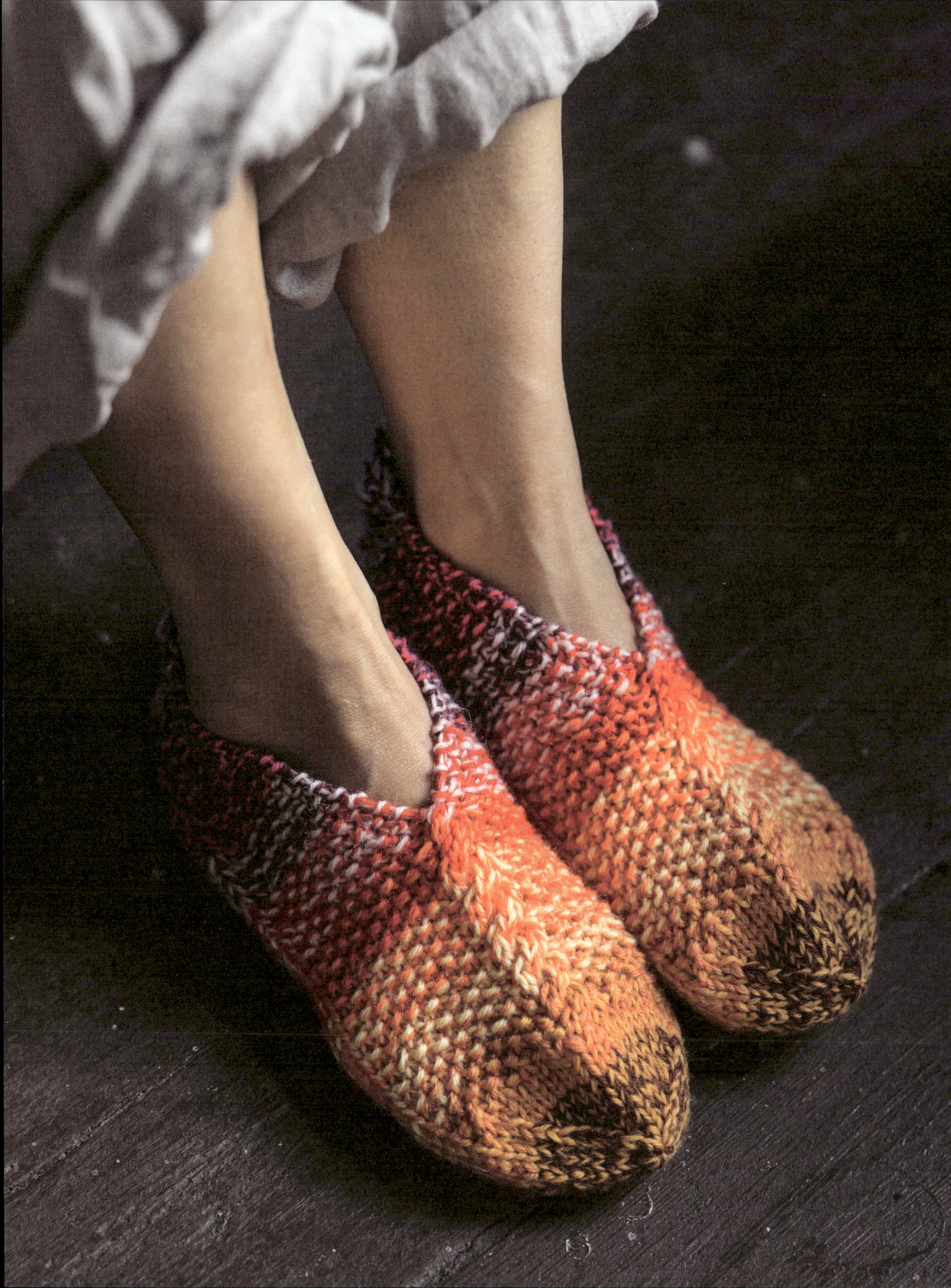

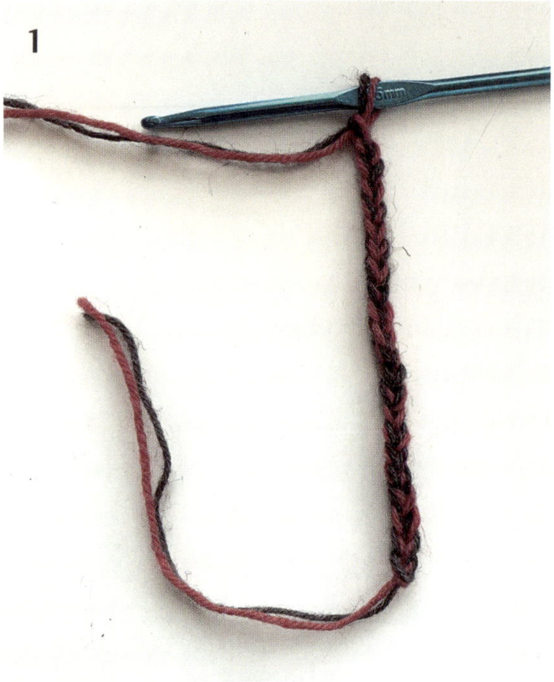

1

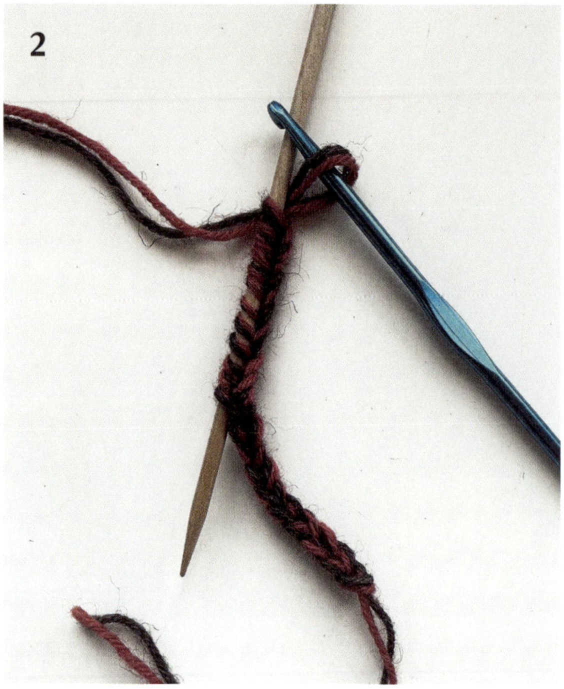

2

ANLEITUNG

Zu Beginn häkelt man eine Luftmaschenkette, aus der die Anfangsmaschen für die Ferse aufgenommen werden und anschließend die Rückseite der Ferse im Perlmuster gestrickt wird. Der Garnwechsel erfolgt durch Spleißen, d. h. beide Fäden werden auf einer Strecke von ca. 15 cm ausgedünnt und zusammen verstrickt. Genauere Anweisungen dazu finden Sie im technischen Teil auf Seite 21.

Perlmuster

−	
	−

☐ Re M in der HinR, li M in der RückR

⊟ Li M in der HinR, re M in der RückR

Ferse

Mit doppeltem Faden 20 Luftmaschen häkeln (**Bild 1**).

Am Anfang ein ca. 15 cm langes Fadenende stehen lassen, um die Luftmaschenkette später hinten am Pantoffel zu befestigen.

Vom Ende der Luftmaschenkette 9 M plus die M auf der Häkelnadel auf die Nd heben (**Bild 2**). 22 Reihen im Perlmuster wie folgt stricken:

1. R (HinR): Die 1. M re abheben, ohne sie zu stricken, 1 M re, *1 M li, 1 M re*, ab * bis R-Ende wdh, die Arbeit wenden.

2. R (RückR): Die 1. M li abheben, ohne sie zu stricken, 1 M li, *1 re, 1 li*, ab * wdh, bis noch 1 M übrig ist, 1 M re, die Arbeit wenden. Die rechte Seite der Fersenwand ist die Seite, an der die verblei-

3

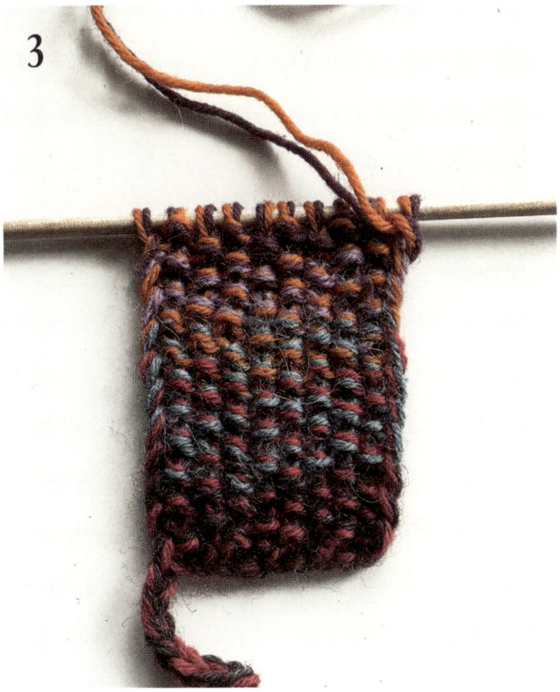

4

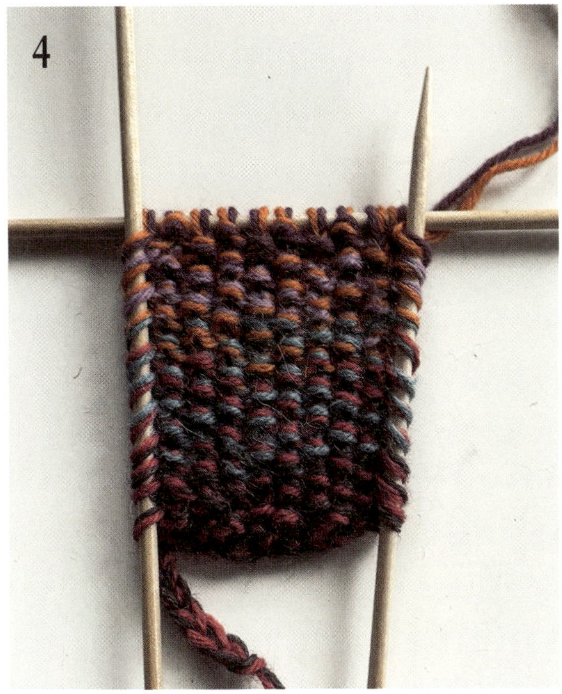

benden Luftmaschen an der linken Seite hängen (**Bild 3**).

Nun mit zwei freien Nadeln aus beiden Fersenrändern je 11 M aufnehmen (**Bild 4**).

Der Faden liegt nun am Anfang der Fersenwand. Die erste R der Fersenwand im Perlmuster str, auch mit der Nd an der linken Seite des Pantoffels (= 4. Nd) im Perlmuster str, die Arbeit wenden. Mit der 4. Nd im Perlmuster, mit der 3. Nd (Käppchen) li M und mit der 1. Nd (Nd an der rechten Seite) im Perlmuster stricken. Nun mit den Zunahmen für die Fußsohle beginnen wie folgt:

1. R (HinR): Die 1. M abheben, ohne sie zu stricken, mit der 1. Nd im Perlmuster str, den Querfaden zwischen der 1. und der 3. Nd auf die 3. Nd

5

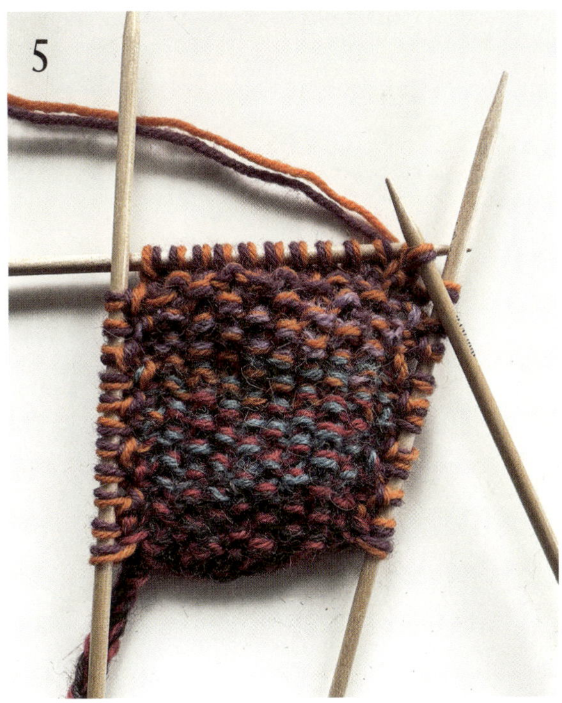

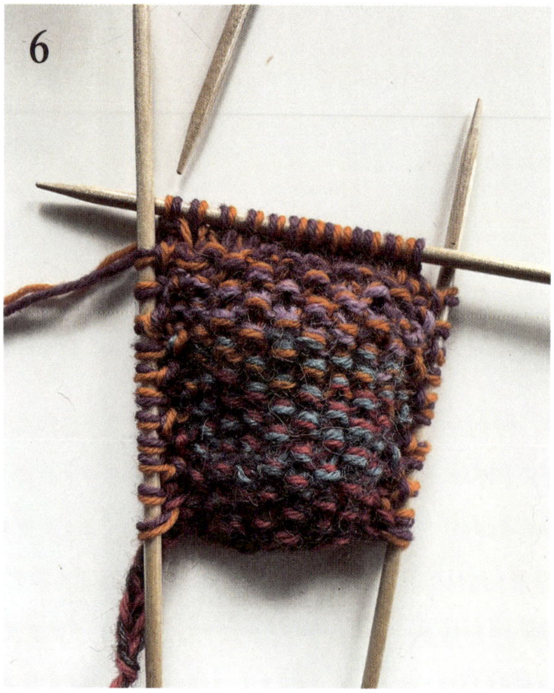

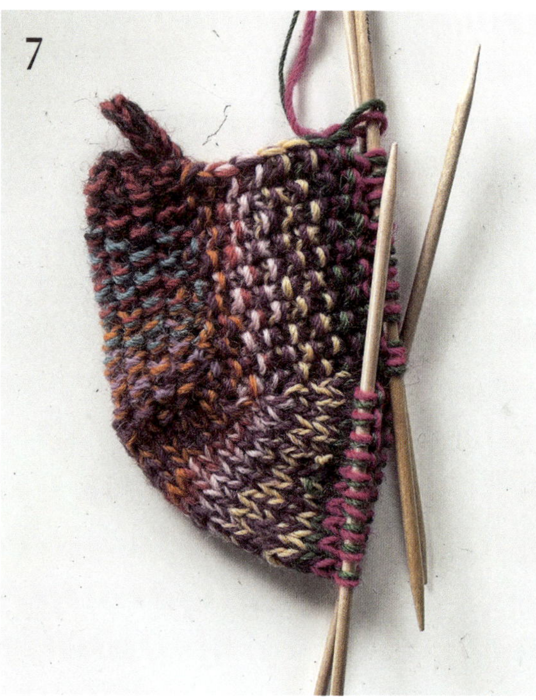

heben und re verschr abstricken (**Bild 5**), 10 M re, den Querfaden zwischen der 3. und der 4. Nd auf die 3. Nd heben und re verschr abstricken (**Bild 6**), mit der 4. Nd im Perlmuster str.

Es wurden 2 M zugenommen. Die Arbeit wenden.

2. R (RückR): Die 1. M abheben, ohne sie zu stricken, mit der 4. Nd im Perlmuster, mit der 3. Nd alle M li, mit der 1. Nd im Perlmuster str. Die Arbeit wenden.

Die 1. und 2. R wdh, bis die Sohle 20 M hat. Die M der 3. Nd gleichmäßig auf die 2. und 3. Nd verteilen, 10 M pro Nd.

Fußteil

Weiterstricken wie folgt:

1. R (HinR): Die 1. M abheben, ohne sie zu stricken, mit der 1. Nd im Perlmuster, mit der 2. und 3. Nd alle M re, mit der 4. Nd im Perlmuster str. Die Arbeit wenden.

2. R (RückR): Die 1. M abheben, ohne sie zu stricken, mit der 4. Nd im Perlmuster, mit der 2. und 3. Nd alle M li, mit der 1. Nd im Perlmuster str (**Bild 7**). Die Arbeit wenden.

Die 1. und 2. R wdh, bis die Arbeit gemessen von der Mitte der Ferse ca. 11 cm misst und bis zu den letzten 2 M vor Ende der HinR gestrickt wurde.

Ab jetzt wird in Runden gestrickt. Der Rd-Beginn liegt zwischen der 1. und 4. Nd. Die Arbeit mit einem Zopf zur Runde schließen:

1. Rd: Die 2 letzten M der 4. Nd (beim ersten Mal sind diese 2 M ungestrickt) auf eine Hilfsnadel vor die Arbeit heben. Die ersten 2 M der 1. Nd re auf die 4. Nd str. Die M auf der Hilfsnadel auf die 1. Nd heben, re str und die 1. Nd im Perlmuster fertigstricken. Mit der 2. und

3. Nd alle M re und mit der 4. Nd im Perlmuster str, die letzten 2 M re.

2.–4. Rd: Mit der 1. Nd 2 M re, 9 M im Perlmuster, die 2. und 3. Nd re, mit der 4. Nd 9 M im Perlmuster, 2 M re.

Die 1.–4. Rd wdh, dabei auf der Oberseite des Fußteils den Zopf str, bis noch 5 cm zur Gesamtlänge fehlen.

Tipp: Soll auf der Oberseite des Fußteils kein Zopf gestrickt werden, dann in einer Rd die letzten 2 M der 4. Nd und die ersten 2 M der 1. Nd aufeinander zus str (= die vorletzte M der 4. Nd und die 1. M der 1. Nd zus str sowie die letzte M der 4. Nd und die 2. M der 1. Nd zus str). So wird die ganze Oberseite des Fußteils im Perlmuster und die Sohle glatt rechts gestrickt.

Spitzenabnahmen

Eine Rd re über alle M str, dabei am Anfang der 1. Nd die 2. und 3. M re zus und am Ende der 4. Nd ein ssk, 1 M re str. Die Arbeit hat jetzt 10 M pro Nd. Noch 1 Rd re über alle M str und mit den Spitzenabnahmen beginnen.

1. Rd: Mit der 1. und 3. Nd re M str, bis noch 3 M übrig sind, 2 M re zus, 1 M re. Mit der 2. und 4. Nd 1 M re, ssk, bis Rd-Ende re M str.

2. Rd: Alle M re str.

Die 1. und 2. Rd wdh, bis auf jeder Nd noch 7 M übrig sind. Jetzt in jeder Rd abnehmen, bis auf jeder Nd noch 2 M übrig sind. Den Faden abschneiden, durch alle restlichen M ziehen und festziehen.

Fertigstellen

Die gehäkelte Luftmaschenkette als Aufhänger an der anderen Kante der Fersenwand annähen. Die Fäden vernähen. Die Socken bei schwacher Hitze unter einem feuchten Tuch leicht bügeln oder sanft von Hand waschen und liegend trocknen lassen.

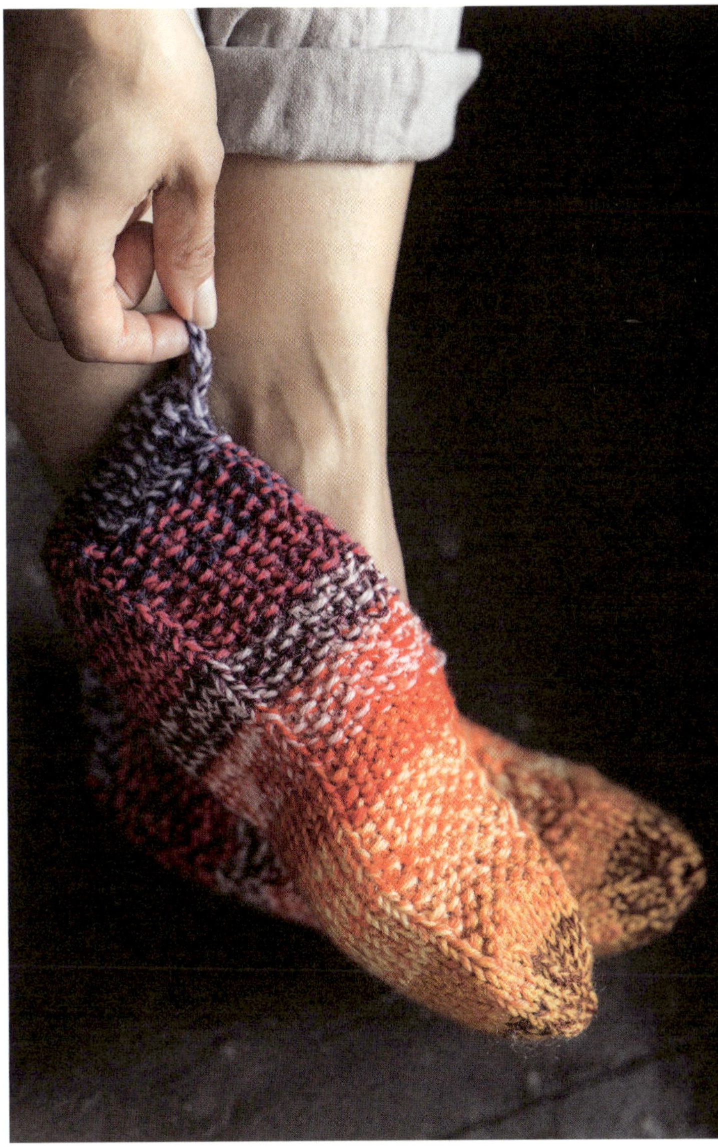

WINDHARFE

Der Klang einer Windharfe kann je nach Richtung und Stärke des Windes sanft oder kräftig sein. In meiner Vorstellung erklingt die Windharfe leise in einer milden Brise, daher sind die Modellsocken in dezenten Farbtönen gestrickt. Wählen Sie für Ihre Socken genau die Nuancen, die den Klang Ihres Gemütszustandes beschreiben. Für das Bündchen und den Fuß werden zwei Farben in etwas größerer Menge benötigt, die anderen kommen mit weniger aus.

GARN

- Dickes Sockengarn (100 g/200 m) oder mitteldickes Sockengarn (100 g/260 m)
- Bei den Modellsocken wurden dicke Sockengarne (75 % Wolle, 25 % Polyamid) verwendet. Für das Modell in Größe 38 wurde insg. 300 g Garn in 16 verschiedenen Farben verarbeitet. Für die Hauptfarben (hier: Perlgrau und Sandbraun) wurden jeweils ca. 80 g und für die anderen Farben jeweils ca. 10–30 g verbraucht. In den Hauptfarben benötigen Sie ca. 160 g und in den anderen Farben ca. 160 g.

MASCHENPROBE

- 10 cm × 10 cm = mit dickem Garn 20 M und 30 R, mit mitteldickem Garn 24 M und 32 R

NADELN UND SONSTIGES ZUBEHÖR

- Stricknadeln Nr. 3,5 für das Einstrickmuster und Nr. 3 für die einfarbigen Abschnitte (bei dickem Garn), Nr. 3 für das Einstrickmuster und Nr. 2,5 für die einfarbigen Abschnitte (bei mitteldickem Garn) oder je nach Strickfestigkeit. Wollnadel. Häkelnadel Nr. 3,5.

GRÖSSE

- Damengröße 38. Die Größe lässt sich leicht durch Ändern der Fußlänge anpassen.

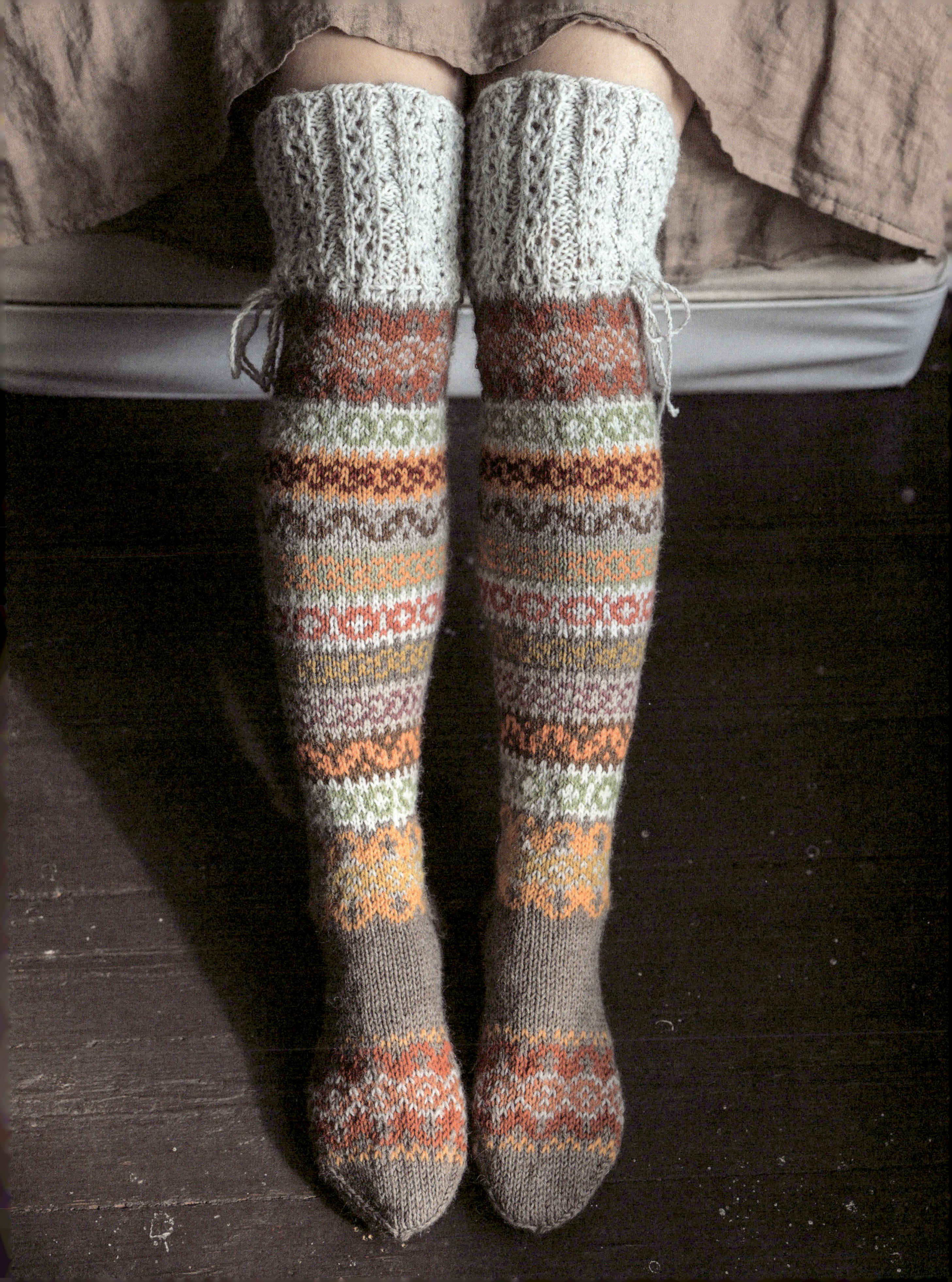

ANLEITUNG

Schaft

70 (77) M in der ersten Hauptfarbe auf den dünneren Nadeln anschlagen und auf vier Nd des Nadelspiels verteilen: 14, 21, 14, 21 (14, 21, 21, 21) M. Der Rd-Wechsel liegt auf der Sockenrückseite zwischen der 1. und der 4. Nd.

Zur Runde schließen, dabei darauf achten, dass sich die M nicht verdrehen. Für das Bündchen 6 (9)-mal die 1.–6. Rd laut Strickschrift A arbeiten. Die 1.–7. M des Rapports wiederholen sich 10 (11)-mal pro Runde.

Nach dem Bündchen 1 Rd re str, dabei gleichmäßig verteilt 2 (3) M zunehmen, dazu den Querfaden zwischen den M aufnehmen und re verschr abstricken. Die Arbeit hat jetzt 72 (80) M. Den Schaft mit den dickeren Nd laut Zählmuster B weiterstr. In Rd 61, 64, 67, 70, 73, 76, 79, 82, 85 und 88 jeweils am Rd-Anfang und am Rd-Ende 1 M abnehmen, dabei am Rd-Anfang 2 M re zus und am Rd-Ende ein ssk str. Wenn alle 106 Rd des Zählmusters gestrickt sind, hat die Arbeit 52 (60) M. Die M gleichmäßig auf den Nd verteilen: 13 (15) M pro Nd. Zu den dünneren Nd wechseln und damit die Socken zu Ende str, mit Ausnahme des Einstrickmusters, das mit dickeren Nd gestrickt wird.

Ferse und Fersenabnahmen

Die Fersenwand wird in der 2. Hauptfarbe mit den M der 1. und der 4. Nd gestrickt. Dazu die M der 1. Nd auf die 4. Nd str und zunächst eine Vorbereitungs-R wie folgt str (RückR): 1 M li abheben, ohne sie zu stricken, bis R-Ende li str.

Die Fersenwand verstärkt str wie folgt:

1. R (HinR): *1 M re abheben, ohne sie zu stricken, 1 M re*, ab * bis R-Ende wdh.

2. R (RückR): 1 M li abheben, ohne sie zu stricken, die übrigen M li str.

Diese beiden R wdh, bis insg. 26 (28) R gestrickt sind.

Die Käppchenabnahmen wie folgt str:

1. R (HinR): 1 M re abheben, ohne sie zu stricken, verstärkt str wie zuvor, bis noch 9 (11) M auf der Nd sind, ssk (= nach links geneigte Abnahme: 2 M nacheinander wie zum Rechtsstricken abheben, wieder zurück auf die li Nd heben, sodass sich die Ausrichtung der M ändert, und re verschr zus str), die Arb wenden.

2. R (RückR): 1 M li abheben, ohne sie zu stricken, 8 M li, 2 M li zus, die Arb wenden.

3. R (HinR): 1 M re abheben, ohne sie zu stricken, 8 M verstärkt str, ssk, die Arb wenden.

Die 2. und 3. R entsprechend wdh, bis die äußeren M an beiden Seiten aufgebraucht sind.

Die Fersen-M gleichmäßig auf zwei Nd verteilen: 5, 5. Aus beiden Seiten des Fersenrandes 13 (14) M auffassen, und dazu je 1 M an beiden Seiten von der 2. und 3. Nd der Oberseite auf die 1. und 4. Nd heben. Auf der 1. und 4. Nd liegen jetzt 19 (20) M und auf der 2. und 3. Nd liegen jetzt 12 (14) M.

Fußteil und Zwickelabnahmen

Mit der 2. Hauptfarbe weiterstr, gleichzeitig für die Zwickelabnahmen in jeder 2. Rd am Ende der 1. Nd 2 M re zus und am Anfang der 4. Nd ein ssk str. In jeder 2. Rd alle M re str. Mit den Zwickelabnahmen fortfahren, bis auf der 1. und 4. Nd jeweils noch 12 (14) M übrig sind.

Wenn noch 11 (10) cm bis zur gewünschten Gesamtlänge fehlen, weiter laut Zählmuster C1 (C2) arbeiten. Wenn Zählmuster C fertig gestrickt ist, in der 2. Hauptfarbe 1 Rd re str und mit den Spitzenabnahmen beginnen.

Spitzenabnahmen

1. Rd: Mit der 1. und 3. Nd re M str, bis noch 3 M übrig sind, 2 M re zus, 1 M re. Mit der 2. und 4. Nd 1 M re, ssk, bis Rd-Ende re M str.

2. Rd: Alle M re str.

Die 1. und 2. Rd wdh, bis auf jeder Nd noch 7 M übrig sind. Jetzt in jeder Rd abnehmen, bis auf jeder Nd noch 2 M übrig sind. Den Faden abschneiden, durch alle restlichen M ziehen und festziehen.

Fertigstellen

Die Fäden vernähen. Falls durch die Zwickelabnahmen störende Löcher entstanden sind, diese mit Nadel und Faden schließen. Die Socken bei schwacher Hitze unter einem feuchten Tuch leicht bügeln oder sanft von Hand waschen und liegend trocknen lassen.

Bei Bedarf eine ca. 1 m lange Luftmaschenkette häkeln oder eine Kordel drehen und nach dem Bündchen durch die Lochreihe fädeln. Damit halten sich die Socken oben an der richtigen Stelle.

Strickschrift A

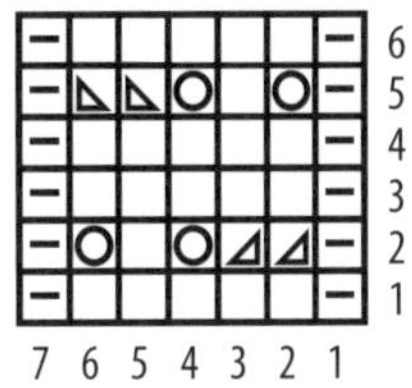

Zeichenerklärung

- □ Rechte M
- – Linke M
- O Umschlag
- ◿ 2 M re zus
- ◺ ssk

Zählmuster B

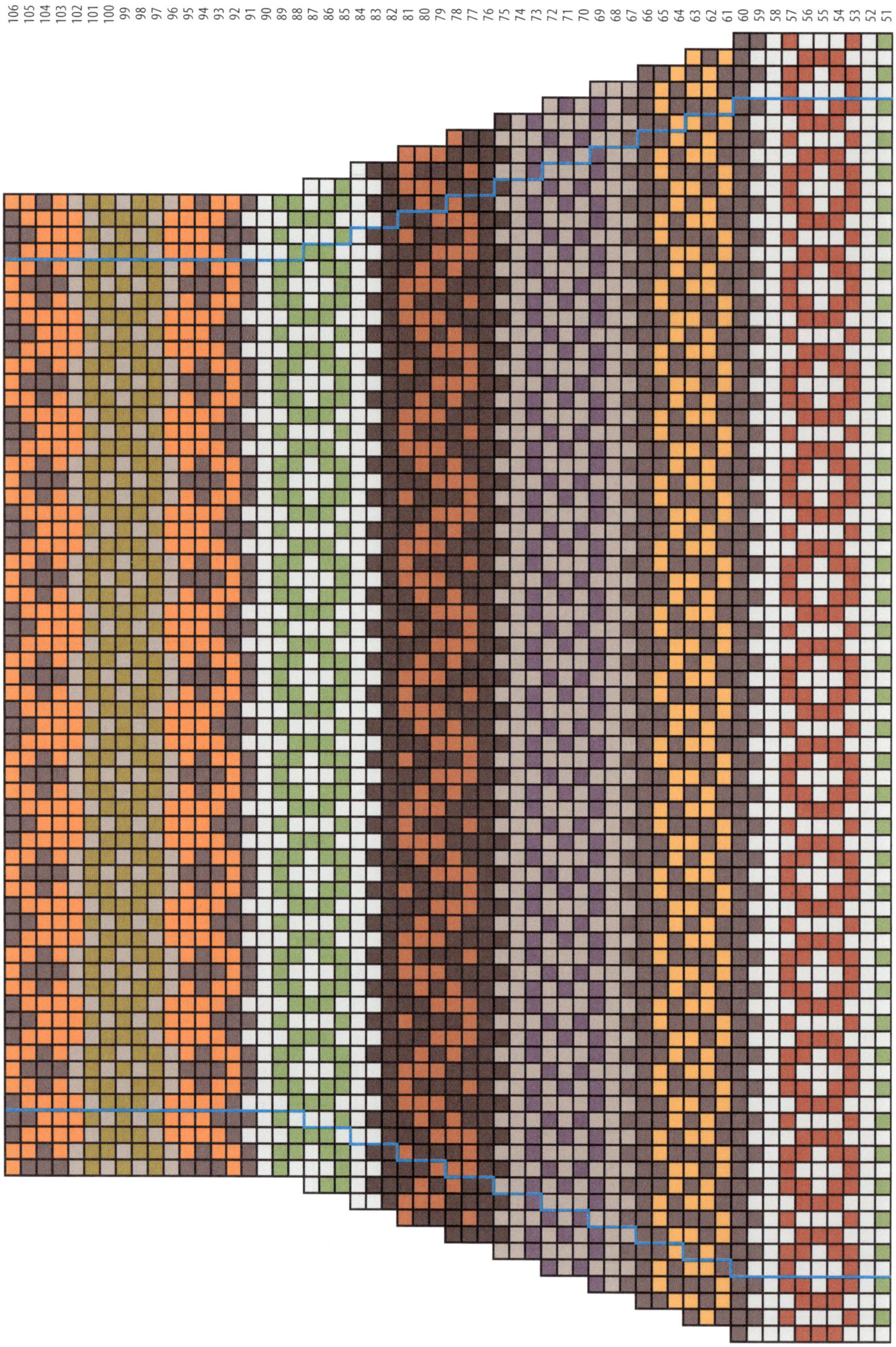

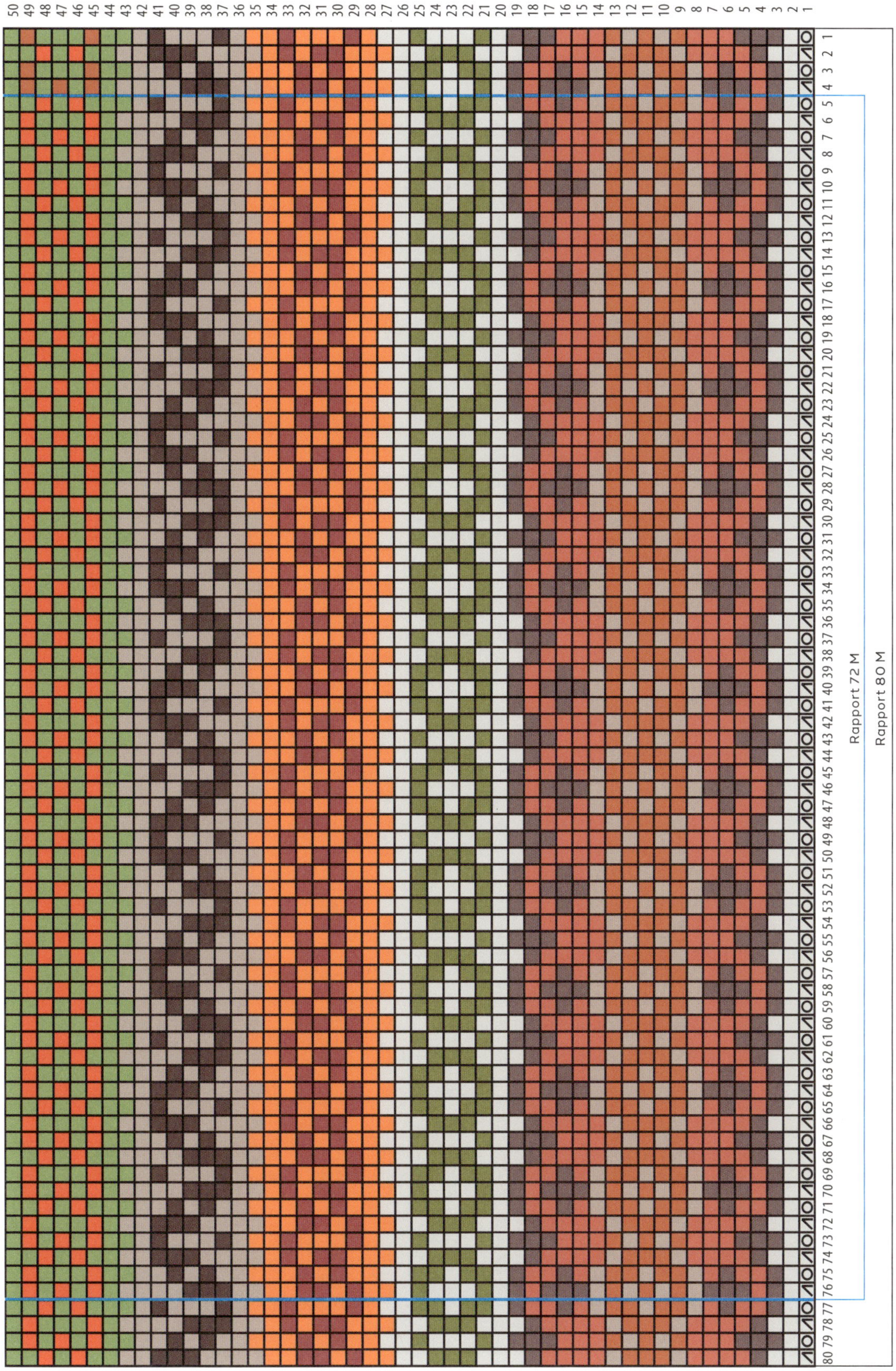
Rapport 72 M
Rapport 80 M

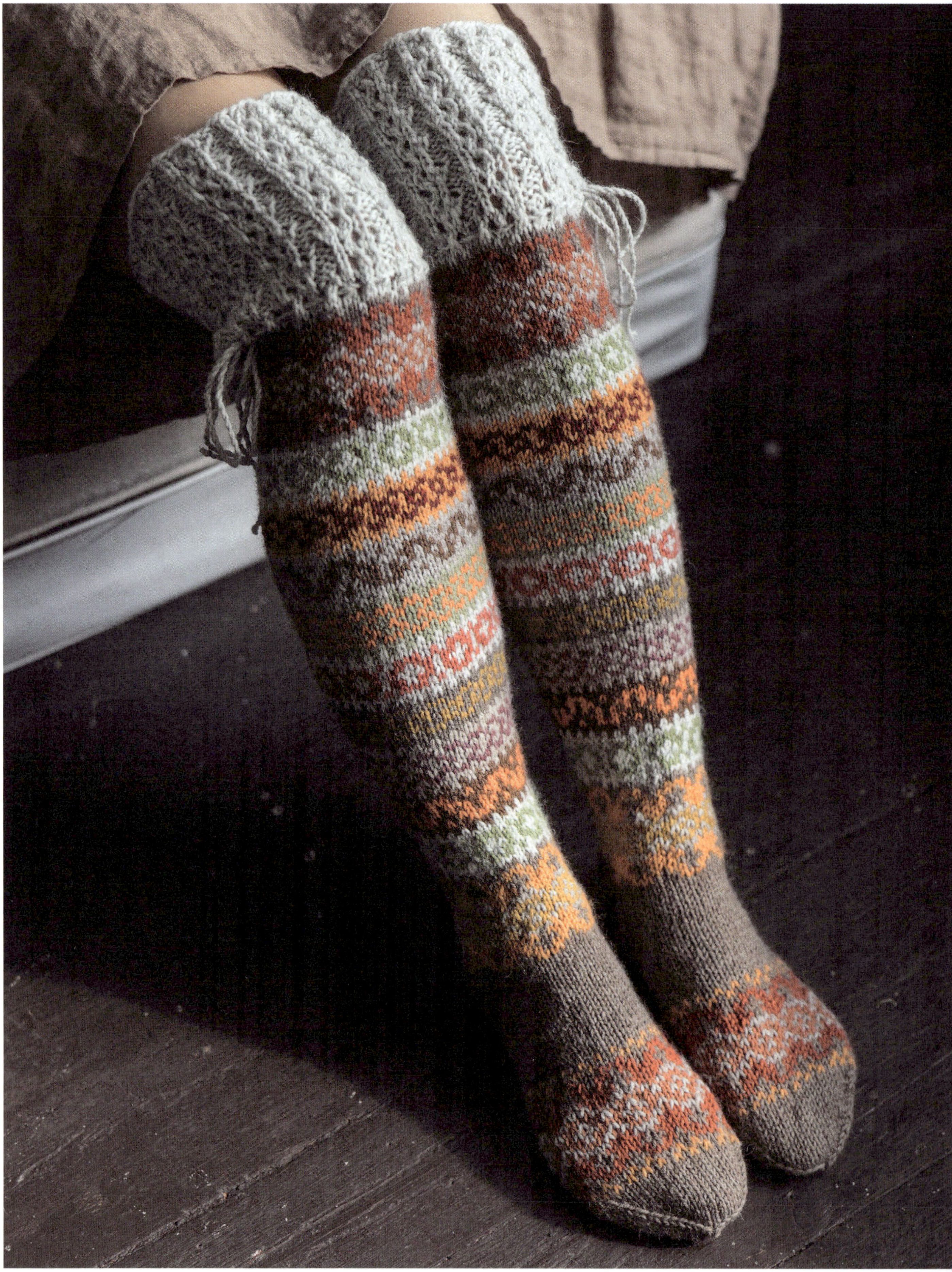

Zählmuster C1 (für dickes Garn)

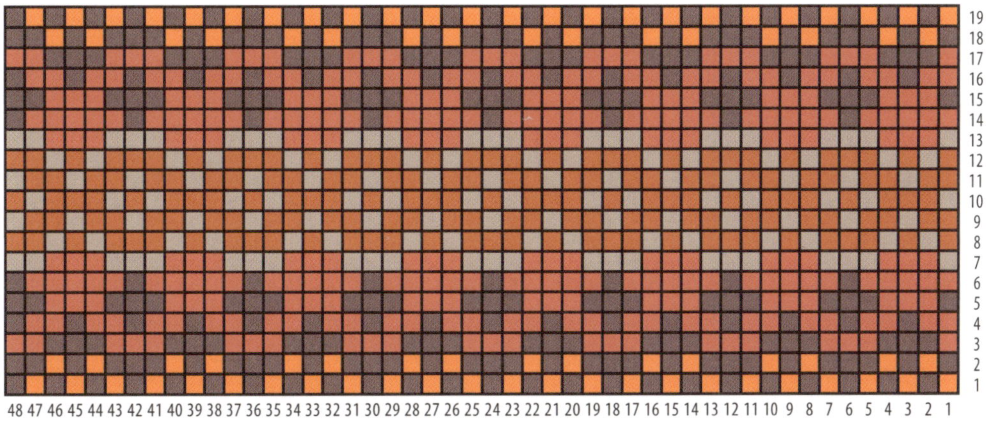

Zählmuster C2 (für mitteldickes Garn)

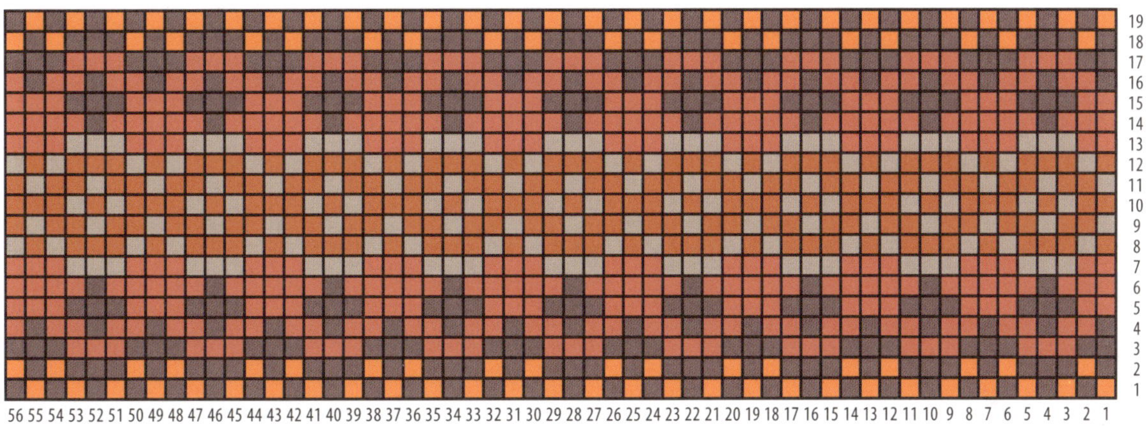

Zeichenerklärung

- Rechte M
- Linke M
- Umschlag
- 2 M re zus
- ssk
- Mustergrenze für dickeres Garn
- Rapport
- Perlgrau
- Sandbraun
- Gebrochenes Orange
- Helles Sandbraun
- Dunkelorange
- Moosgrün
- Orange
- Burgund
- Dunkelbraun
- Gelbgrün
- Altrosa
- Dunkelrosa
- Goldgelb
- Rotviolett
- Hellgrün
- Gebrochenes Gelb

NEUE ROMANZE

Für mein erstes Buch hatte ich ein Modell mit kurzem Schaft namens Romanze entworfen. Da das Spitzenmuster schon immer eines meiner Favoriten war, wollte ich unbedingt auch eines für Restgarne umsetzen.

Dadurch hat sich das Modell gegenüber dem Original etwas verändert. Für die Neue Romanze können Sie den Schaft beliebig lang stricken und beliebige Farben verwenden. Ich persönlich wollte alle Rosa- und Burgunderfarben dezent kombinieren, sodass die Socken fast wie ein Farbverlauf wirken. Auch in kräftigen Kontrastfarben gestrickt sieht das Modell schick aus. Das luftige Zopfmuster ist sehr elastisch und erstreckt sich vom Schaft bis über die Fußoberseite.

GARN

- Dickes Sockengarn (100 g/200 m) oder mitteldickes Sockengarn (100 g/260 m)
- Bei den Modellsocken wurden mitteldicke Sockengarne (75 % Wolle, 25 % Polyamid) verwendet. Für das Modell in Größe 38 wurde insg. 110 g Garn in 9 verschiedenen Rottönen verarbeitet. Für jede Farbe benötigen Sie ca. 5–25 g.

MASCHENPROBE

- 10 cm × 10 cm = mit dickem Garn 20 M und 30 R, mit mitteldickem Garn 24 M und 32 R

NADELN UND SONSTIGES ZUBEHÖR

- Stricknadeln Nr. 3 für dickes Garn und Nr. 2,5 für mitteldickes Garn oder je nach Strickfestigkeit. Häkelnadel. Wollnadel.

GRÖSSE

- Damengröße 38. Die Größe lässt sich leicht durch Ändern der Fußlänge anpassen.

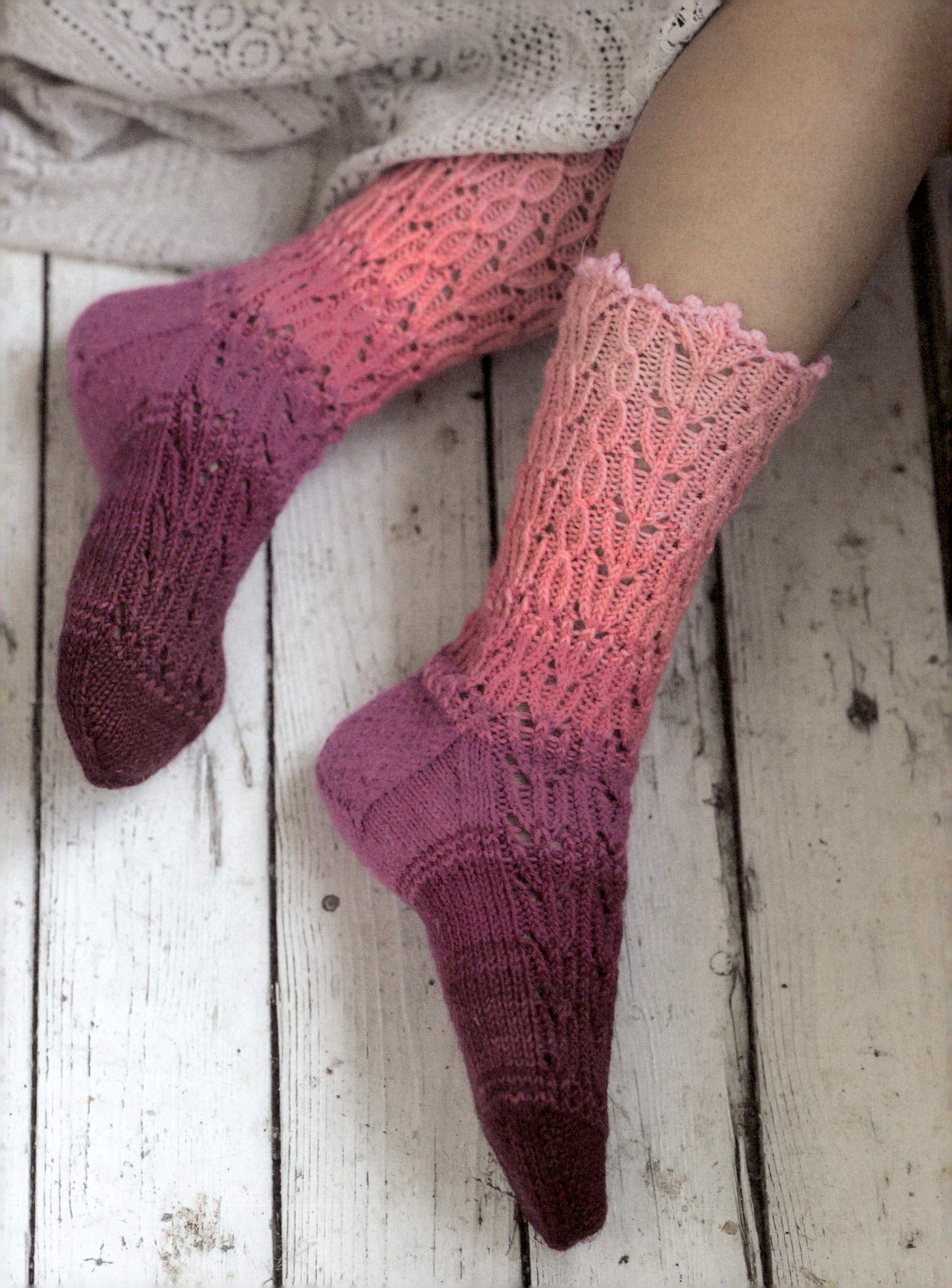

ANLEITUNG

Schaft

Mit der Häkelnadel 60 (72) M in der ersten Farbe für die Picotkante anschlagen. Die Picots alle 2 (3) M arbeiten. Wie man eine Picotkante häkelt, ist auf Seite 152 beschrieben. Ein Video darüber finden Sie auf meiner Facebook-Seite Unelmien silmukat. Wenn die benötigte Anzahl Maschen auf der Nd liegt, die Arbeit wenden und in der 1. Rd alle M re str, dabei die M auf vier Nd des Nadelspiels verteilen: 10, 20, 10, 20 (12, 24, 12, 24) M. Der Rd-Wechsel liegt auf der Sockenrückseite zwischen der 1. und der 4. Nd.

Zur Runde schließen, dabei darauf achten, dass sich die M nicht verdrehen. Dafür kann der Anfangsfaden vorläufig als Hilfe verwendet werden.

In der nächsten Farbe laut Strickschrift A1 (A2) weiterstricken. Dann laut Strickschrift B1 (B2) in der gleichen Farbe fortfahren und bei mitteldickem Garn in der 1. Rd im Smokmuster (siehe Zeichenerklärung Seite 149) arbeiten. Die Schaftlänge kann angepasst werden, indem man die 1.–8. Rd beliebig oft strickt. Den Schaft bis zu der gewünschten Länge str, jedoch so, dass der Schaft mit der 2. Rd des Musters in der Farbe endet, in der die Ferse gestrickt werden soll. Bei mitteldickem Garn darauf achten, dass die Abnahmen in den letzten beiden Rd vor der Ferse im Smokmuster gearbeitet werden: 3 M auf eine Hilfsnadel heben, den Faden 2-mal gegen den Uhrzeigersinn um die M wickeln, 2 M wie zum Rechtsstricken abheben, 1 M re, die abgehobenen M über die gestrickte M ziehen (= 2 M abgenommen). Vor dem Stricken der Ferse den Faden am Ende der 4. Nd abschneiden.

Ferse und Fersenabnahmen

Die Fersenwand wird mit den M der 1. und der 4. Nd gestrickt. Dazu die M der 1. Nd auf die 4. Nd heben, siehe Strickschrift B1 (B2). Die rückwärtige Mitte verschiebt sich leicht zur Seite hin. Die Fersenwand hat jetzt 24 (28) M. Zunächst eine RückR mit linken M str.

Die Fersenwand versetzt verstärkt str wie folgt:

1. R (HinR): *1 M re abheben, ohne sie zu stricken, 1 M re*, ab * bis R-Ende wdh.

2. R (RückR): 1 M li abheben, ohne sie zu stricken, die übrigen M li str.

3. R (HinR): 1 M re, *1 M re abheben, ohne sie zu stricken, 1 M re*, ab * wdh, bis noch 2 M übrig sind, 2 M re.

4. R (RückR): 1 M li abheben, ohne sie zu stricken, die übrigen M li str.

Die 1.–4. R wdh, bis insg. 24 (28) R gestrickt sind.

Die Käppchenabnahmen wie folgt str:

1. R (HinR): 1 M re abheben, ohne sie zu stricken, 13 (15) M re, ssk (= nach links geneigte Abnahme: 2 M nacheinander wie zum Rechtsstricken abheben, wieder zurück auf die li Nd heben, sodass sich die Ausrichtung der M ändert, und re verschr zus str), 1 M re, die Arb wenden.

2. R (RückR): 1 M li abheben, ohne sie zu stricken, der Faden liegt vor der Arbeit, 5 M li, 2 M li zus, 1 M li, die Arb wenden.

3. R (HinR): 1 M re abheben, ohne sie zu stricken, 6 M re, ssk, 1 M re, die Arb wenden.

4. R (RückR): 1 M li abheben, ohne sie zu stricken, der Faden liegt vor der Arbeit, 7 M li, 2 M li zus, 1 M li, die Arb wenden.

Auf diese Weise fortfahren, dabei nehmen die M in der Mitte in jeder R um eine M zu, bis die äußeren M an beiden Seiten aufgebraucht sind. Jetzt liegen 14 (16) M auf der Nd. Den Faden abschneiden.

Die Fersen-M auf zwei Nd verteilen (1. und 4. Nd): 7, 7 (8, 8). Mit derselben Nadel an beiden Seiten der Fersenwand je 12 (14) M aufnehmen. Jetzt liegen 19 (22) M auf der 1. und 4. Nd.

Fußteil und Zwickelabnahmen

Mit der 1. und 4. Nd weiter glatt rechts und mit der 2. und 3. Nd laut Strickschrift B1 (B2) für den Fußteil arbeiten.

Gleichzeitig für die Zwickelabnahmen in jeder 2. Rd am Ende der 1. Nd 2 M re zus und am Anfang der 4. Nd ein ssk str. In jeder 2. Rd alle M re str. Mit den Zwickelabnahmen fortfahren, bis noch 12 (14) M auf jeder Nd übrig sind. Den Fuß auf der Oberseite mit der 2. und 3. Nd und mit der 1. und 4. Nd glatt rechts in beliebigen Farben (Farbwechsel wie am Schaft) weiterstr, bis noch ca. 4 cm zur gewünschten Gesamtlänge fehlen. Sie müssen sich jetzt am Rd-Wechsel befinden. Noch 1 Rd re über alle Nd str.

Spitzenabnahmen

1. Rd: Mit der 1. und 3. Nd re M str, bis noch 3 M übrig sind, 2 M re zus, 1 M re. Mit der 2. und 4. Nd 1 M re, ssk, bis Rd-Ende re M str.

2. Rd: Alle M re str.

Die 1. und 2. Rd wdh, bis auf jeder Nd noch 7 M übrig sind. Jetzt in jeder Rd abnehmen, bis auf jeder Nd noch 2 M übrig sind. Den Faden abschneiden, durch alle restlichen M ziehen und festziehen.

Fertigstellen

Die Fäden vernähen. Falls durch die Zwickelabnahmen störende Löcher entstanden sind, diese mit Nadel und Faden schließen. Die Socken bei schwacher Hitze unter einem feuchten Tuch leicht bügeln oder sanft von Hand waschen und liegend trocknen lassen.

Strickschrift A1 (für dickes Garn)

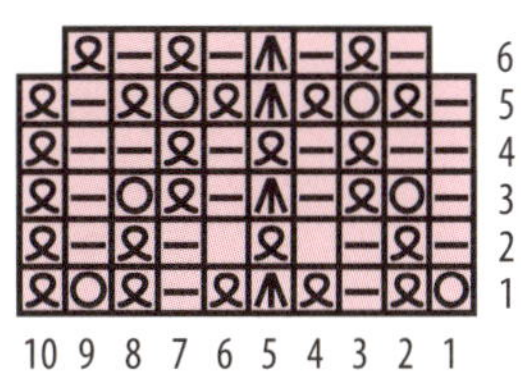

Strickschrift A2 (für mitteldickes Garn)

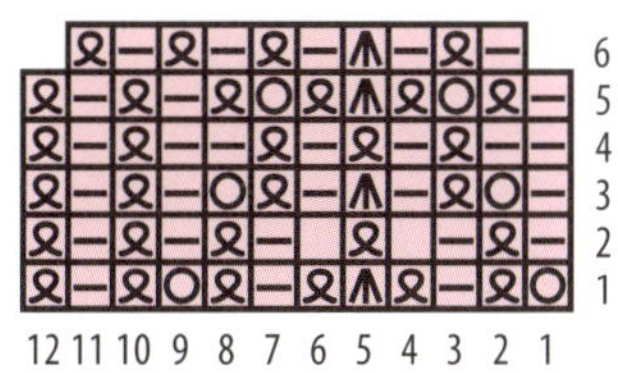

Zeichenerklärung

- Rechte M
- Linke M
- Rechts verschränkt
- Umschlag
- 2 M re zus
- ssk
- 2 M wie zum Rechtszusammenstricken abheben, 1 M re, die abgehobenen M über die gestrickte M ziehen
- 3 M auf eine Hilfsnd heben, den Faden hinten von rechts nach links und vorn von links nach rechts 2-mal umwickeln, wobei ein sog. Smok entsteht. Die M auf der Hilfsnadel 1 M re verschr, 1 M li, 1 M re verschr stricken
- Keine M = dieses Kästchen in der Strickschrift überspringen und wie im nächsten Kästchen angegeben stricken (die M wurde abgenommen).
- Die Maschen für die Ferse sind in der Strickschrift türkis markiert

Strickschriften für dickes Garn

Bitte beachten:

Zur besseren Lesbarkeit werden in den Strickschriften andere Farben als in den Modellsocken verwendet.

Strickschrift B1: Fußteil

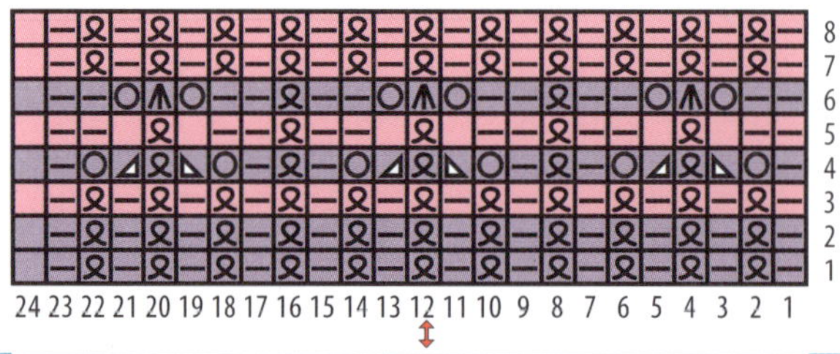

Strickschrift B1: Schaft

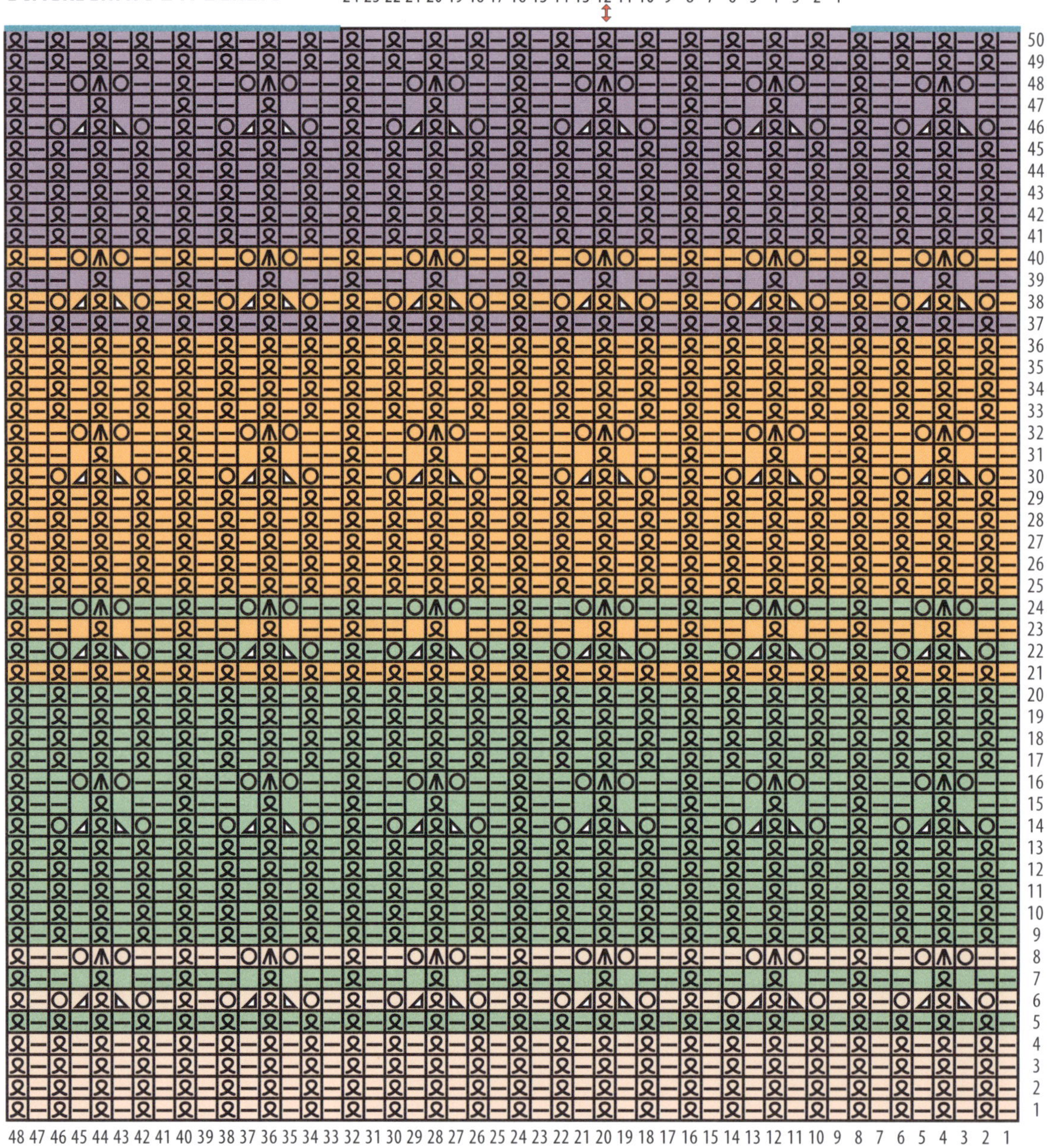

Strickschriften für mitteldickes Garn

Strickschrift B2: Fußteil

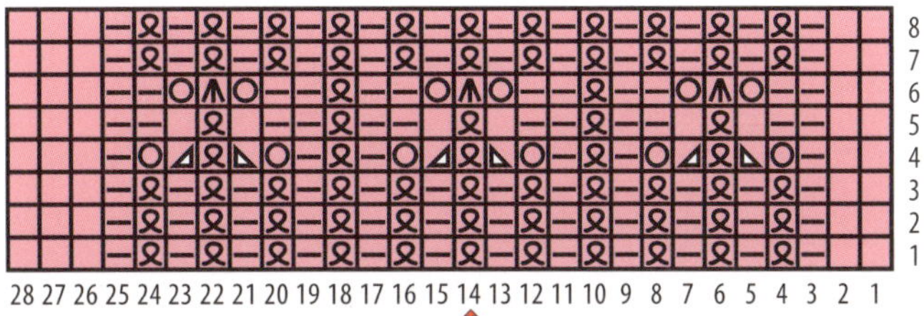

Strickschrift B2: Schaft

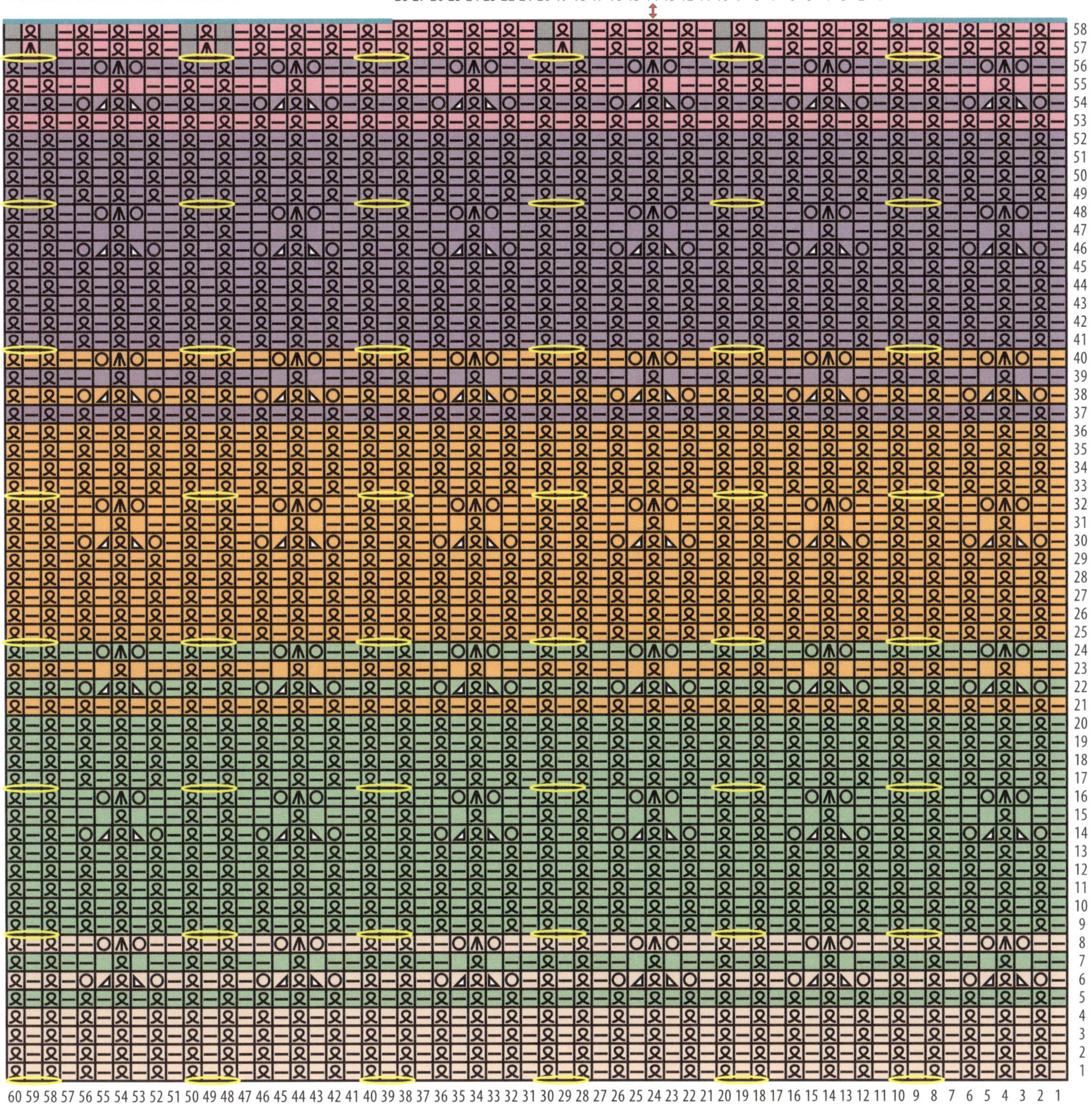

PICOTKANTE HÄKELN

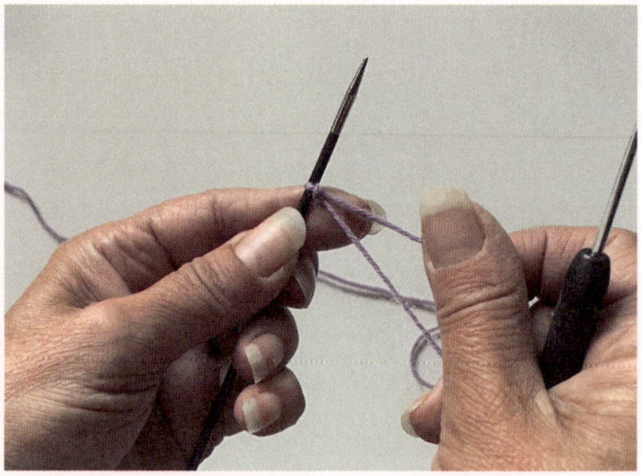

1. Die Stricknadel in die linke Hand und die Häkelnadel in die rechte Hand nehmen. Eine Anfangsschlinge auf der Stricknadel bilden.

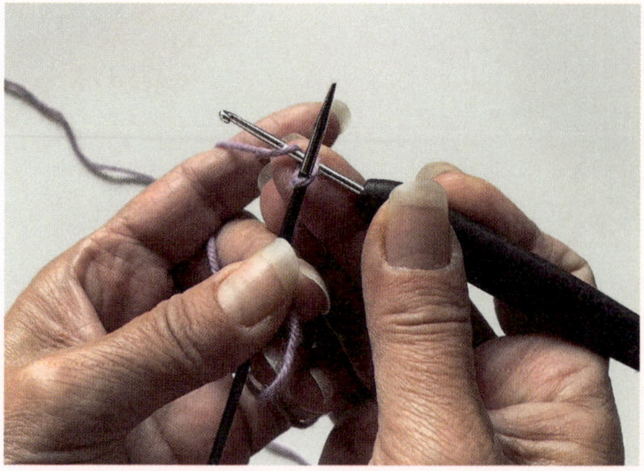

2. Die Häkelnadel durch die Masche auf der Stricknadel führen und den Faden aufnehmen.

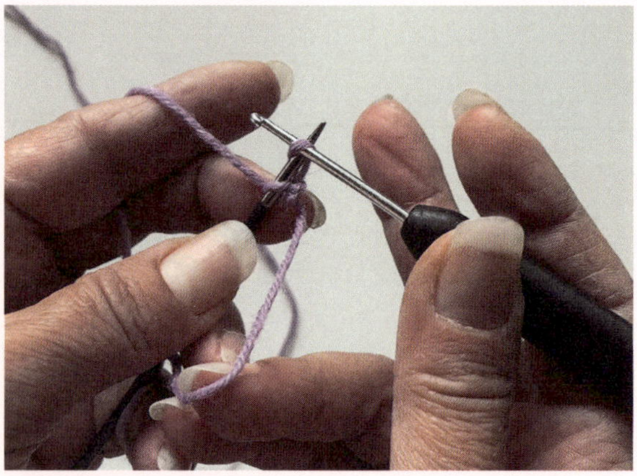

3. Den Faden durchziehen und die neue Masche auf die Stricknadel legen.

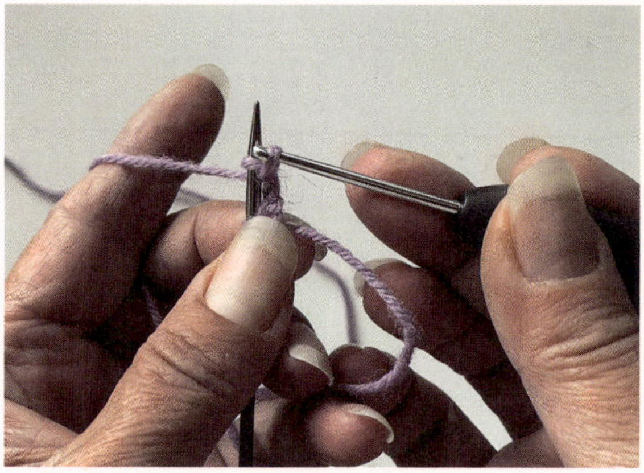

4. Mit der Häkelnadel von vorn zwischen die Maschen auf der Stricknadel stechen und den Faden zwischen den Maschen nach vorne führen.

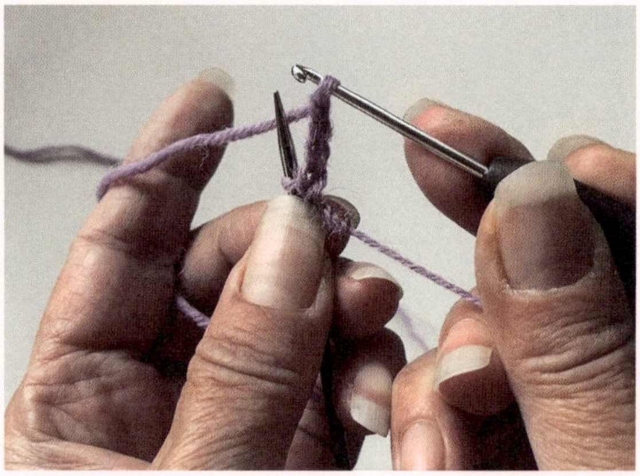

5. Vier Luftmaschen häkeln.

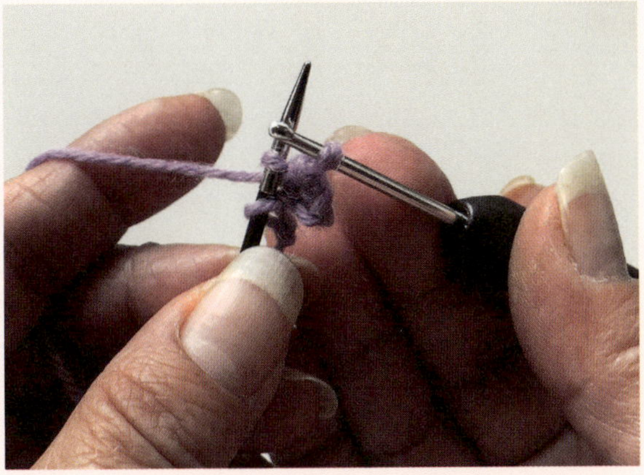

6. Die Häkelnadel durch die Masche auf der Stricknadel stechen und eine Kettmasche in die vorherige Masche auf der Stricknadel häkeln.

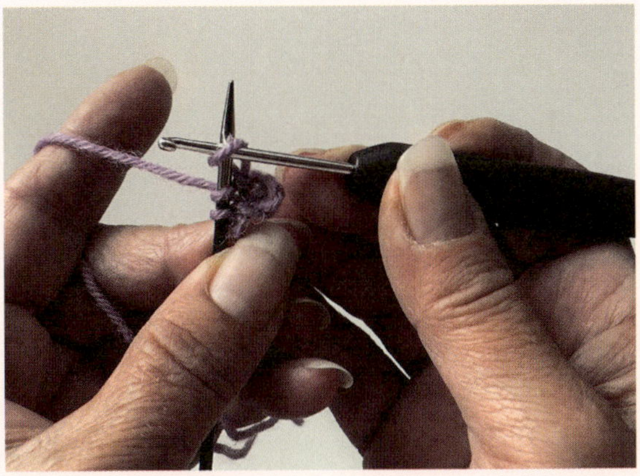

7. Die Masche auf der Häkelnadel auf die Stricknadel legen.

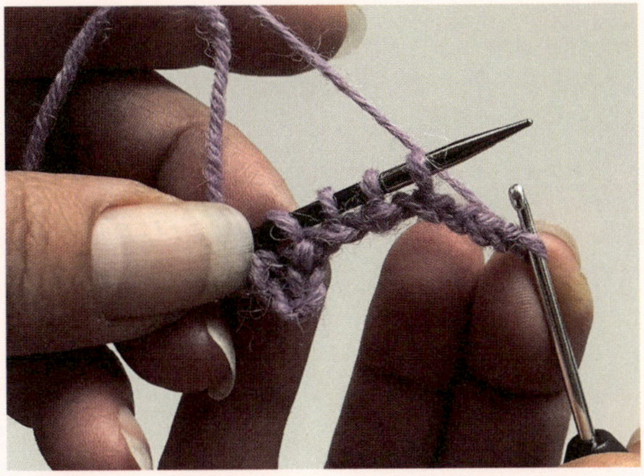

8. Die Häkelnadel von vorn zwischen die beiden vorherigen Maschen auf der Stricknadel stechen, den Faden nach vorn holen und die neue Masche auf die Stricknadel heben. Noch 2-mal wiederholen.

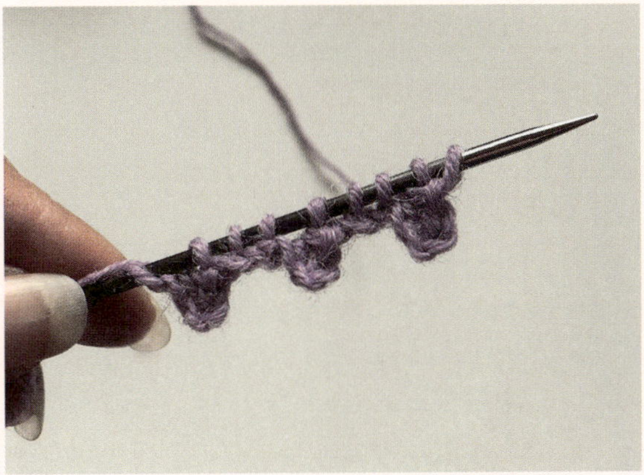

9. Die Schritte 4–8 wiederholen, bis die erforderliche Maschenanzahl erreicht ist.

ALLES HAT EINMAL EIN ENDE

Wenn Sie alle bisherigen Anleitungen aus dem Buch gestrickt haben, ist Ihr Garnvorrat um ein paar Kilo geschrumpft und der Boden Ihres Garnkorbs lässt sich erahnen. Die restlichen Garnfäden lassen sich noch gut zu fröhlich-bunten Socken mit kurzem Schaft verarbeiten. Bei diesem Modell können Sie nach Lust und Laune mit den Farben spielen und entweder gleiche oder verschiedene Socken stricken.

GARN

- Dickes Sockengarn (100 g/200 m) oder mitteldickes Sockengarn (100 g/260 m)
- Bei den Modellsocken wurden mitteldicke Sockengarne (75 % Wolle, 25 % Polyamid) verwendet. Für das Modell in Größe 38 wurde insg. 75 g Garn in einer unbegrenzten Anzahl verschiedener Farben verarbeitet. Für das Bündchen, die Ferse und die Spitze werden ca. 5–10 g pro Farbe verbraucht, für den Fußteil reichen jeweils 2–3 m lange Fäden.

MASCHENPROBE

- 10 cm × 10 cm = mit dickem Garn 20 M und 30 R, mit mitteldickem Garn 24 M und 32 R

NADELN UND SONSTIGES ZUBEHÖR

- Stricknadeln Nr. 3,5 für das Einstrickmuster und Nr. 3 für die einfarbigen Abschnitte (bei dickem Garn), Nr. 3 für das Einstrickmuster und Nr. 2,5 für die einfarbigen Abschnitte (bei mitteldickem Garn) oder je nach Strickfestigkeit. Wollnadel.

GRÖSSE

- Unisex. Die Größe lässt sich leicht durch Ändern der Fußlänge anpassen. Der Mustersatz besteht nur aus einer Masche, sodass auch die Breite leicht anpassbar ist.

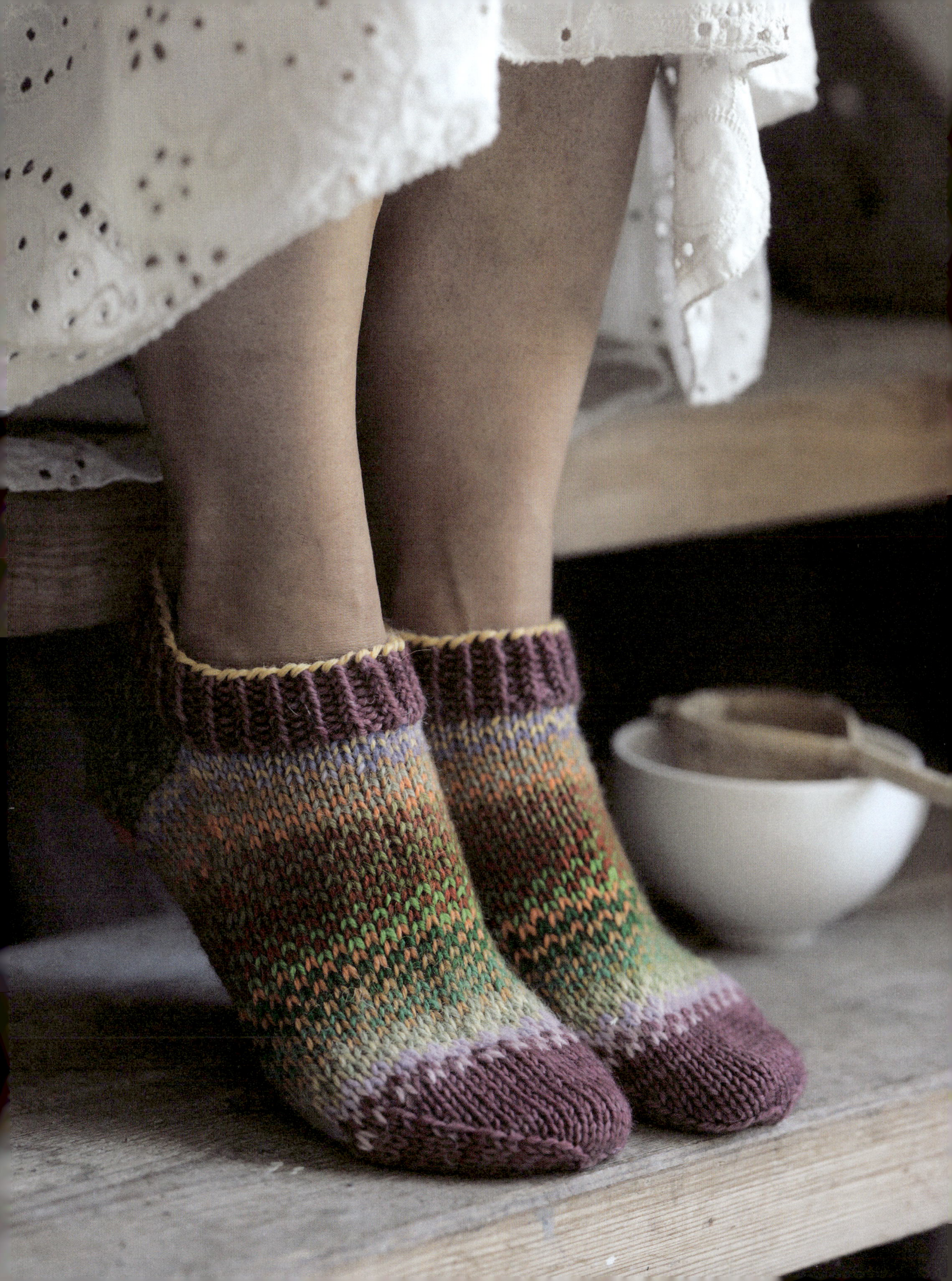

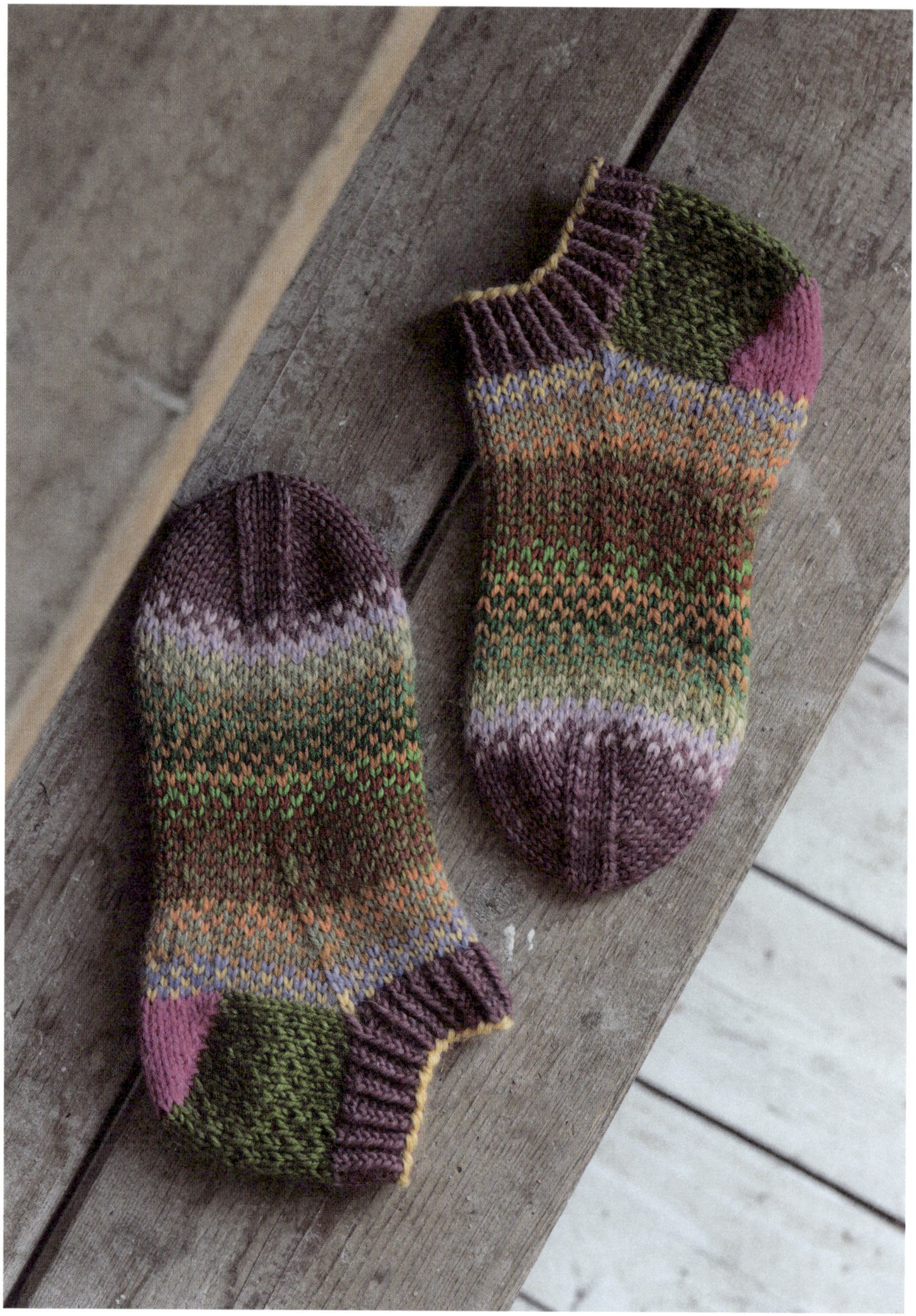

ANLEITUNG

Schaft

48 (54) M mit dem zweifarbigen Anschlag (siehe Technikteil, Seite 15) anschlagen und auf vier Nd des Nadelspiels verteilen: 12 (14) M pro Nd. Der Rd-Wechsel liegt auf der Sockenrückseite zwischen der 1. und der 4. Nd.

Zur Runde schließen, dabei darauf achten, dass sich die M nicht verdrehen. Für das Bündchen 8 Rd im Rippenmuster 1 M re verschr, 1 M li im Wechsel str. Den Faden abschneiden.

Ferse und Fersenabnahmen

Die Fersenwand wird mit den M der 1. und der 4. Nd gestrickt. Dazu die M der 1. Nd auf die 4. Nd heben (= 24 (28) M). Die Fersenwand wird in Reihen gestrickt, zunächst in einer beliebigen Farbe eine RückR mit linken M str.

Die Fersenwand versetzt verstärkt str wie folgt:

1. R (HinR): *1 M re abheben, ohne sie zu stricken, 1 M re*, ab * bis R-Ende wdh.

2. R (RückR): 1 M li abheben, ohne sie zu stricken, die übrigen M li str.

3. R (HinR): 1 M re, *1 M re abheben, ohne sie zu stricken, 1 M re*, ab * wdh, bis noch 2 M übrig sind, 2 M re.

4. R (RückR): 1 M li abheben, ohne sie zu stricken, die übrigen M li str.

Die 1.–4. R wdh, bis insg. 24 (28) R gestrickt sind. Den Faden abschneiden und die Farbe ansetzen, mit der das Käppchen gestrickt werden soll.

Die Käppchenabnahmen wie folgt str:

1. R (HinR): 1 M re abheben, ohne sie zu stricken, 13 (15) M re, ssk (= nach links geneigte Abnahme: 2 M nacheinander wie zum Rechtsstricken abheben, wieder zurück auf die li Nd heben, sodass sich die Ausrichtung der M ändert, und re verschr zus str), 1 M re, die Arb wenden.

2. R (RückR): 1 M li abheben, ohne sie zu stricken, der Faden liegt vor der Arbeit, 5 M li, 2 M li zus, 1 M li, die Arb wenden.

3. R (HinR): 1 M re abheben, ohne sie zu stricken, 6 M re, ssk, 1 M re, die Arb wenden.

4. R (RückR): 1 M li abheben, ohne sie zu stricken, der Faden liegt vor der Arbeit, 7 M li, 2 M li zus, 1 M li, die Arb wenden.

Auf diese Weise fortfahren, dabei nehmen die M in der Mitte in jeder R um eine M zu, bis die äußeren M an beiden Seiten aufgebraucht sind. Jetzt liegen 14 (16) M auf der Nd. Den Faden abschneiden.

Die Fersen-M auf zwei Nd verteilen (1. und 4. Nd): 7, 7 (8, 8). Mit derselben Nadel an beiden Seiten der Fersenwand je 12 (14) M aufnehmen. Jetzt liegen jeweils 19 (22) M auf der 1. und 4. Nd. Die ersten Kontrastfarben hinzunehmen und mit den dickeren Nadeln die 1. Rd von Zählmuster A1 (A2) arbeiten (mit der 1. Nd beginnen), bis Sie zwischen der 4. und 1. Nd angelangt sind.

Zählmuster A1 (für dickes Garn)

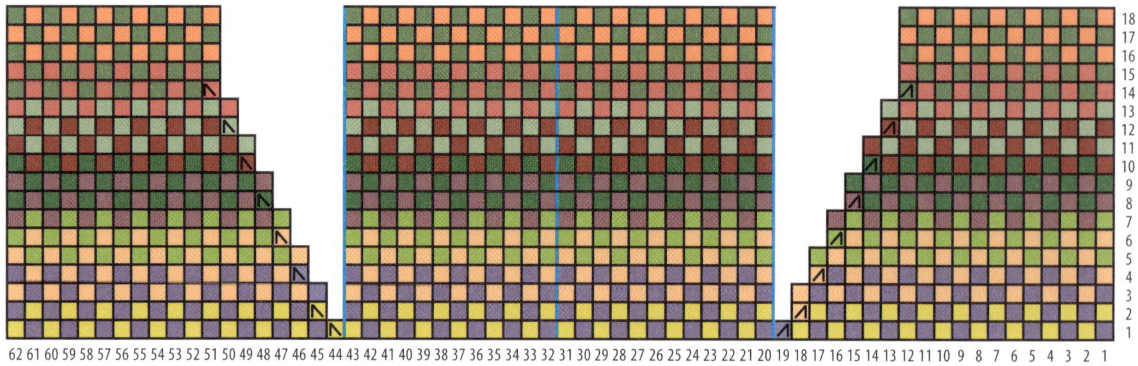

Zählmuster A2 (für mitteldickes Garn)

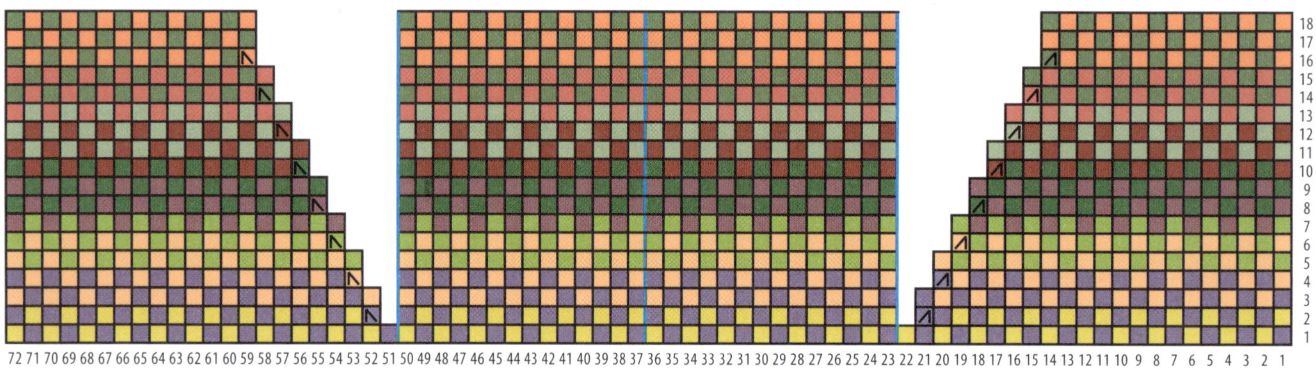

Zeichenerklärung

- Rechte M
- 2 M re zus
- ssk
- Gelb
- Gelbgrün
- Pink
- Gebrochenes Gelb
- Mittelgrün
- Hellgrün
- Helles Lila
- Gebrochenes Orange
- Zartes Hellrosa
- Orange
- Dunkelrosa
- Gebrochenes Pink
- Rosa
- Burgund
- Hellorange
- Helles Moosgrün
- Dunkelgrün
- Blauviolett
- Terrakotta
- Hellgelb

Fußteil und Zwickelabnahmen

Ab der 2. Rd mit dem Einstrickmuster laut Zählmuster A1 (A2) weiterstricken. Gleichzeitig für die Zwickelabnahmen in jeder 2. Rd am Ende der 1. Nd 2 M re zus und am Anfang der 4. Nd ein ssk str. In jeder 2. Rd alle M re str. Mit den Zwickelabnahmen fortfahren, bis noch 12 (14) M auf jeder Nd übrig sind. Den Fuß laut Zählmuster weiterstr, dabei nach Belieben in jeder Rd die Farben wechseln, bis noch ca. 4 cm zur gewünschten Gesamtlänge fehlen. Bei diesem Modell bietet sich die Verbindungstechnik durch Spleißen an (siehe Seite 21), sodass keine Fäden vernäht werden müssen. Für die letzten beiden Runden als zweite Farbe die Farbe auswählen, mit der die Spitze gestrickt werden soll. Sie müssen sich jetzt am Rd-Wechsel befinden. Noch 1 Rd re über alle Nd str.

Spitzenabnahmen

1. Rd: Mit der 1. und 3. Nd re M str, bis noch 3 M übrig sind, 2 M re zus, 1 M re. Mit der 2. und 4. Nd 1 M re, ssk, bis Rd-Ende re M str.

2. Rd: Alle M re str.

Die 1. und 2. Rd wdh, bis auf jeder Nd noch 7 M übrig sind. Jetzt in jeder Rd abnehmen, bis auf jeder Nd noch 2 M übrig sind. Den Faden abschneiden, durch alle restlichen M ziehen und festziehen.

Fertigstellen

Den Anfangsknoten des zweifarbigen Maschenanschlags lösen. Die Fäden vernähen. Falls durch die Zwickelabnahmen störende Löcher entstanden sind, diese mit Nadel und Faden schließen. Die Socken bei schwacher Hitze unter einem feuchten Tuch leicht bügeln oder sanft von Hand waschen und liegend trocknen lassen.

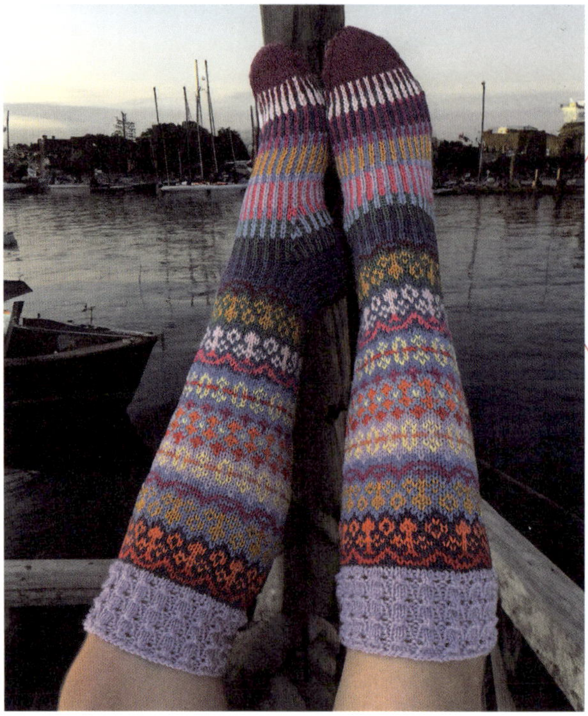

Mögliche Fehler in den Anleitungen werden auf meiner Facebook-Seite @unelmiensilmukat korrigiert

DANKE

- Ich danke allen, die mir nahestehen, dass dieses Buch das Licht der Welt erblickt hat. Vielen Dank an meine Familie für ihre Unterstützung, Hilfe und Geduld (und dafür, dass sie das Chaos zu Hause ertrugen) während dieses Prozesses. Ich verspreche, alle herumliegenden Garne, Nadeln und andere Dinge aufzuräumen und wieder präsenter zu sein.

- Herzlichen Dank an meine Freundin Marjaana Hakkarainen, die mich inmitten des Trubels gerettet hat. Deine Hilfe war von unschätzbarem Wert.

- Vielen Dank an Otava, insbesondere an Anna Rantamala für ihr Anstupsen, an die wundervolle Pinja Iivonen für die klaren, technischen Zeichnungen und an die brillante Fotografin Anna Wallendahr für die unglaublich schönen Bilder.

- Vielen Dank auch an Sini Nihtilä für das Layout des Buches.